KB152243

인간의 종말

인간의 종말

여섯 번째 대멸종과 인류세의 위기

디르크 슈테펜스, 프리츠 하베쿠스 | 전대호 옮김

해리
BOOKS

머리말

이 책의 후반부를 쓰는 것은 어려운 일이었다. 우리는 안전한 벙커를 벗어나 우리 자신을 공격의 위험에 노출시켜야 했다. 우리 자신도 우리를 신뢰하지 못할 지경이었다.

전반부에서 우리는 생명의 풍부한 다양성이란 무엇이며 그것이 우리 인간에게 어떤 의미인지 설명한다. 그것은 우리에게 모든 것을 의미한다.

생명의 다양성을 연구하다 보면, 경탄하게 되고, 한계선들이 더 멀리 옮겨지고, 새로운 지평들이 열리고, 세계를 보는 관점이 달라진다. 그 연구는 생명을 더 풍요롭게 만든다. 어떻게 만물이 만물과 연결되어 있는지, 어떻게 만물이 서로를 발생시키고 제한하고 북돋는지, 어떻게 무수한 유기체들이 하나의 살아 있는 전체로 결합하고, 그 전체가 어떻게 우리를 낳고 기르고 감싸고 결국엔 다시 합병하는지……. 때때로 자연과학은 종교처럼 느껴진다. 단지 더 구체적일 따름이다.

당신이 지구상에서 할 수 있는 것, 만질 수 있는 것, 볼 수 있는 것은 무엇이든지 생명의 다양성과 관련이 있다. 당신이 이 문장과 함께 보는 종이나 화면, 오늘 아침에 먹은 음식, 지금 당신의 폐로 흘러드는 공기, 당신이 마시는 물 가운데 그 어느 것도 생명의 다양성이 없다면 존재하지 않을 것이다. 생물 다양성의 상실은 우리의 종말이다. 바로 그렇기 때문에 공룡이 사라진 이후 최대의 대멸종은 우리 시대에 그 무엇과도 비교할 수 없을 만큼 중대한 난제다. 그 대멸종과 밀접한 관련이 있는 기후 위기조차도 우리의 실존을 그 정도로 위협하지는 않는다. 기후 위기는 우리가 살아가는 방식을 위협하지만 우리가 과연 살아갈지를 위협하지는 않는다.

이 책은 한편으로 저 바깥의 자연에서 일어나는 일을 다룬다. 이 주제에 관하여 글을 쓸 때까지만 해도 우리는 마음이 편안했다. 우리의 직업은 과학 전문기자다. 그러나 문제는 엄청나게 큰데 관심은 턱없이 작기 때문에, 우리는 이 책의 후반부를 쓰는 일을 마다하지 않았다. 거기에서 우리는 이런 질문을 우리 자신에게 던진다. 지구상에서 우리 인간의 미래는 과연 어떻게 될까?

당연히 우리는 답을 모른다. 아무도 모른다. 미래를 생각으로 알아낼 길은 없다. 미래는 살아야 하며, 그래야 미래가 실재하게 된다. 그래서 다른 한편으로 우리는 이 책을, 머지않아 지구상의 100억 인구가 생존할 수 있으려면 사회, 정치, 경제, 그리고 무엇보다도 우리의 생각에서 어떤 변화가 일어나야 하는가를 한번 짚어보고자 하는 의도로 썼다. 적어도 이것만큼은 확실하다. 우리가 미래에 적응해야 한다. 미래가 우리에게 적응할 리는 없다. 자연은 협상하지 않는다. 말미를 주지 않으며, 무자비하고, 어떤 거래도 하지 않는다.

우리는 자연에 대한 사랑 고백을 출발점으로 삼을 것이다. 2장에서는 호모사피엔스의 팽창 욕망을 서술할 것이다. 위기의 참된 원인은 그 욕망이다. 3장은 생물 다양성의 진정한 의미는 무엇인지, 그리고 왜 생물 다양성이 우리의 생존을 위한 전제조건인지를 논한다. 이어서 다룰 것은 환경 파괴의 원인들이다. 과연 어떤 것들이 환경 파괴의 주범일까? 우리는 무엇을 알까? 어쩌면 이것이 더 중요할 텐데, 우리는 무엇을 모를까?

후반부에서 우리는 자연과학 지식이라는 탄탄한 기반을 떠나 해법들을 모색한다. 5장에서 제기할 질문들은 이러하다. 우리는 자연에 권리를 부여해야 할까? 왜 주식회사를 법정에 세우는 것은 되고 강을 그렇게 하는 것은 안 될까? 6장에서 우리는 생태 계획경제와 녹색 자본주의를 숙고한다. 7장에서는 사회의 변화를 지배하는 법칙이 존재하는지 알아보려 애쓸 것이다. 그렇게 우리는 불가피하게 정치에 발을 들이게 된다. 우리는 이런 질문도 던질 것이다. 생태 위기에도 제대로 작동할 수 있으려면 민주주의는 어떻게 미래에 적응해야 할까?

아이디어는 앎이 아니며 진리는 더더욱 아니다. 우리의 제안들은 어쩌면 좋은 제안조차도 아닐 것이다. 당신이 더 나은 제안을 하라! 그러면 우리는 논쟁하면서 함께 해결책을 강구할 수 있을 것이며, 그것이 하나의 시작일 터이다.

생태 재앙에 관한 책, 기사, 영화는 셀 수 없이 많다. 하도 많아서, 모든 것이 과장이며 모든 것이 그렇게 심각하지는 않다는 이야기가 자주 들려온다. 당연히 터무니없는 이야기다. 물론 산성비나 오존 구멍이 세계의 멸망을 초래하지 않은 것은 맞다. 그러나 그것은 생태 재앙에 관한 논의가 근거 없는 공포 조장임을 보여주는 증거가 아니다. 오히려 정반대다. 걱정한 만큼 심각한 재앙이 아직까지 닥치지 않은 것은 생태 재앙에 대한 경고와 대처가 있었기 때문이다.

우리는 세계의 멸망을 서술하는 책을 쓰지 않았다. 지구에 대해서 논의할 때는, 대안이 없다는 이유 하나만으로도, 우리는 의무적으로 낙관주의자여야 한다. 그럼에도 이어질 본문에서는 파괴가 많이 거론된다. 하지만 그 책임은 우리에게 있지 않고 세계에 있다. 세계가 그렇게 되어버렸고, 우리는 그렇다고 말해야 한다. 그럼에도 이 책에서 우리는 지빠귀의 울음과 규조류의 경이로움과 무릇 자연에 대한 사랑을 경축한다. 이 책을 끝까지 읽을 독자는 해피엔딩을 기대하지 말아야 한다. 그러나 희망은 기대해도 된다.

디르크 슈테펜스, 프리츠 하베쿠스

2020년 4월

차례

참된 사랑

고독의 시대의 자연

1

지구의 아름다움을 응시하는 사람들은
비축된 힘이 생명이 존속하는 만큼만 유지된다는 것을 발견한다.

*

레이철 카슨, 생물학자

❖

갑자기 지빠귀가 날아오른다. 한 1000번은 본 통통한 새다. 999번은 보는 둥 마는 둥 했다. 늦겨울 일요일 아침. 온통 회색이다. 다시는 환하고 따뜻해지지 않을 것 같은 기분이 드는 그런 날이다. 나무들은 몇 달 전부터 앙상한 모습으로 서 있다. 이른 시각이고, 대도시의 거리에는 아직 사람이 없다시피 하다. 지빠귀가 계단 옆 울타리에 내려앉는다. 연노랑 부리를 벌려 노래한다. 부드럽고 멜로디가 풍부하다. 지빠귀의 울음이 이 아침 속으로 따뜻하고 청명하게 울려 퍼진다. 흔하디흔한 검은 새가 추위와 안개와 구름과 어둠과 기나긴 겨울 전체를 몰아낸다.

지빠귀 한 마리가 그런 일을 할 수 있다면, 자연 전체의 능력은 대체 어느 정도일까? 우리가 공들여 바라보고 귀를 기울이고 또 느끼려 한다면, 자연 전체는 어떤 힘들을 펼쳐 보여줄 수 있을까? 자연에서 느끼는 기쁨과 행복을 표현할 수 있게 해주는 언어를 우리는 과연 가지고 있을까? 혹시 가지고 있다면, 그 언어는 통속적 취향이나 신비주의에 기대지 않으면서 세계에 대한 과학적 서술과 동등한 지위를 누리고 있을까?

지빠귀에게 "널 사랑해"라고 말하는 사람은 없다. 그러나 거의 누구나 자신은 자연을 사랑한다고 말한다. 어쩌다 자연에 대한 우리의 관계가 이렇게 불안정해진 것일까? 우리 자신의 느낌을 신뢰하지 못할 정도로 말이다.

이런 질문들은 우리와 자연 사이의 관계를 명확히 드러내며, 따라서 대멸종과 생물 다양성의 상실에 관한 논의에 유용하다. 우선 이것부터 물어야 한다. 대체 왜 우리는 실은 경계선이 전혀 없는 곳에 경계선을 그을까? 따지고 보면 우리는 살아 있는 세계의 일부다. 우리는 살아 있는 세계 안에 있지, 그 세계의 건너편에 있지 않다.

생각의 오류는 우리가 자연보호를 이야기하고 자연이 우리의 보호를 필요로 한다고 믿을 때부터 벌써 시작된다. 자연은 보호가 필요 없다. 공룡이 멸종할 때와 같은 대량 절멸이 일어나더라도 이삼백만 년만 지나면 종의 다양성은 다시 예전 수준으로 회복된다. 지질학적 시간 규모에서 이삼백만 년은 영원이 아니다. 고작 30만 년의 역사를 지닌 벌거벗은 원숭이에게는 확실히 영원이지만 말이다. 보호가 필요한 쪽은 우리다. 생명은 그린란드의 두꺼운 얼음 위에도 있고 바닷속 10킬로미터 깊이에도 있다. 동물들은 사하라 사막의 열기와 대양의 폭풍을 견뎌내고, 미생물들은 지하 수백 미터에서 번식하고 바람을 타고 대륙을 가로지른다. 거기에 비하면, 우리 인간이 생존할 수 있는 구역은 훨씬 더 좁다.

노래하는 지빠귀 한 마리가 우리 안에서 일으키는 효과를 일반화할 수는 없다. 일부 사람들은 아무것도 느끼지 못한다. 또 무언가 느끼는 많은 사람들에서도 각자 자신의 연상, 자신의 사연, 자신의 감정이 솟아오른다.

그렇다면 많이들 맹세하는 자연에 대한 사랑이란 무엇일까? 자연 다큐멘터리 감독 데이비드 애튼버러는 이런 취지의 말을 했다. '지빠귀의 노래에서 무언가 느끼는 사람은 이미 그것을 안다. 그리고 다른 모든 사람에게는 그것을 설명할 길이 없다.'

무지는 우리의 삶을 빈곤하게 만든다

인간이 생물권에 끼치는 괴멸적인 폐해를 과학이 지금처럼 정확하게 서술해냈던 적은 없다. 수만 건의 논문, 박사 논문, 기타 과학적 출판물들이 대멸종과 기후 위기, 대양의 쓰레기 오염, 영구동토층의 해빙, 허밋풍뎅이의 감소를 다룬다. 생각 없는 자연 파괴에 맞선 지성의 정면공격이다. 그렇지만 아직까지 별다른 성과는 없다. 밀물처럼 밀려드는 자연과학 지식은 산호초가 퇴색하고 열대우림이 화전 농업으로 망가지고 습지가 말라버리는 것을 너끈히 막아내지 못했다.

보아하니 최대한 냉정하게 생명의 몰락을 서술하는 것만으로는 행동의 변화를 끌어낼 수 없는 것이 분명하다. 우리 각자의 수준에서도 그렇지만 정부의 수준에서는 더더욱 말이다. 이것은 호모사피엔스에게 꽤 씁쓸한 깨달음이다. 드높이 존경받는 우리의 합리성은 이제껏 근대인이 맞닥뜨린 최대의 위기에 적절히 대응할 능력이 없다.

계몽 시대 이후 수백 년에 걸쳐 우리가 훈련한 과학자의 관점은 복잡한 세계를 가장 작은 단위들로 분해한다. 결국 원자에 이를 때까지, 심지어 원자도 더 쪼갤 수 있음을 발견할 때까지 말이다. 세계는 조작 가능하게 되고, 한눈에 굽어볼 수 있게 되었다. 숲속이나 사바나 초원을 떠돌던 우리 조상들을 늘 두려움에 떨게 하던 그런 세계는 사라졌다. 그렇게 작은 부분들로 분해하고 원인과 결과를 따지는 접근법은 우리 인류를 크게 발전시켰다. 그리고 그 여파로 우리는 실상을 보지 못하게 되었다. 왜냐하면 숲이란 무엇인지 서술하려면 숲의 나무들만 세는 것으로는 충분하지 않기 때문이다. "과학기술적인 방식으로 세계와 맺는 관계는 침묵 속에서 세계와 관계하는 것이다"라고 사회학자 하르트무트 로자는 말한다. 어쩌면 지나친 단순화일지도 모른다. 지식은 때때로 우리를 경탄하게 하니까. 그러나 세계를 오로지 지성으로만 파악하고자 하는 사람은 세계의 일부만 받아들이게 될 것이다.

21세기의 인간은 조경용 소나무 재배지를 숲으로, 잘 가꾼 잔디밭을 초원으로 여긴다. 우리의 낮과 밤은 오로지 지붕 아래, 자동차 안, 포장도로 위, 인공조명 아래에서 흘러가다시피 한다. 도시에 남은 자연의 마지막 여운인 새소리를 우리는 잡음 제거 기능을 갖춘 헤드폰으로 없애버린다. 우리는 스스로 지은 반향실로 들어간다. 거기에서는 우리 자신의 소리만 들린다. 우리는 우리 자신의 작품들에 둘러싸여 있다. 우리는 자연과의 관계를 끊었다. 휴가철에 방문하는 모래 해변과 스키 휴양지는 자연의 소비 가능한 변형들이며, 일상에서 우리와 자연의 접촉은 길들인 공원과 조깅 구간으로 한정된다. 우리는 옥수수 밭을 차창 너머로 바라본다. 우리는 숲속을 산책하는 것이 우리에게 얼마나 좋은지에 경탄하지만, 그런 산책이 없으면 왜 우리가 몹시 불행한가, 라는 질문은 던지지 않는다. 우리 대다수는 자연에서 아주 멀리 떨어져 있어서, 우리와 함께 사는 생물들이 사라지는 것조차 알아채지 못한다.

그러나 우리가 자연을 아예 무시할 수는 없다. 우리는 자연에서 나왔으며, 우리 안에는 우리를 둘러싼 세계에 대한 직관적 이해가 깊이 뿌리내려 있기 때문이다. 수렵채집자들에게 자연의 흔적들은 생존을 좌우할 만큼 중요했다. 늑대들과 침팬지들에게 그 흔적들이 지금도 결정적으로 중요한 것과 똑같이 말이다.

유목민인 바카피그미족과 함께 중앙아프리카 열대우림을 돌아다녀 보면, 자연인이 환경을 얼마나 다르게 지각하는지를 적어도 어렴풋하게 느끼게 된다. 당연히 그들은 그들을 둘러싼 숲이 이야기하려는 바를 냄새 맡고, 보고, 맛보고, 듣고, 더듬는다. 잘 익은 열매들이 달린 나무가 있는 곳, 봉고 영양이 숨어 있는 곳, 코끼리들이 지나간 때, 롤런드고릴라가 낮잠을 자는 곳. 현재 시각. 오후에 비가 올지 여부. 유능한 통역사를 동원하여 수많은 질문을 던져도, 바카피그미족이 우거진 숲에서 어떻게 길을 찾는지, 다른 부족이 지금 머무는 곳을 그들이 어떻게 아는지, 그들로부터 알아낼 수 없다. 어쩌면 그들도 그들 자신의 자연 이해를 말로 설명할 수 없을 것이다. 그들은 숲을 분석하지 않는다. 숲을 느끼고 숲과 접촉한다. 숲은 그들의 삶의 일부이며, 그들은 숲의 일부이다. 다 거기가 거기 같아 보이는 정글의 특정한 지점에서 왼쪽으로 방향을 꺾어야 한다는 것을 그들이 어떻게 아느냐는 질문은 그들이 느끼기에, 왜 사람은 밤에 잠자리에 들어야 하느냐는 질문과 똑같이 유치한 듯하다. 사람은 잘 때가 되었음을 느끼기 때문에 잠자리에 든다.

이런 자연 이해는 모든 인간 안의, 우리의 본능과 유전자 안의 깊은 어딘가에 여전히 들어 있다. 만 년 넘는 정주의 역사가 쌓아놓은 잡동사니 아래 묻혀 있을 수도 있다. 그러나 사라지지는 않았다. 우리가 그 자연 이해를 발굴할 수 있다면, 우리의 삶을 풍요롭게 하고 우리의 자연적 삶의 토대를 지켜내는 데 기여할 그 엄청난 힘들을 풀어놓을 수 있다면 얼마나 좋을까.

자연이라는 기적의 약

우리가 만들어낸 문명은 고래 한 마리의 생명이 얼마나 값어치가 있는지는 표현할 수 있지만(대략 500만 달러 정도 한다), 바다에서 고래를 보게 되면 왜 거의 모든 사람이 그토록 마음속 깊이 감동하는지를 서술하지는 못한다. 어떻게 이럴 수 있을까?

그런 감동은 가치 없는 것이 전혀 아니다. 그런 광경에 감동하는 우리의 능력은 자연에 대한 그런 식의 반응이 선천적임을 시사한다. 진화론적 관점에서 그 능력은 오래전부터 엄청난 장점이다. 바카피그미족처럼 다른 생명 및 자연현상과 자신을 연결하는 능력을 가진 자는 생존하고 번식할 확률이 높았다. 심지어 중앙아프리카의 정글이 아니라 12세기의 유럽에 사는 사람도 자연에 감동하는 능력을 지녔다면 자신의 삶에서 의미와 충만함을 발견할 가능성이 비교적 높다. 게다가 자연은 몸과 마음에 이롭다. 자연은 우리의 집중력을 높이고 면역계를 지원한다. 숲이나 초원은 장수를 선물할 수 있다.

이 분야에 관한 연구는 아직 걸음마 수준이지만, 두드러진 연구 결과들은 경탄을 자아낸다. 덴마크인 100만 명의 심리 상태를 평가한 한 연구에 따르면, 어린 시절에 공원이나 풀밭, 숲에 둘러싸여 성장한 사람은 성인이 되었을 때 정신 질환을 앓을 위험이 55퍼센트 낮았다. 미국에서 이루어진 한 연구에 따르면, 매일 이삼십 분을 야외의 녹지에서 보낸 피험자들은 스트레스호르몬인 코르티솔의 혈중 농도가 확연히 더 낮았다. 대표성을 갖도록 선발한 영국인 거의 2만 명에 대한 설문조사에서는 야외의 자연에 머무는 시간과 안녕 사이에 뚜렷한 연관성이 있음이 발견되었다. 응답을 분석한 결과, 주당 2시간에서 2시간 반이 가장 좋다는 결론이 나왔다. 심지어 일본 과학자들은, 식물이 생산하는 테르펜Terpen을 분무해놓은 공기를 하룻밤 동안 호흡한 (몇 명 안 되는) 피실험자들의 피 속에서 면역세포들의 농도가 높아졌다고 주장한다. 일찍이 1980년대에 발표된 한 유명한 연구는 펜실베이니아에 있는 한 병원의 환자 데이터를 비교했다. 병실에서 녹색 자연을 내다본 환자들은 더 일찍 퇴원했고 진통제를 더 적게 사용했다. 더 나중에 스웨덴에서 이루어진 한 연구에서도 같은 결과가 나왔다. 다른 연구들은, 도시에서 걸어 다닐 때보다 자연 속에서 산책할 때 사람들은 부정적인 생각을 덜 한다는 것을 보여준다. 교도소의 남성 수감자는 복역 중에 콘크리트 벽으로 둘러싸인 안뜰이 아니라 들판과 나무들을 보면 재범의 위험이 감소한다. 녹지 근처에서 사는 사람들은 외로움을 덜 타며 당뇨병, 만성 통증, 편두통에 더 드물게 걸린다.

자연 체험은 우리에게 약처럼 작용한다. 특히 아이들에게 그러하다. 아이들이 늘 자연 속에서 놀고 동물들과 접촉하면 창의성, 건강, 자존감, 학습 능력이 향상되고 훗날 더 성공한다는 것을 보여주는 과학적 증거들이 차고 넘친다.

우리 인간에게 자연이 건강과 안녕의 원천으로서 그토록 결정적이라면, 우리가 자연의 아름다움과 경이로움 앞에서 느끼는 기쁨과 감탄은 자연을 보호하고 그리하여 우리 삶의 기반을 지킬 수 있는 가망이 우리에게 아직 남아 있음을 의미한다.

지금까지는 자연과 밀접한 관련을 맺은 자연과학자나 환경보호자도 공적인 자리에서 주로 환경보호의 금전적 이득을 논증해 왔다. '생태계 서비스'라는 개념은 경제학의 관점에서 자연을 파악하려는 시도의 일환이다. 자연에 가치가 매겨지고 가격표가 붙는다. 그 결과로 정치인과 기업을 경영하는 유력자는 자연을 측정할 수 있게 되고 따라서 자연에 관심을 기울이게 되고, 우리는 문득 알게 된다. 자연은 모든 국가의 국내총생산을 다 합친 금액의 1.5배에 달하는 서비스를 매년 선사한다. 하지만 그것이 다 무슨 소용이란 말인가?

지빠귀의 노래는 돈으로 따질 수 없다

벌들의 집단 하나가 평생 제공하는 가루받이 서비스의 값을 계산할 수 있다고 치자. 그렇다면 겨울 아침에 봄 노래를 부르는 지빠귀의 가치는 돈으로 따져서 얼마일까? 목숨 달린 모든 것에 경제적 가치를 매길 수는 없다. 하지만 경제적 가치를 매길 수 없다면, 아예 가치가 없는 것일까?

지빠귀의 노래는 정교한 구조의 '울대'라는 발성기관에서 만들어진다. 심장 바로 위에 후두가 있는데, 그 크기는 렌즈콩보다 크지 않다. 후두는 고리 모양의 뼈 12개와 근육 24개로 이루어졌으며, 그 근육들은 막을 통해 성대와 연결되어 있다. 그 근육들은 초당 최대 200회 수축할 수 있다. 동물계에서 이렇게 빠른 운동은 거의 없다. 지빠귀의 노래는 밀리초 수준의 정밀한 발성 작업이다. 공기가 내뿜어질 때 성대들이 진동하고, 생물학자 겸 작가 데이비드 하스켈의 말마따나 "공기는 노래를 받아 안는다. …… 새들은 날랜 손놀림으로 공기를 장식하는 금세공사다. 1초마다 수십 개의 장식용 보석들이 생산된다. 새들이 음높이, 소리의 세기, 음색을 조절하는 것에서 우리는 새들의 피와 근육과 신경에 깃든 생기를 듣는다." 새의 내부에서 무슨 일이 일어나는지 알더라도, 새의 노래는 조금도 변함없이 아름답게 체험된다. 아니, 정반대로 그 아름다움은 앎을 통해 더 강렬해진다. 과학적 분석은 경이로움을 김빠지게 하지 않는다. 오히려 경이로움에 새로운 차원을 추가한다. 우리가 많이 알수록, 더 많은 것이 우리 앞에 모습을 드러낸다.

그래서, 노래하는 지빠귀의 가격은 얼마일까? 다들 알다시피 이 질문은 터무니없다. 프라이팬이나 자동차는 다른 것으로 대체할 수 있다. 그런 물건이 망가지면, 사람들은 새 물건을 산다. 하지만 지빠귀는 다르다. 살아 있는 것은 가격이 없으며, 대신에 가치가 있다. 지빠귀 한 마리는 개체이며, 유일무이한 존재의 가치는 돈으로 환산되지 않는다. 그렇다면 또한 지빠귀는 개체로서 존재할 권리를 양도 불가능하게 가져야 하지 않을까? 오염되는 강은 그 오염에 맞서 소송을 제기할 수 있어야 하지 않을까? 바로 이것을, 즉 자연에 권리를 부여할 것을 요구하는 운동이 세계적으로 점점 더 활발해지고 있다.

생태계 서비스와 자연을 위한 권리는 서로 다른 방식으로 환경보호를 추구하는 두 가지 접근법을 대표한다. 우리는 나중에 이 두 개념을 더 자세히 다룰 것이다. 하지만 지금 이 장에서는 감정을 기초로 삼아서 우리의 환경을 옹호하고자 한다. 나비의 아름다움에 대한 경탄. 여름 너도밤나무숲을 산책할 때 느끼는 평화로움과 안락함. 몇 달 동안의 겨울을 지나 봄이 다시 올 때의 기쁨. 어린 시절에 본 풍경에 대한 애착을 기초로 삼아서 말이다.

느낌은 물론 실재하지만 객관화할 수 없다. 그렇기 때문에 느낌은 논의의 주제가 될 자격이 없을까? 감정에 대해서 말하는 사람은 난해하고 감상적이게 될 수밖에 없을까?

많은 과학자들은 정확히 그러하다고 말한다. 그들은 데이터와 느낌을 뒤섞지 말라고 경고하며, 그것은 충분히 타당한 지적이다. 그러나 기술적-합리적 세계관의 지배는 많은 문제를 일으킨다.

충족을 추구하기

사회학자 하르트무트 로자는 '충족된 삶을 위하여 무엇이 필요한가'라는 질문을 연구한다. 이 질문은 철저히 사적인 영역으로 밀려났다고 로자는 말한다. 사회적 담론에서 그 질문은 완전히 금기로 되다시피 했고 따라서 탈정치화되었다고 한다. 그리하여 행복을 위한 추구는 주로 더 부유해지려는 노력으로 집중된다. 성공적인 삶과 돈 사이에는 물론 연관성이 있는 것이 사실이지만, 행복 곡선과 재산 곡선은 이미 아주 낮은 수준에서 서로 갈라진다. 그 분기점 너머에서 더 많은 돈은 더 많은 행복을 의미하지 않는다. 만약에 두 곡선이 갈라지지 않는다면, 직업과 주택이 있고 먹을거리가 충분하고 게다가 자가용을 굴리고 휴가를 갈 여력이 있는 사람이라면 누구나 항상 완벽하게 행복해야 할 것이다. 그러나 실상은 전혀 딴판이지 않은가.

로자의 주장에 따르면, 인생에서 관건은 '우리가 세계를 어떻게 경험하고 어떤 태도로 마주하는가' 하는 것이다. 이와 관련해서 그는 "공명resonance"이라는 개념을 고안했다. 그가 말하는 공명은 느낌이 아니다. 오히려 공명은, 우리가 세계와의 관계를 지각하는 특정한 방식이다. 공명을 경험할 때 우리는 느낌과 지성을 결합할 수 있다.

공명을 체험하기에 가장 좋은 장소는 자연이다. 자연은 우리에게 살아 있는 상대로서 나타난다. 우리의 심금을 울릴 능력을 지닌 상대로서 말이다. 우리가 사바나 초원을 가로지르는 코끼리 떼를 바라보건, 가을 폭풍우의 위력에 위축되건, 마찬가지다. 자연은 결코 항상 쾌적하지 않다. 자연은 반항적이고 고집스럽고 감당하기가 불가능할 수 있다 ― 하지만 어떤 경우에든지 자연은 우리에게 대답한다. 그래서 자연은 쇼핑센터와 다르다. 일부 사람들은 쇼핑센터에서 기쁨을 느끼기도 하지만, 쇼핑센터는 절대로 생동하는 기운을 뿜어낼 수 없다. 그런데 자연과 연결되고 싶은 바람도 이미 오래전에 상업화되었다고 로자는 지적한다. 아웃도어 의류와 자연요법들이 그 예다.

그러나 자연의 특수한 측면이 상업화되었을 뿐이다. 지빠귀는 명령에 따라 나타나지 않으며, 정원의 덤불은 제멋대로 자란다. 인간은 자연을 소비할 수 없다. 자연을 참되게 공명하며 경험하려면 우리는 정말로 자연의 놀이 규칙 안으로 뛰어들어 자연이 우리에게 하는 말을 들어야 한다. 그러나 바로 그런 경험이 거의 이루어지지 않는다.

하지만 어렵지 않다. 그저 바깥으로 나가라. 콘크리트와 유리와 강철이 없는 곳으로 가라. 휴대전화를 끄고 출발하라. 그다음엔? 아무것도 하지 말라. 기다리지도 말고, 바꾸려 하지도 말고, 가져가지도 말고, 하지도 말라. 다만, 호기심을 내어, 바람이 어떤 냄새들을 실어 오는지, 빛이 겨우 15분 만에도 어떻게 변화하는지, 우리가 어떤 색들을 보는지, 어디에서 동물들이 나타나는지, 자연이 어떤 모양의 꽃들을 피웠는지에 관심을 기울여라. 경청하라. 바깥의 소리뿐 아니라 안의 소리에도. 몸이 어떤 신호를 보내는지 느끼고, 생각을 따라가고 또 놓아주어라. 조금만 기다리면 명상의 상태에 빠져들어 어제를 되새기거나 내일을 계획하지 않고 오로지 현재에 머무를 수 있을 것이다. 행복이 느껴지는 유일한 장소인 현재에.

풍력발전기가 맹금류의 둥지로부터 얼마나 멀리 떨어져 있어야 하는가를 놓고, 곡물 경작지를 둘러싼 꽃밭의 폭이나 지하수에 녹아 있는 질산염 농도의 한계치를 놓고 우리는 갑론을박한다. 그러나 우리에게 자연이 과연 어떤 의미인지는 이야기하지 않는다. 왜 마을 길가의 늙은 보리수 세 그루가 베어지면 우리가 아픔을 느끼는지, 어째서 봄날의 트럼펫 소리를 닮은 두루미의 울음이 우리를 행복하게 하는지. 이것은 터무니없는 일이다. 자연보호 활동가들과 정치인들이 함께 저지르는 어마어마한 과오다. 심지어 본래 자연보호가 목적이므로 자연의 가치가 주제로 되어야 할 토론에서도 대다수의 발언은 유용성에 관한 것이다. 아무도 돈과 효용의 차원을 벗어날 엄두를 내지 못한다. 자연과 밀접하게 연결된 사람조차도 사랑의 언어로 말하지 않고 경제의 어휘를 사용한다. 하천의 재자연화를 정당화하기 위하여, 홍수 예방과 복원된 푸른 풍경으로 인한 관광의 활성화가 강조된다. 첫째 효과는 돈을 아끼게 해주고, 둘째 효과는 돈을 벌게 해준다. 둘 다 옳은 말이다. 그러나 이 말들은 진실의 일부만 전해준다.

마지막 포경선

"자식을 많이 낳고 번성하여 땅을 가득 채우고 너희에게 복종하게 하라. 바다의 물고기와 하늘의 새와 땅바닥에 기어다니는 모든 것을 지배하라"라고 성서에 적혀 있다. 우리는 이 지시를 이행했다. 임무 완수. 인간은 자연의 사용자이자 관리자로 자부한다. 언제나 자연의 모든 것을 자신의 뜻대로 처분할 수 있다고 여긴다.

이 논리의 귀결이 무엇인지를 유럽 변방의 춥고 황량한 섬에서 목격할 수 있다. 아이슬란드는 상업적 참고래 포획을 허용하는 세계 최후의 국가다.

아이슬란드 포경 산업의 중심인물 크리스티안 로프트손은 얼굴에 주름이 깊게 패고 웃음소리가 까마귀 울음 같은 70대 남성이다. 그는 어업으로 부자가 되었으며 이미 청소년기에 아버지의 배를 타고 고래를 향해 작살을 쏘았다. 동물보호 활동가들은 그를 증오한다. 그들은 그를 아합(성서 열왕기상하권에 나오는 고대 이스라엘의 대표적인 폭군―옮긴이) 선장이라고 부른다. 그러나 그는 모비딕의 친척들을 깡그리 없애버리려 하는 미치광이가 아니다. "나에게 고래는 고등어와 다를 바 없다"고 그는 말한다. 로프트손은 그저 사업가일 뿐이다. 그가 보기에 물고기잡이와 고래잡이는 근본적으로 다르지 않다. 둘 다 헤엄치는 식량자원을 활용하는 일이며, 기본적으로 인간은 그 자원을 써먹을 수 있다.

거대한 바다 포유동물을 제압하기 위하여 포경선원들은 작살에 탄두를 장착한다. 그 탄두는 고래의 몸속에서 폭발한다. 목숨을 건 싸움은 최장 45분 동안 지속된다. 이어서 로프트손의 선원들은 냉동압축기를 이용하여 섭씨 2도의 차가운 물을 포획된 고래의 혈관에 밀어 넣는다. 뭍에서 해체할 때까지 고래의 몸을 신선하게 유지하기 위해서다. 아이슬란드에서 소비되는 고래고기는 소량에 불과하다. 로프트손은 거의 전량을 일본으로 수출한다. 하지만 일본에서도 이제 수요는 거의 없다시피 하다. 알고 보면 고래잡이는 전혀 무의미하다.

그럼에도 크리스티안 로프트손은 고래잡이를 정당화한다. 자신의 포경은 고래의 개체수에 큰 영향을 미치지 않으며(옳은 말이다), 아이슬란드 사람들은 늘 해양 자원에 의지하여 살았다고(역시 옳은 말이다) 그는 말한다. 돼지도 고래처럼 감각이 발달했고 지능이 높다는 점을 로프트손은 강조하는데, 이것도 옳은 말이다. 독일에서만 매년 2600만 마리의 돼지가 도살된다. 게다가 그 돼지들은 공장식 축산업의 비참한 조건 아래에서 짧은 삶을 산다. 로프트손이 강조하듯이, 고래고기는 철분이 아주 풍부하다. 그래서 그는 고래고기를 냉동건조하여 가루로 가공하려 한다. 결론적으로, 대체 왜 고래를 잡으면 안 된다는 것인가?

그러나 이 질문은 도발적이다. 실제로 우리는 식생활에 꼭 필요하지는 않은 동물 종들을 많이 사냥한다. 이를테면 순록, 메추라기, 악어가 사냥되는데, 여기에 신경을 쓰는 사람은 거의 없다. 그러나 대다수 사람들에게 고래는 단지 거대한 고등어에 불과하지 않다. 고래는 특별하다. 고래는 우리를 아주 깊이 매혹한다.

한편으로 고래는 깜짝 놀랄 만큼 우리와 비슷하다. 영리하고, 활발히 소통하며, 서로 협력하고, 무리를 이룬다. 다른 한편으로 고래는 우리의 세계와 전혀 상관없는 세계에서 산다. 심해의 영원한 어둠 속에서 300기압에 달하는 수압을 견디며 반향 탐지 기관을 이용하여 오징어를 사냥하는 민부리고래의 삶이 어떤 느낌일지 우리는 결코 상상할 수 없을 것이다. 뿔처럼 길게 돌출한 엄니로 물의 촉감을 느낄 수 있는 일각돌고래가 무슨 생각을 하는지. 혹등고래 암컷이 수컷의 노래에 귀를 기울이면서 무엇을 느끼고 생각하는지.

쇠고래는 1년 동안 대양을 헤엄쳐 건너며, 향유고래는 뇌의 절반이 깨어 있는 상태로 물속에서 수직으로 선 자세로 잠잔다. 이 거대한 동물들은 신비로운 동시에 친숙하다. 우리는 세계의 모든 수수께끼를 차츰 몰아내고 있지만, 고래들은 여전히 비밀로 가득 차 있다. 그들은 우리의 차원 바로 곁에 존재하지만 우리에게는 영영 닫혀 있을 차원의 전령이다. 고래는 정말 멋진 생물이다.

그럼에도 인간이 고래만큼 잔인하게 핍박한 동물은 없다시피 하다. 아마도 사람들은 이미 로마 시대부터 고래를 사냥했다. 18세기에는 중요한 고래 사냥터가 거의 모두 알려져 있었고, 20세기 초에는 탄두 작살의 발명과 증기선 덕분에 고래잡이가 치명적 산업으로, 끔찍한 살육으로 발전했다. 거대한 선단들이 전 세계의 대양을 샅샅이 훑어 잡은 고래를 곧바로 바다 한가운데에서 가공했다. 포경업자들이 한 걸음만 더 나아갔다면, 고래는 멸종

될 뻔했다. 현재까지도 대다수의 고래 종들은 과거의 개체수를 회복하지 못했다. 북대서양참고래를 비롯한 몇몇 종은 몇 백 마리밖에 남지 않았다. 한편, 상업적 포경은 이미 1982년에 금지되었다.

국제사회는 고삐 풀린 포경 산업을 멈추기 위하여 마지막 순간에 비상 브레이크를 밟았다. 일시적 중단 조치에 불과했지만, 그것조차도 동물과의 공감에서 비롯된 드문 행동이었다. 다른 많은 종들은 그렇게 운이 좋지 못하다. 우리는 공감에 인색하다. 우리는 개, 고양이, 말뿐 아니라 사자, 호랑이, 코뿔소, 바다의 고래, 돌고래, 물개처럼 미디어에 자주 등장하는 동물을 좋아한다. 우리의 공감을 선사받는 동물 종은 전체 수백만 종 가운데 기껏해야 100여 종에 불과할 것이다. 나머지는, 포기할 수 있다. 물론 돈벌이가 되는 종이라면 얘기가 달라지지만.

질문으로 포장된 로프트손의 도발을 맞받아치기는 무척 어렵다. 왜냐하면 돈벌이가 되는 것은 좋은 것이라는 가치 평가의 논리가 그의 주장을 뒷받침하기 때문이다. 그러나 우리는 논증의 책임을 로프트손과 같은 포경 옹호자들에게 돌릴 수 있을 것이다. 살육 금지를 옹호하는 논증들을 애써 모으는 대신에, 우리가 도대체 어떤 근거로 그런 존재에게 작살을 쏘는 걸 정당화할 수 있는지 묻는 것이다. 우리는 고래고기가 필요하지 않을뿐더러 고래의 고통을 잘 알지도 못한다. 우리는 고래의 비밀을 전혀 모른다. "왜 고래를 사냥하지 않아?"라고 묻는 사람은 우리가 생존을 위해 고래를 죽여야 했던 시절이 지나갔음을 모르는 사람이다. 인간의 오만을 억제할 때가 벌써 한참 전에 도래했음을 모르는 사람.

최근 들어 로프트손은 참고래를 사냥하지 않았다. 그의 견해가 바뀐 것은 아니다. 하지만 대다수 사람들의 견해가 바뀌었다. 참고래 고기를 사려는 사람이 없어졌다.

우리는 외로움 속에서 사라져간다

호모사피엔스. 시를 쓰고 거울 속의 자신을 알아보는 그 유인원은 한없는 오만으로 공룡의 종말 이후 가장 큰 대멸종에 시동을 걸었다. 생물학자 에드워드 윌슨은 현재를 "에레모세Eremocene", 곧 고독의 시대로 명명했다. 실제로 우리는 이중의 외로움을 향해 나아가고 있다. 즉 우리는 비인간 생명을 대량으로 없애는 중이며, 또한 남아 있는 종들에게서 점점 더 멀어지는 중이다.

몇 년 전에 실시된 조사에서 드러났듯이, 오늘날의 아이들은 오소리라는 이름은 몰라도 포켓몬 피카추의 이름은 댈 수 있다. 영국과 미국의 아이들이 야외에서 보내는 시간은 과거 그들의 부모들에 비해 절반으로 줄었다. 한국 아동의 79퍼센트는 근시여서 안경이 필요하다. 왜냐하면 화면을 너무 오래 보기 때문이다. 햇빛을 충분히 쬐지 않으면 안구가 과도하게 성장하여 근시가 될 위험이 있다. 그럼에도 무지와 의도적인 무시가 자연으로부터의 소외를 심화하고 자연 파괴를 촉진하고 우리의 삶을 더 빈곤하게 만든다. 또한 자연에 대한 우리의 앎이 줄어드는 것에 발맞춰 우리의 공감도 사라진다. 불타는 숲의 동영상으로 의식에 진입하는 자연 파괴와 달리 점점 더 심해지는 자연으로부터의 소외는 거의 언급되지 않는다.

상실을 감성적으로 한탄하는 것은 당연히 부질없는 짓이다. 우리는 변화가 유일한 상수인 세계에서 산다. 이제 대다수 사람들은 아프리카 열대우림의 바카피그미족처럼 살지 않고 대도시에서 산다. 삶은 비교적 안전하고 쾌적하다. 독일 여성의 평균 기대수명은 83.3세다. 평균적인 독일 여성은 굶주림을 모르며 빵과 신발과 비타민을 온라인으로 주문할 수 있다. 바카피그미족은 40세 남짓까지 살며 주기적으로 굶주리고 맨발로 돌아다닌다.

객관적으로 볼 때 우리는 역사를 통틀어 가장 좋은 시대에 산다. 굶주림에 시달리는 인구가 이토록 적었던 때는 없다. 이토록 많은 인구가 학교에 다니고 물과 의약품을 확보하고 지금처럼 오래 살았던 때는 없다. 우리의 일상은 참으로 안락해서, 안락이 병을 일으킬 지경이다. 우리는 유목민의 후손인데도 실내에서나 아스팔트 깔린 도로에서나 거의 모든 시간을 앉아서 보낸다. 그런 생활은 우리의 몸에도, 정신에도 적합하지 않다.

그리하여 문명병들이 생겨났다. 독일 인구의 과반수는 과체중이거나 비만이며, 거의 3분의 1은 우울증을 비롯한 정신적 장애를 지녔다. 어린 인간은 과거에 야생동물들을 뒤쫓아 사냥했지만 오늘날에는 앞구르기도 못하고 뒷걸음질로 세 걸음도 못 가는 경우가 많다. 아이들이 당뇨병, 알레르기, 온갖 거부반응에 시달린다. 하지만 다른 한편으로 우리는 여전히 야생동물이다.

호모사피엔스는 최소 30만 년의 진화 역사를 짊어지고 살아간다. 안데스산맥에서 감자 농사를 짓는 사람이나 월스트리트의 증권중개인이나 마찬가지다. 개인들과 집단들에서 발견할 수 있는 온갖 차이에도 불구하고, 기본적으로 우리는 매우 유사하다.

전 세계의 도시 인구는 2008년에 최초로 시골 인구를 능가했다. 도시는 더 효율적이고 자원을 더 잘 절약할 수 있다. 도시에 모여 사는 것은 원리적으로 나쁜 발상이 아니다. 그러나 자연에 관한 글로 유명한 미국 작가 존 뮤어가 100여 년 전에 지적했듯이, 도시는 "피로하고, 신경질적이고, 지나치게 문명화된 사람들"을 너무 많이 양산한다.

이는 놀라운 일이 아니다. 진화의 관점에서 보면, 우리는 숲에서 거의 곧장 사무실로 행진한 셈이다. 우리는 고작 한 세대 전부터 컴퓨터를 사용하기 시작했다.

책상 위에 인공조명이 설치된 것은 겨우 두 세대 전의 일이다.

그보다 먼저 다섯 세대 동안 우리는 공장과 컨베이어벨트 앞에서 일했다.

그러나 500세대 동안 우리는 논밭을 갈고 가축을 길렀다.

그리고 최소 5만 세대 동안 우리는 자연 속에서 소규모 친족 집단을 이뤄 안전한 장소와 먹을거리를 찾아 끊임없이 이동하며 살았다. 우리 종의 역사에서 거의 모든 시간 동안 우리는 사냥꾼이었고 채집자였다. 아프리카 원산의 영리한 영장류 종. 우리의 몸과 정신은 자연 안에서 자연과 함께 진화했다. 이 태고의 유목 문화가 인류의 진짜 요람이다. 오늘날 우리가 여전히 느끼고 떨쳐내지 못하는 감정들은 그 문화 속에서 발생했다.

우리 안에 깊숙이 뿌리 내린 유산

1960년대에 사회심리학자 에리히 프롬은 "삶과 모든 생물에 대한 격정적 사랑"을 뜻하는 "생명애biophilia"라는 개념을 고안했다. 에드워드 윌슨은 그 개념을 확장하여 "인간과 다른 생물들 사이의 선천적인 감정적 연대"를 이야기했다.

우리는 모든 감각을 사용하면서 우리의 환경과 결합할 때 가장 큰 생동감을 느낀다. 자연 속에 있으면, 우리의 뇌파가 변화하고 스트레스 호르몬의 분비가 감소하고 심장 박동이 느려진다.

생명애 가설에 따르면, 자연에 대한 우리의 반응은 선천적이다. 또한 자연과 감정적으로 연결되는 것은 우리가 야생동물이던 과거에 생존에 유리한 장점이었다. 최후의 바카피그미족처럼 자연을 직관적으로 느끼는 능력을 보유한 개체는 자연 속에서 동종의 다른 개체들보다 더 잘 살아갈 수 있었다. 그런 개체는 살아남아 더 많은 자식을 낳고 키울 확률이 높았다. 그렇게 자연에 대한 사랑이 우리의 게놈에 진입했다. 에드워드 윌슨에 따르면, 생명애는 자연과 생명의 다양성을 보살피고 보호하는 활동의 기반으로서 우리 자신에게 이롭다.

이 유산은 우리 안에 깊숙이 뿌리 내려 있다. 지금도 우리는 무게가 몇 톤에 달하는 다목적 승용차가 우리 앞을 쏜살같이 지나가는 것보다 거미 한 마리를 더 무서워한다. 우리가 기르는 고양이가 가르랑거리고 개가 우리를 보고 꼬리를 흔들 때 우리가 기쁨을 느끼는 것은 생명애 때문일 가능성이 충분히 있다. 많은 사람들이 정원 가꾸기에 많은 공을 들이고 향기로운 꽃에서 기쁨을 느끼는 것도 생명애 때문일 수 있다. 하지만 식물들이 우리를 위해 꽃을 피우는 것은 전혀 아니다. 꽃 피우기는 최소 3억 년 전부터 시작된 광고 겸 모집 사업이다. 식물들은 우리가 좋아하라고 꽃을 피우는 것이 아니라 꽃등에, 나비, 딱정벌레가 좋아하라고 꽃을 피운다. 마이클 매카시는 훌륭한 저서 『나방 눈보라*The Moth Snowstorm*』에서 이렇게 쓴다. "그 후 얼마나 많은 색들이 생겨났는가. 뻔한 얘기지만, 그 색들이 우리를 위해 생겨나지 않았다고 말하는 사람은 거의 없다."

　우리가 자연을 파괴하는 동안, 자연의 아름다움을 찬양하는 시장은 호황을 누린다. 나무에 관한 책은 세계적인 베스트셀러가 될 잠재력이 있다. 아웃도어 잡지, 여행 블로그, 고품질 자연 다큐멘터리는 거침없는 사진과 동영상으로 아직 남아 있는 야생의 자연을 찬양한다. 그런 상품들이 우리와 자연 사이에 팬 소외의 골을 메워준다고들 한다. 자연 파괴가 점점 더 가속되는 가운데, 자연에 대한 우리의 추상적 사랑은 역설적이게도 점점 더 커진다. 어쩌면 지난 몇십 년 동안 생물학이 최근까지만 해도 전혀 상상할 수 없었던 지식을 축적했기 때문이기도 할 것이다. 생물학은 환경의 영향이 유전물질을 변화시킬 수 있음을 밝혀내는 중이다. 나무들이 서로 소통한다는 사실이 발견되었다. 꽃부니 호박벌이 화날 수도 있고 기쁠 수도 있음을 우리는 경험한다. 우리는 모든 생물이 느끼고 소통한다는 것을 배우는 중이다. 방식이 다를 뿐, 우리와 똑같다. 바로 그래서 우리는 매혹된다.

　우리를 둘러싼 존재들은 내면의 세계를 가졌으며 생각하고 느낀다는 말을 신비주의자들만 하는 것이 아니다. 과학도 그렇게 말한다. 지구에서 우리는 외톨이가 아니다. 이 생각은 실은 위안을 줄뿐더러 유서가 매우 깊다. 과거의 문명들 대다수에서 인간계와 동물계는 분리되어 있지 않았다. 마야 문명의 샤먼과 고대 이집트의 고위 성직자는 동물계와 인간계를 넘나들 수 있었고, 고대 그리스인과 로마인은 나무 속에 '님프'가 산다고 믿었다. 유럽에서 산업혁명이 시작되던 때, 낭만주의 시인들은 신과 들을 누비며 자연의 아름다움으로 시를 빚었다. 루트비히 판 베토벤은 빈 근교 풍경의 아름다움에 한 교향곡 전체를 헌정했으며 자택 뒤뜰의 보리수를 시시때때로 끌어안았다. 반면에 오늘날 우리는 보리수와 너도밤나무를 구별하는 것조차 거의 못한다.

"순수한 이성은 절대로 승리하면 안 된다"라는 토코트로닉의 노랫말은 옳다. 우리의 지식, 모든 과학적 지식에도 불구하고, 모든 온실 기체의 4분의 3은 지난 30년 동안에 배출되었으니까 말이다. 앞으로도 열대우림의 파괴는 줄어들지 않고 늘어날 것이다. 자연을 지키는 최선의 길은 어쩌면 자연의 가격을 따지기가 아니라 자연 앞에서 경탄하기일 것이다. 우리는 이성을 사용해야 할 뿐 아니라 감정의 힘을 활성화해야 한다. 감정들을 새삼 느끼고, 설령 감정들이 모순적일지라도, 말과 이미지를 찾아내어 그것들을 이야기하고, 감정들을 따라야 한다. 감정들이 합리주의적 충동과 어긋나더라도, 아니 바로 그렇게 어긋날 때, 우리는 감정들을 따라야 한다.

　이런 능력들이 우리를 지구에 사는 모든 종들과 차별화한다. 그 능력들이 우리를 인간으로 만든다. 우리는 다른 동물들과 식물들 위에 있지 않고 그들과 연결되어 있다. 이 연결을 알아채고 이해하고 표현하는 것이 자연을 지키기 위한 열쇠다.

　어쩌면 한마디로 요약할 수 있을 것이다. 우리는 그 열쇠를 '사랑'이라고 부른다.

팽창

어리석은 거위 증후군 : 많을수록 더 좋다

2

난 내 걸 챙겨, 그다음에 좀 더 챙겨.

*

에이셉라키, 피처링: 스켑타, 랩퍼

❖

    지구상에서 종들이 가장 풍부한 장소는 영국 남부의 한 지하실이다. 창이 없고, 추운 곳. 철갑을 두른 문 너머, 하얀 네온등 불빛 아래에서 하얀 방호복을 입은 저온기술자들이 하얀 입김을 뿜어내며 암울한 사태에 대비한다. 유성 충돌, 핵전쟁, 심각한 기근, 기후 위기, 유행병. 재난은 늘 있다. 혹은 적어도 있을 수 있다. 그리고 바로 그런 재난에 대비하여 웨스트서식스주에 이 지하 벙커를 설치한 것이다. 세계가 멸망한 후, 핵폭탄에도 끄떡없는 콘크리트벽으로 둘러싸인 이 벙커 안에서 다음 문명이 싹틀 것이라고 한다. 물론 새 출발에 필요한 호모사피엔스들이 충분히 남아 있다는 전제 아래에서 말이다. 남아 있다면, 그들은 이 냉동 금고실에서 미래를 여는 열쇠를 발견할 것이다. 그 열쇠는 종 다양성이다.

그 바이오벙커에는 씨앗들이 저장되어 있다. 4만 종 이상의 식물에서 얻은 수십억 개의 씨앗들. 지구에 사는 야생 종자식물 전체의 약 7분의 1이 모여 있는 셈이다. 앞으로 더 많이 모일 것이다. 보르네오섬의 정글에서, 오만의 오아시스에서, 그린란드의 타이가 숲에서, 몽골의 초원에서 수집된 씨앗들이 웨스트서식스 주 웨이크허스트 식물원 건물로 이송되어 세척되고 냉동된다. 그 씨앗들은 최장 200년 동안 신선하게 보존될 것이다. 영국에 있는 그 건물의 지하실은 유일한 생태 저장소가 아니다. 높은 산봉우리부터 시리아까지, 세계 곳곳에 1500곳 이상의 씨앗은행이 있다. 또한 전 세계에서 식물만 수집되는 것도 아니다. 생물학적 다양성을 보존하기 위한 시설로 유전자 보관소들이 있고, 동물 조직을 보관하는 곳들도 있으며, DNA뿐 아니라 멸종 위기 동물 종의 생존 가능한 수정란도 보존하는 '얼음 노아의 방주Eis-Arche' 같은 프로젝트들도 있다.

지구의 다양성을 재난으로부터 지켜내려는 국제적인 노력의 규모는 공포를 자아낼 정도다. 마치 과학이 임박한 세계의 멸망을 100퍼센트 확실하게 예측하기라도 한 것 같다. 노아의 방주 한 척만 있는 것이 아니라, 거대한 선단이 있다. 그리고 웨이크허스트 소재 밀레니엄 씨앗은행Millennium Seed Bank은 선단의 기함, 세계 최대의 씨앗은행이다. 또한 가장 중요한 씨앗은행일 것이다. 왜냐하면 그곳에는 야생식물 종들이 보관되기 때문이다.

야생식물 종들을 기초로 삼으면 재배식물들을 처음부터 새롭게 육종할 수 있다. 오늘날 인류가 먹을거리로 삼는 옥수수, 밀, 쌀, 감자 등의 유용식물이 미래에 예컨대 기후 위기로 수확량이 줄거나 심지어 멸종한다면, 그런 새로운 육종이 반드시 필요할 수도 있을 것이다. 오로지 새로운 재배식물의 육종만을 위하여 밀레니엄 씨앗은행은 야생 곡물 350종의 씨앗을 보존하고 있다. 더 더워진 지구에서도 우리에게 일용할 양식을 제공할 재배식물들을 그 씨앗들로부터 육종할 수 있기를 바라면서 말이다.

인간은 약 3만 종의 식물을 원료 공급원이나 식량원으로 사용한다. 그중 6000종은 인류가 정착 생활을 시작한 이래로 재배되어왔다. 그러나 그 재배식물의 대다수는 많은 야생 종들과 똑같이 멸종의 위기에 처했다. '헤라클레스곤봉', '갈색껍질 아르나우트카', '동프로이센 펠루쉬케'를 요새 누가 알까? 이들은 과거의 호박 품종, 밀 품종, 완두 품종이다. 현대 농업은 모든 것을 규격화하고 단순화한다. 그리하여 어느새 전 세계 식량 공급의 3분의 2를 오직 아홉 종의 식물이 담당하게 되었다. 대단히 위험한 유전자 다양성의 감소. 어느 종 하나라도 기후 위기의 심화로 더위를 견뎌낼 수 없게 되거나 새로운 병원체가 등장하면, 파국적인 기근이 닥칠 수도 있다. 최선의 예방책은, 다양성이다.

서식스의 씨앗은행 운영자는 큐 소재 왕립 식물원이다. 현재 런던의 일부인 큐에 식물원이 조성된 것은 이미 17세기의 일이었다. 큐 식물원의 연구자들은 제임스 쿡과 함께 세계를 일주했고, 하워드 카터가 투탕카멘의 무덤에서 발견한 식물의 잔재도 그 식물원의 연구소에서 탐구되었다. 그곳 사람들은 식물학에 조예가 깊다. 현재 지구상의 모든 식물 가운데 5분의 1이 멸종 위기에 처해 있다. 큐 연구소는 후대를 위해 모든 각각의 식물을 보존하려 한다.

전문가들은 이미 영국의 다양한 식물들 모두를 여러 냉동실에 저장했으며 점진적으로 전 세계의 식물군 전체를 냉동 보관하는 중이다. 큐에서 파국을 대하는 태도는 매우 영국적이다. "호들갑 떨지 말고 하던 일을 계속하라Keep calm and carry on"는 구호로 요약되는 태도.

웨이크허스트의 광활한 시설을 꼼꼼히 살펴보는 사람은 약간의 희망을 품게 된다. 어쩌면 인류는 사람들이 걱정하는 만큼 어리석지는 않은 것일까? 밀레니엄 씨앗은행은 우리가 전 지구적 위험 앞에서 얼마든지 국제적으로 협력하고 미래를 내다보면서 행동할 수 있음을 보여준다. 미래를 향한 세단뛰기. 과학은 종 다양성의 의미를 알아내고, 정치는 종 다양성을 보호하기로 결정하고, 사회와 경제는 그 결정의 실행에 필요한 자금을 댄다. 그렇게 진보가 이루어진다. 적어도 서식스의 한 지하실에서 인간은 실제로 호모사피엔스답게, 다시 말해 지혜롭게 행동한다.

다른 한편으로 우리는, 우월한 지식에도 불구하고 생명의 역사를 통틀어 최초로 지구 시스템에 너무 깊이 개입하여 전 지구적 대멸종에 시동을 건 종이기도 하다. 우리는 우리를 먹여 살리는 자연을 파괴하는 줄 알면서도 파괴하고 있다. 우리가 매달린 나뭇가지를 우리 손으로 톱질하고 있다.

어쩌면 알베르트 아인슈타인의 입에서 나왔다고들 하는 다음과 같은 말이 옳을지도 모른다. "딱 두 가지만 무한하다. 우주, 그리고 인간의 어리석음." 아인슈타인은 우주의 무한성을 전적으로 확신하지 못했다. 혹시라도 우리에 관한 그의 판단이 옳았을 경우에 대비하여, 그야말로 최악의 경우에 대비하여, 밀레니엄 씨앗은행의 주소를 적는다. *Ardingly, Haywards Heath, West Sussex RH17 6TN, UK.* 용접기를 지참하고 가라. 철옹성 같은 강철문이 당신을 맞이할 테니까.

거침없는 증식

생명의 다양성을 대폭 감소시키는 유성 충돌, 화산 분출, 기타 숙명적 재난은 언제든지 일어날 수 있다. 그러나 다행히 가까운 장래에 그런 재난이 발생할 개연성은 낮다. 우리가 마주한 최대의 위협은 바깥이 아니라 안에서 유래한다. 우리는 재앙을 향하여, 바꿔 말해 증식과 팽창의 방향으로 나아가고 있다. 자원이

한정된 행성 위에서 인구가 무한정 늘어나면 언젠가 문제가 발생하리라는 것은 불을 보듯 빤하다. 그러므로 통제되지 않은 팽창의 귀결들을 한번 살펴볼 필요가 있다.

거의 모든 것에 관한 공식을 개발한 과학은 식물, 동물, 인간의 증식을 서술하는 공식도 개발했다. 한 유형의 개체군 변동을 계산하려면, 특정 기간에 현존하는 개체들의 수에 그것들의 본래적인 성장 잠재력growth potential을 곱하면 된다. 한 예로 토끼들의 집단에 이 공식을 적용하면, 암토끼 한 마리가 번식 철마다 낳을 수 있는 새끼의 최대 수에 암토끼들의 수를 곱함으로써 토끼 개체수의 변동을 예측할 수 있다. 그 결과는 가파르게 무한대로 상승하는 지수함수 곡선이다. 그럼에도 지구가 토끼들로 뒤덮이지 않은 것은 환경 수용력이 한정되어 있기 때문이다. 즉 환경은 토끼들을 무한정 수용할 수 없다. 땅이 유한하고, 먹이도 유한하다. 여우와 독수리가 토끼를 사냥하고, 온갖 병이 토끼들의 수를 대폭 줄이고, 때로는 겨울이 유난히 길고 여름이 특별히 건조하다. 이런 환경 저항들이 토끼의 증식을 제한한다. 살아 있는 자연의 생산적 카오스를 공식들과 숫자들 속으로 완전히 욱여넣는 것은 물론 불가능하지만, 야생에서 환경 저항들environmental resistances이 증식을 제한할 때 따르는 원리는 실제로 측정할 수 있다. 가장 유명한 개체군 연구들 중 하나는 스라소니와 눈덧신토끼가 함께 사는 지역에 관한 것이다.

허드슨만 회사HBC는 1670년에 설립되었으며 오늘날 캐나다에서 가장 오래된 기업이다. 이 회사는 몇백 년 동안 북아메리카 모피 거래의 큰 부분을 지배했다. 회계직원들은 매년 사냥꾼들이 야생의 자연에서 스라소니의 모피와 눈덧신토끼의 모피를 얼마나 많이 가져왔는지 꼼꼼히 기록했다. 이 거래 장부는 그 두 동물 종의 개체수가 300년 동안 겪은 변화를 보여준다. 20세기 전반부에 생물학자들은 그 장부를 연구했다. 결과는 스라소니와 눈덧신토끼의 개체수가 오르락내리락했다는 것이다. 더 정확히 말하면, 그 변동은 로트카–볼테라 모형Lotka-Volterra model을 따랐다.

수학자 앨프리드 로트카와 물리학자 비토 볼테라는, 포식자와 사냥감의 개체수가 서로 어떻게 영향을 주고받으며 변화하는지를 이론적으로 서술하는 방정식을 고안했다. 사냥감이 많으면, 포식자가 늘어난다. 포식자의 수가 아주 많으면, 살아남는 사냥감이 줄어든다. 곧이어 포식자는 먹이가 부족해서 새끼를 덜 낳게 되고, 그 결과로 다시 사냥감이 급격히 증가할 수 있게 된다. 포식자 종과 사냥감 종의 개체수 변화를 여러 해에 걸쳐 그래프로 나타나면, 예쁜 사인곡선 두 개가 그려진다. 두 곡선은 완전히 포개지지 않고 약간 어긋난다.

담비와 나그네쥐도 매우 유사한 방식으로 서로의 개체수를 규제한다. 여담이지만, 나그네쥐의 집단자살은 1958년에 나온 디즈니 영화 한 편을 근거로 끈질기게 되풀이되는 전설에 불과하다. 당시에 그 영화 제작팀은 나그네쥐들을 사다가 직접 벼랑 위에서 떠밀었다. 그렇게 현실에는 전혀 없는 장면이 극적으로 촬영된 것이다. 나그네쥐들이 자신들의 증식을 제한하는 방식은 집단자살이 아니라, 일찍이 찰스 다윈이 그 디즈니 영화보다 100년 먼저 서술한 방식 그대로다. "어떤 생물이라도 죽임을 당할 가능성에 노출되어 있지 않다면 충분히 왕성하게 증식하여 단 한 쌍의 자손들이 머지않아 지구를 뒤덮게 되리라는 것은 예외 없는 규칙이다."

"예외 없는 규칙"이라고? 인간은 "생물"이므로, 불가피하게 이런 질문이 제기된다. 우리도 "죽임을 당할 가능성에 노출되어" 있을까? 우리 인간도 다윈이 정식화한 생물학적 법칙의 지배를 받을까?

자연적 출산 조절

당연히 그렇다! 원리적으로 모든 생물은 언젠가 팽창의 한계에 도달하니까 말이다. 자원의 회복과 소비가 균형을 이루면, 시스템의 수용력은 한계에 도달한다. 눈덧신토끼를 둘러싼 환경 시스템도 그렇고, 인간을 둘러싼 환경 시스템도 마찬가지다. 물론 단기적으로는 개체수의 급격한 오르내림이 있을 수 있다. 예컨대 메뚜기나 진딧물은 파국 전략을 채택한다. 즉 유리한 조건에서 폭발적으로 증식하고, 불리한 조건에서 대량으로 사멸한다. 인류가 채택할 만한 전략은 아니다. 다른 종들, 특히 수명이 긴 대형 포유동물들은 애당초 새끼를 적게 낳은 다음에 양육에 엄청난 에너지를 투입한다. 얼마나 많은 에너지가 투입되는지는, 당신의 부모에게 한번 물어보라! 캥거루를 비롯한 또 다른 종들은 자연적인 출산 조절 능력을 보유했다. 그들은 자원이 부족하면 태아의 발달을 억제한다. 여왕개미는 남아도는 알들을 먹어 치우고, 강꼬치고기는 동족을 먹어 치우며, 늑대 집단에서는 대개 우두머리 암컷만 새끼를 낳는다. 쥐와 생쥐의 경우에는 우두머리 암컷이 페로몬을 이용하여 하위 개체들의 번식 욕구를 조종할 수 있고, 꿀벌과 말벌도 매우 유사한 방식으로 출산을 조절한다.

우리, 털 없는 유인원도 우리의 팽창을 스스로 조절하는 것이 바람직하다. 그 조절을 자연에 맡기면, 그리 유쾌하지 않을 터이기 때문이다. 자연이 활용하는 수단은 기아, 유행병, 폭력이다. 우리가 동물 가운데 유일하게 초사회성과 높은 지능을 겸비했다는 것은 좋은 일이다. 우리의 운명은 우리 자신의 손에 달려 있다. 따라서 이 책의 후반부에서는 다윈의 규칙이 우리를 엄습하지 않게 하려면 우리의 사회, 경제, 정치가 어떻게 바뀌어야 할지 논할 것이다. 우리가 선제적으로 행동하지 않으면, 그 규칙이 우리를 덮칠 테니까 말이다.

지금까지 우리는 지구의 수용력을 꾸준히 높이는 데 용케 성공했다. 방법은 더 많은 에너지를 가용하게 만드는 것이었다. 우선 수확량이 많은 식물들을 육종했고, 이어서 석탄, 석유, 천연가스를 소비했으며, 이제는 태양, 물, 바람에서 수확하는 전기를 늘리고 있다. 그렇게 우리는 꾸준히 증가하는 인구를 똑같은 크기의 지구에서 용케 먹여 살려왔다. 그러나 지구의 수용력을 끝없이 향상할 수는 없다. 설령 당장 우리의 살림이 넉넉해지는 것을 보면 다른 느낌이 들고 우리의 경제 시스템은 정반대를 암시하지만, 언젠가는 끝에 도달하게 되어 있다.

우리는 나날이 더 행복해지는 거위처럼 영리하게 살아가고 있다. 그 거위는 날이 갈수록 더 많은 먹이를 얻고 점점 더 뚱뚱해진다. 그러나 그 거위의 삶에서 가장 행복한 날은 성탄절 하루 전, 주인이 살찐 거위를 잡는 날이다.

또한 우리는 우리의 부가 증가하는 것을 기뻐한다. 그 증가는 우리의 탁월한 지능 덕분이다. 그러나 이 지능의 뿌리는 어리석음과 연결되어 있다. 물론 우리의 뇌와 인지 능력은 수백만 년에 걸쳐 꾸준히 발달해왔다. 그리하여 오늘날 우리는 끈이론이나 암흑물질, 축구에서 다른 공격수들에게 기회를 만들어주기 위해 스트라이커인 척 가장하는 선수의 역할에 대해서 토론할 수 있다. 그러나 심지어 가장 영리한 사람들도 그런 대화 도중에 담배를 피우고 초콜릿바를 먹으며 퇴근할 때는 다목적 승용차를 몰고 집에 도착해서는 옆집 잔디밭이 더 푸른 것에 화를 낸다. 왜 그럴까? 이성을 제공하는 대뇌피질 아래에 진화생물학적으로 훨씬 더 오래된 변연계가 있기 때문이다. 그곳에서 감정들이 발생한다. 그리고 감정 앞에서 우리는 대체로 무력하다. 진화생물학자 마티아스 글라우프레히트는 그 귀결을 다음과 같이 멋지게 요약했다. "우리는 영리하게 생각하고 멍청하게 행동한다."

감정은 우리의 생물학적 발생사가 낳은 산물이다. 독사에 대한 공포, 가족에 대한 신뢰, 낯선 사람에 대한 의심 — 이런 감정들은 초기 인류의 생존을 위해 중요했다. 그리고 우리는 그 감정들을 물려받았다. 그 감정들은 우리의 유전자에 들어 있으며 우리가 생존하는 내내 마치 인형을 조종하듯이 보이지 않는 끈들을 당겨 우리를 조종한다. 그런데 유전자는 한 방향만 안다. 오직 팽창의 방향만.

유전자는 의도도 감정도 지니지 않았지만 생명의 진정한 동력이다. 유전자의 유일한 목표는 증식하기, 그리고 다음 세대로 넘어가기다. 우리의 몸은 탈것에 불과하며, 유전자는 그 탈것 안에서 더 넓은 시간적 공간적 활동 범위를 확보한다. 유전자가 깃든 몸이 번식에 성공하면, 유전자는 새로운 몸들에 깃들 수 있다. 그러면 유전자는 다시 그 몸들을 증식으로 몰아간다. 벌써 수십억 년 전부터 그러했다. 유전자는 무수한 단세포동물, 물고기, 영장류를 거치며 변화했고 그때그때의 환경 조건에 맞게 자신과 자신이 깃든 몸을 적응시켰으며 이제는 우리도 조종한다. 이것이 이기적 유전자 이론이다. 이 이론은 개체를 생존기계로 격하한다.

팽창이 유전적으로 프로그램된 것에서 비롯된 결과들 중 하나는 항상 더 나아가려는, 끝없이 새로운 곳에 발을 들이려는 우리의 욕구다. 물론 모든 종들이 서식지를 확장하지만, 다윈 이래로 알려졌듯이, 우리는 정말 특별한 가능성들을 보유하고 있다. 우리의 정복 의지는 우리를 가장 강하게 정의하는 속성들 중 하나다. 새로움은 물론 우리를 불안하게 하지만 또한 동시에 우리를 넓은 세계로 나아가게 한다. 인류의 발생사는 개척의 역사다. 인간이라는 개척자 종은 새로운 삶의 터전에 진입하여 그곳의 자원을 써먹고, 그 자원이 바닥나거나 다른 곳이 더 풍요로워 보이면 또다시 이동한다. 하지만 지금 우리는 충분히 많아서 모든 곳에 이미 있다. 우리는 모든 터전을 벌써 정복했다. 다음 한걸음은 저 바깥의 우주를 향해야 한다. 오직 우주에서만 확장이 계속될 수 있을 듯하고, 오직 우주에서만 인간이 아직 본 적 없는 구역들에 진입하는 것이 가능할 듯하다.

우리는 강박적으로 팽창하며 우리 자신의 성공에 희생된다.

가족의 결속

매머드나무, 모기, 두더지, 침팬지, 양송이, 말뚝망둥어 할 것 없이 지구의 모든 생물은 유전자를 통해 서로 연결되어 있다. 왜냐하면 모든 생물은 단일한 원조 생물의 후손이기 때문이다. 그 원조 생물을 '루카LUCA', 곧 '최초의 보편적 공통 조상last universal common ancestor'이라고 부른다. 루카에서 시작하여 35억 년 동안 풍성하게 가지를 뻗으며 단절 없이 이어진 생명의 계통선 하나는 무수한 생물들을 거쳐 우리에 도달한다. 우리의 모든 조상들은 살아남아서 번식에 성공해야 했다. 실패는 단 한 번도 없었고, 유전물질은 한 몸에서 다른 몸으로 수백만 번 옮겨갔다. 영국 가수 더 스트리츠는 「벼랑 가에서On the Edge of a Cliff」라는 곡에서 이 기적을 이렇게 노래한다.

> 시간의 시작 이래 수십억 년 동안
> 당신의 모든 조상 하나하나가 살아남았어
> 당신의 모계와 부계의 모든 개체 각각이
> 성공적으로 생명을 돌보고 당신에게 전달했어
> 이럴 확률이 얼마쯤 될 것 같아?

순전히 유전학적으로 보면 우리 모두가 절반은 바나나인데, 왜 그러한지에 대한 설명도 지구의 모든 생물이 공통 조상인 루카에게서 유래했다는 사실에서 찾을 수 있다. 향유고래, 콜라비, 녹색 피를 가진 도마뱀, 우리 할 것 없이 모두가 한 가족이다. 하지만 이것은 변함없는 사실인데, 이 지구상의 종 다양성은 유전자가 최대한 성공적으로 증식하는 데 이로운 전략이다. 생명의 원초적인 힘을 대변하는 구호는 "항상 더 많이"다. 우리도 그 힘의 지배를 받는다. 그리고 우리는 지구를 지배한다.

우리가 지구 시스템에 미치는 영향은 어마어마하다. 이 지구에서 단 하나의 동물 종이 이토록 지배적이었던 적은 한 번도 없다. 20세기 중반 이래로 인간의 활동은 극적으로 증가했다. 그래서 과학자들은 "대가속Great Acceleration"을 이야기한다.

기상학자 빌 슈테펜이 이끄는 연구팀은 사회경제적 경향과 지구 시스템의 경향을 각각 12개씩 탐구했다(이 책 중간에 삽입된 그림들은 그 경향들을 보여준다). 그래프로 표현하면, 이 경향들의 모든 곡선은 동일한 패턴을 따른다. 즉 아주 오랫동안 곡선이 완만하게 상승하다가 20세기 중반부터 폭발적으로 급상승한다. 그 유명한 "하키 스틱 곡선"이다. 어디에서나 동일한 경향이 나타난다. 세계 인구, 에너지와 종이의 생산뿐 아니라 비료의 사용, 대기 중 이산화탄소 농도, 지면 온도, 어획량, 열대우림의 파괴, 심지어 멸종도 마찬가지다. 이 대가속을 일으키는 요인들은 인구증가, 소비 증가, 저렴한 에너지, 경제적 자유화다.

호모사피엔스가 유발하는 멸종

대가속의 귀결들을 어디에서나 목격할 수 있다. 그러나 몇몇 장소에서는 인간의 팽창이 발휘하는 파괴력이 특히 뚜렷하게 나타났다. 예컨대 뉴질랜드가 그런 곳이다. 그곳의 생명은 몇백만 년 동안 나머지 세계로부터 대체로 분리된 채 진화했다. 몇몇 박쥐 종을 논외로 하면, 그 외딴 섬들에서 진화는 포유동물을 발생시키지 않았다. 대신에 새들의 세계는 종 다양성이 특별히 높다. 하지만 그 세계는 어느새 처참하게 쪼그라들었다. 과거의 다양성이 주는 상당히 극적인 인상 하나를 남섬에서 얻을 수 있다.

벌집 언덕 동굴Honeycomb Hill Cave로 들어가려는 사람은 진흙탕을 기어 좁은 입구를 간신히 통과해야 한다. 천장 높이가 무릎 정도에 불과한 곳이 여러 곳 있다. 어떤 곳에서는 더 납작 엎드려야 한다. 입구의 폭은 어깨너비에 불과하다. 밖에서 비가 오면, 위협적으로 넘쳐 드는 오파라라 강물이 바닥의 암반을 요란하게 때려 천둥소리를 낸다.

그러나 동굴 시스템의 약간 외진 방 하나는 무덤처럼 고요하다. 손전등을 비추면 두개골 수백 개가 나타난다. 고운 흙 속에 반쯤 묻힌 채로. 위에서 내려오는 원뿔 모양의 빛이 바위를 훑고 지난다. 으스스하다. 여기에 있는 뼈는 수천 점, 수십 종의 잔해다. 가장 오래된 것들은 약 2만 년 전의 것이고, 가장 새로운 것도 몇백 년 전의 것이다. 동굴 지붕에 난 구멍으로 날지 못하는 새들인 주금류走禽類가 거듭 떨어졌다. 마치 사냥꾼의 함정에 빠지듯이. 지하수는 그 새들의 잔해를 이 석실 안에 차곡차곡 쌓았을 것이다. 그 석제 타임캡슐 안에는 지상에서 이미 사라진 지 오래인 다양성이 존재한다.

뉴질랜드는 인간이 가장 마지막으로 진입한 거대한 땅덩어리다. 아마도 약 800년 전에 비로소 폴리네시아인의 배들이 당시까지 알려지지 않았던 해변에 이르렀다. 어쩌면 이 신세계를 정복한 이주민은 겨우 열댓 명에 불과했을 것이다. 하지만 그들은 이 세계를 순식간에 바꿔버렸다. 뉴질랜드 동물들은 쉬운 사냥감이었다. 그들은 인간을 전혀 몰랐으므로 인간에 대한 두려움도 없었다. 폴리네시아인들이 처음 도착하고 나서 불과 몇십 년이 지났을 때, 길이가 2미터에 달하며 날지 못하는 주금류인 자이언트 모아는 멸종하다시피 했다. 조금 더 지나자 모든 모아 종 9개가 사라졌다. 그들에 이어 지상 최대의 맹금류 하스트 독수리가 죽었다. 수십, 어쩌면 수만의 다른 종들도 같은 운명을 맞았을 것이다. 과거 마오리족의 뼈는 통풍의 흔적을 나타내는 경우가 많다. 그 흔적은 그들이 육류를 지나치게 많이 먹었음을 시사한다.

그들이 타고 온 배에는 식량 삼아 산 채로 싣고 온 태평양 쥐들도 있었다. 그들 중 한 쌍이 야생화하여 맹금류의 둥지에서 알들을 먹어 치웠다. 현재 뉴질랜드 고유종 새들, 곧 오로지 뉴질랜드에서만 사는 새들의 약 40퍼센트가 소멸한 상태다. 주범들은 생물 침입자들, 곧 인간이 데려온 쥐, 고양이, 주머니쥐다. 이것은 우리 인간 종이 전형적으로 일으키는 현상이다.

호모사피엔스는 새로운 생활공간으로 진입할 때마다 곧바로 살육의 잔치를 벌인다. 자연에 맞선 전격전. 역사학자 유발 노아 하라리는 이 때문에 인간을 "이제껏 동물계가 낳은 가장 크고 파괴적인 힘", "생태학적 대량 학살범"이라고 부른다. 사냥될 수 있는 놈은 죽어야 한다. 인간이 강제 없이 수수하고 지속가능한 방식으로 생명의 순환 속으로 녹아든 원시 종족으로서 환경을 해치지 않고 산다는 것은 동화의 나라에나 어울리는 얘기다. 인간은 자연의 일부이기 때문에 닭장에 들어간 늑대처럼 행동할 수밖에 없다. 인간은 움켜쥘 수 있는 놈을 움켜쥔다.

오스트레일리아에 진입한 최초의 사람들은 신화 속에나 있을 법한 동물들을 멸종시켰다. 코뿔소만 한 웜뱃 디프로토돈, 몸무게가 1톤에 달하는 왕도마뱀, 거대 캥거루, 그 밖에 오스트레일리아 특유의 거대 동물들이 한결같이 사라졌다. 유라시아에서는 마지막 빙하기가 끝난 후, 털코뿔소, 매머드, 동굴사자, 큰뿔사슴을 비롯한 많은 종이 절멸했다. 북아메리카에서는 마스토돈, 낙타, 말, 거대 나무늘보가 멸종했고, 남아메리카에서는 모든 장비목長鼻目 동물들과 몸무게가 1.5톤에 달했던 왕아르마딜로가 사라졌다. 그 밖에 수많은 종들도.

마오리족은 뉴질랜드에 도착한 후 채 몇십 년도 지나지 않아 심각한 위기에 빠져들었다. 식량 부족, 각자의 몫을 차지하기 위한 전쟁, 화전 농업, 어쩌면 식인 풍습까지 발생했다. 지속가능성이 더 높은 식량 확보 방법들, 즉 새로운 농업 방식들과 더 관대한 사냥 기술들을 개발한 후에야 마오리족은 생존의 위기에서 벗어날 수 있었다. 그것은 고통스러운 적응이었다. 오늘날 우리는 원시 종족들이 "자연과 조화를 이루며" 살았다고 말하곤 하지만, 대개 그들은 쉽게 사냥할 수 있는 동물들을 모조리 죽여 없앤 뒤에야, 그래서 새로운 식량원을 확보하지 않을 수 없는 처지에 이르러서야 비로소 지속가능한 형태의 사냥법과 농업을 개발했다.

그들은 생태계를 지속가능하게 이용하는 길을 발견했다. 그들이 우리보다 더 나은 인간이었거나 더 순결한 영혼을 갖고 있었기 때문이 아니다. 달리 방도가 없었기 때문이다. 환경은 그들에게 행동의 변화를 강제했다. 그리고 오늘날 우리의 문명도 바로 그 지점에 도달했다.

따라서 우리는 원시 종족들로부터 매우 소중한 교훈을 얻을 수 있다. 우리는 적응해야 하고 생태적 한계들을 인정해야 한다. 이는 우리가 살아남기 위해서다. 그렇게 하지 않으면 우리의 전 지구적 문명은 과거에 거침없이 팽창하다가 생존의 위기에 처하거나 심지어 제풀에 멸망한 마오리족, 이스터섬의 거주자들, 마야족, 크메르족, 그 밖에 수많은 문명들과 같은 운명을 맞이할 것이다. 생물지리학자 재러드 다이아몬드는 저서 『문명의 붕괴』에서 그 문명들 중 몇몇을 탐구했다. 그가 도달한 결론에 따르면, 문명의 생존력을 결정하는 가장 중요한 요소는 "환경 파괴에 대처하는 지적 혹은 조직적 능력"이다. 우리는 그 능력을 키워야 할 것이다.

맬서스의 재난

　원리적으로 생물 종은 팽창하기 위하여 자신에게 가용한 자원을 모두 사용한다. 증식과 확산은 자원이 고갈되고 환경 저항이 너무 커질 때 비로소 종결된다. 번식은 선택이 아니라 유전적 강제 사항이다. 어떤 종이건 마찬가지다. 호모사피엔스도 예외가 아니다.

　더구나 인간은 유별나게 성공적으로 번식한다. 진화생물학자 마티아스 블라우프레히트는 저서 『진화의 종말*Das Ende der Evolution*』에서 이렇게 확언한다. "우리가 침팬지, 고릴라, 심지어 오랑우탄과 정말로 다른 점은 우리가 남기는 후손들의 수다. 그 수를 비교하면, 우리는 침팬지, 고릴라, 오랑우탄과 크기의 등급으로 여러 등급이나 다르다. 수천 년이나 수십만 년의 기간을 살펴보면, 오늘날의 성공은 무엇보다도 인간의 우월한 번식률에서 비롯되었다. 그 성공이란 인간의 수는 현재 70억이 넘는 반면, 유인원들의 수는 몇 만에 불과하다는 점이다." 이 때문에 생물학자들은 우리를 "잡초 종*weed species*"이라고 부른다.

　아무튼 우리가 유별나게 성공적으로 번식하는 이유는 낭만적인 차원에 있는 듯하다. 우리는 유인원들보다 더 일부일처제에 충실하기 때문에 아비와 어미의 결속이 특히 강하다. 그 덕분에 우리의 자식들은 더 많은 관심과 돌봄을 받는다. 인간 사회는 잠재적 어미인 젊은 여자를 침팬지들이나 고릴라들보다 더 잘 보호하기 때문에, 젊은 여자들은 유인원 암컷들보다 더 많은 새끼를 낳는다. 재러드 다이아몬드는 호모사피엔스의 높은 번식률 때문에 선사 시대의 수렵채집자 100명은 이론적으로 겨우 340년 안에 1000만 명으로 불어날 수 있다고 추산했다. 우리가 보유한 이 엄청난 번식력은, 제한 요인들이 사라지기만 하면 거침없이 발휘된다. 그리고 바로 그런 일이 실제로 일어났다.

18세기 후반기와 19세기 전반기에 활동한 영국 경제학자 겸 철학자 토머스 맬서스는 "맬서스적 재난Malthusian disaster"이라는 용어의 창시자로서 미심쩍은 명성을 누린다. 그는 이기적 유전자의 존재를 전혀 몰랐지만, 저서『인구론』에서 이기적 유전자가 빚어내는 결과를 서술했다. 맬서스에 따르면, 인간은 무제약적 증가의 법칙을 따른다. 물론 인간은 계속해서 새로운 방법들을 개발하여 식량 생산을 늘릴 수 있지만, 인구의 증가와 맞먹을 만큼 늘릴 수는 없다. 그래서 질병, 빈곤, 기아가 필수적인 교정 인자로서 작용하여 인구의 증가를 억제한다. "가족이 그를 부양할 능력이 없거나 사회가 그의 노동을 필요로 하지 않는다면…… 그 사람은 식량을 요구할 권리가 전혀 없으며 실제로 불필요한 잉여다. …… 자연은 그에게 퇴장을 명령하며, 심지어 이 명령의 집행을 서슴지 않는다." 이 인용문에서 영국 상류층의 무자비한 오만과 더불어 가장 먼저 우리를 놀라게 하는 것은 그런 맬서스적 재난이 도래한 적이 이제껏 한 번도 없다는 명백한 사실이다. 질병, 전쟁, 기아는 늘 인간의 곁에 있었지만, 그 참혹한 죽음의 기사들이 인구의 증가를 장기적으로 가로막은 적은 없다. 적어도 지금까지는.

인류 역사의 초기 내내 야생의 자연에서 돌아다닌 인간의 수는 기껏해야 몇백만에 불과했다. 그 후 자연거주자Natur-Bewohner에서 자연조형자Natur-Gestalter로 변신함으로써 비로소 우리는 지구의 수용력을 뚜렷이 향상할 수 있었다. 이를테면 농업을 통해서 말이다. 겨우 다섯 명의 유목민을 먹여 살릴 수 있는 땅이 35명의 농부에게 충분한 식량을 제공할 수 있게 된 것이다.

그럼에도 인류는 농업과 가축 사육을 발명한 후에도 몇천 년 동안 수적으로 유의미한 종이 아니었다. 상황이 바뀌기 시작한 것은 겨우 몇백 년 전부터다.

인간이 기아나 질병, 또는 폭력에 의해 사망할 확률은 오늘날 맬서스의 시대에 비해서도 매우 낮다. 중세 이래로 산업 국가들에서 아동 사망률(만 5세 이하 아동의 사망률―옮긴이)은 약 50퍼센트에서 오늘날 1퍼센트 미만으로 떨어졌다. 중부 유럽의 농부가 1헥타르의 농지에서 거두는 곡물은 14세기에 비해 10배 증가했다. 폭력에 의해 사망할 확률도 추정컨대 14세기에 비해 50배 낮아졌다. 요컨대 우리의 확산을 가로막는 자연적 환경 저항은 대폭 감소했다. 맬서스는 인간의 혁신과 발명의 능력을 심하게 과소평가했던 것이다.

그가 『인구론』을 쓸 당시에 세계 인구는 10억에도 미치지 못했다. 1970년대에 세계 인구는 약 40억, 오늘날엔 거의 80억, 2050년에는 아마도 100억에 도달할 것이다. 하지만 세계 인구는 맬서스가 우려한 대로 계속 증가하지는 않을 것이다. 곡선의 기울기가 감소하여, 세계 인구의 증가는 대략 2100년에 최대 110억 명에서 종결될 것이다. 또한 그 종결의 원인은 기아나 유행병이나 전쟁이 아닐 것이다. 인간이 스스로 인구의 증가를 억제할 것이다. 교육의 향상과 복지의 개선을 통해서, 또한 무엇보다도 여성을 가부장제적 질서로부터 해방함으로써 말이다.

문화가 자연을 이긴다

여성이 교육과 직업을 얻을 수 있게 되면, 가족 계획에 미치는 여성의 영향력이 곧바로 강해진다. 여성은 아이를 더 나중에, 또한 더 적게 낳게 된다. 더구나 복지가 향상되면, 부모는 노후를 대비하여 자식을 낳을 필요성에서 해방된다. 실제로 세계 곳곳의 인구 증가는 사회경제적 처지에 따라 뚜렷이 다르다. 니제르에서 여성 한 명이 낳는 아이는 평균 7명인 반면, 타이완에서는

1.1명에 불과하다. 따라서 아프리카 남부의 인구는 2050년까지 아마 두 배로 증가할 테지만, 북아메리카와 유럽에서의 인구 증가는 단 2퍼센트에 머물 것으로 예상된다. 하지만 출생률은 전 지구적으로 점점 더 평준화되는 중이다. 그리하여 인구학의 예측에 따르면, 늦어도 100년 뒤면 세계 인구가 감소하기 시작할 것이다. 맬서스가 틀렸다. 인류는 유전자의 지배에서 벗어났다. 문화가 자연을 이긴다.

다만, 안타깝게도 너무 늦었다. 앞으로 100년 안에 출생아가 감소하여 생태계의 부담이 줄어들어야 하니까 말이다. 인류가 기아와 전쟁을 동반한 심각한 생물학적 위기에 빠져들지 여부는 현재의 결정에 달려 있다. 지금 이 세대의 결정이 관건이다. 왜냐하면 현재 나이가 50세 정도인 사람들은 세계사를 통틀어 단 한 번뿐인 순간의 목격자이자 주인공이기 때문이다. 자신이 사는 동안 세계 인구가 두 배로 증가하는 순간 말이다. 이 순간을 제외하면, 인간이 존재해온 30만 년 정도의 세월을 통틀어 세계 인구가 단 한 세대 동안에 두 배로 증가한 일은 단 한 번도 없었다. 또한 그런 일은 앞으로도 결코 없을 것이다. 왜냐하면 지구가 현재보다 두 배 많은 인구를 수용할 수 있을 가망은 아마도 낮기 때문이다.

따라서 산아제한의 장려는 아무리 예민한 사안이라 할지라도 전 지구적 관점에서 보면 전적으로 유의미하다. 여성 한 명이 두

명의 자식을 낳는다면, 인구는 대략 현재 수준을 유지할 것이다. 2016년에 로마 클럽은 만 50세까지 낳은 자식이 1명 이하인 여성에게 사례금으로 최대 8만 달러를 지급하자고 제안하기까지 했다. 공동 제안자들 중 한 명인 요르겐 랜더스는 자기 나름의 생각을 과격하게 덧붙였다. "내 딸은 가장 위험한 동물이다." 이 문장은 당연히 많은 반발을 불러일으켰다. 하지만 이것은 엄연한 사실이다. 세계 인구가 거의 80억인 지금도 이미 우리는 지구의 생태계에 한계치를 넘는 부담을 주고 있으며, 따라서 우리 자식들의 미래를 위협하고 있다.

출생아 줄이기는 우리 종의 안녕을 확보하는 효과적인 길일 성싶다. 우리 지구가 100억, 심지어 110억의 인구에게 품위 있는 삶을 장기적으로 제공할 수 있을지 불확실하니까 말이다. 순전히 숫자만 따지면, 그럴 수 있을 것처럼 보이기는 한다. 하지만 그러려면 우리 세계 경제의 뚜렷한 특징인 참혹한 불평등을 극복해야 한다. 부자들, 즉 우리가 양보해야 할 것이다. 그런데 우리에게 그럴 의향이 있는지 몹시 의심스럽다. 또한 지구의 자원으로 현재 북아메리카와 서유럽의 거주자들이 누리는 수준의 복지를 모두가 누릴 수는 없다. 세계에서 가장 부유한 7퍼센트의 사람들이 전체 탄소 배출의 절반을 유발한다. 또한 그들은 전 지구적 평균보다 훨씬 더 많은 땅을 자신들의 몫으로 요구한다. 모두가 우리처럼 산다면, 인류의 자원 소비량은 지구가 감당할 수 있는 한계를 훌쩍 뛰어넘을 것이다. 인류를 위해서는 사람들의 수가 줄어드는 것이 더 좋을 성싶다.

급격한 인구 증가의 주요 원인은 사망률 감소다. 산업화 이전 시대와 달리 현재의 신생아들은 거의 모두 생존하여 성년기에 도달한다. 그리고 성년기는 점점 더 길어진다. 최신 유엔 인구 보고서에 따르면, 평균 기대수명은 2050년까지 거의 5년 증가할 것이다. 인구 예측들은 이 값을 고려한다. 게다가 과학은 노화와 죽음에 맞선 싸움에서 비약적이며 예측하기 어려운 진보를 이뤄내고 있다.

2019년 7월 뉴욕에서 생물노인학자 그레고리 페이는 약물의 도움으로 피험자 9명을 회춘시키는 데 성공했다는 인상을 불러일으키는 데이터를 발표하여 전문가 청중을 놀라게 했다. 생물학적 관점에서 볼 때 그 피험자들은 약물 처방을 받은 후 평균 2.5세 젊어졌다. 물론 페이의 연구 방법은 아직 독립적인 전문가들에 의해 검증되지 않았으며 피험자의 수는 극단적으로 적다. 그러나 설령 그의 회춘 요법이 실패로 판명되더라도, 항노화 연구의 전반적 진보를 부인할 수는 없다. 하버드 의과대학의 데이비드 싱클레어는 "우리의 수명이 200세에 도달하리라는 것을 반박할 증거가 없다"고 확신한다. 그는 후성유전학적 시계를 돌리려 하며 이미 그 자신을 피험자로 삼아 그 연구에 착수했다. 그는 매일 약물 치료를 받는다. "노화 과정을 늦추는 것을 넘어 뒤집을"수 있기를 바라면서.

　이런저런 이유로 전 세계의 80세 이상 인구는 2050년까지 최소 3배로 증가할 것이다. 의학의 진보는 모든 각각의 개인에게는 매우 기쁜 일일 테지만 세계 인구의 동향이 전환되는 시점을 늦출 가능성이 있다. 당사자들에게는 좋은 소식이지만, 인류에게는 나쁜 소식이다. 더구나 수명 연장 처방을 감당할 수 있는 사람들은 주로 부자들일 것이며, 이 때문에 세계의 사회적 갈등은 더 심화할 것이다. 복지가 향상되고 노인이 늘어나는 사회에서 항노화 기술은 전망이 밝다. 살고자 하는 욕망은 어마어마하지 않은가. 그러나 우리가 죽지 않게 된다면, 인류의 생존이 위태로워진다.

부유할수록 더 더럽다

　하필이면 교육과 복지가, 바꿔 말해 인구 증가를 억제하는 요인들이 훨씬 더 파괴적인 경향의 씨앗을 품고 있다고 지구 시스템 연구자 빌 슈테펜은 경고한다. 그의 계산은 이러하다. "인구 곱하기 부 곱하기 기술은 사회가 지구에 가하는 충격과 같다. 이때 인구는 어쩌면 가장 중요도가 낮은 항일 것이다. 왜냐하면 소비는 인구와 무관하게 증가하니까 말이다." 인간의 개체수와 환경의 훼손을 단순히 동일시할 수는 없다. 그것은 진실을 정반대로 뒤집는 짓이다. 자식이 많은 니제르의 가족은 환경 참사에 대한 책임이 더 적다. 부유한 산업 국가의 자식이 적은 가족이 만들어내는 생태발자국ecological footprint이 일반적으로 훨씬 더 크다. 우리 인간에게는 다음과 같은 법칙이 적용된다. "부유할수록, 더 더럽다."

따라서 인구 증가 곡선의 기울기가 완만해지는 것만으로는 생태계의 부담이 줄어들지 않는다. 오히려 정반대다. 출생률이 낮은 산업 국가들에서의 일인당 소비 증가가, 생활 수준이 더 낮고 출생률이 더 높은 국가들에서의 일인당 소비 증가보다 더 빠르게 자연을 파괴하고 있다. 복지사회에서는 무의미하지만 보아하니 엄청나게 강한 물질적 팽창의 강박이 터무니없는 행태를 빚어내고 있다.

예컨대 얼마 전 베이징에서 열린 어느 신형 스마트폰 판매 개시 행사에서는 그야말로 난장판이 벌어졌다. 겨울 추위에 떨며 몇 시간 동안 줄을 선 고객들, 심지어 밤을 꼬박 새운 몇몇 고객들은 행사 개시 직후에 그 스마트폰이 완판되었다는 발표가 나오자 엄청나게 실망했다. 달걀이 날아다녔고, 주먹다짐에 여러 명이 다쳤으며, 경찰은 그 상점 주위를 봉쇄해야 했다. 신형 스마트폰을 거머쥔 소수의 사람들은 감격에 겨워 마치 굶주린 네안데르탈인이 사냥한 사슴의 뒷다리를 흔들듯이 그 노획물을 흔들었다. 다만, 그들의 신형 핸드폰은 그들의 생존에 어떤 식으로도 필수적이지 않다는 점이 달랐다. 그렇다면 왜 그런 열광적인 흥분이 발생한 것일까?

인간은 결핍을 두려워하기 때문에 부지런히 자원을 획득하여 쌓아둔다. 수천 세대 동안 그것은 유의미한 행동이었다. 그러나 늦어도 근대가 시작된 이래로 소유물의 축적은 위협적인 자체 추진력을 얻었다. 그 결과로 두 세대 전부터 우리는 지속적인 과잉 속에서 살며, 영화 「파이트 클럽」에 나오는 대사처럼, 우리가 좋아하지 않는 사람들 앞에서 뻐기기 위해 우리가 필요로 하지 않는 물건들을 구매한다. 오늘날 평균적인 유럽인은 추정하건대 약 1만 개의 물품을 소유하고 있다. 그중에서 생존에 필수적인 것들은 극히 드물다. 다목적 승용차 내부의 가죽 시트? 열세 켤레의 신발? 전혀 사용하지 않는데도 세 대나 들여놓은 샴페인 냉각기? 그럼에도 소유물 줄이기는 진지하게 고려되는 선택지가 아니다. 무언가를 일단 손에 쥐면, 우리는 그것을 내어주려 하지 않는다. 이것은 물건들의 폭정이다. 우리는 과잉의 바다에 빠져 익사하는 중이다.

경제학자들은 이 놀라운 현상을 '소유 효과endowment effect'라고 부른다. 이 현상에 관한 유명한 한 실험에서 피험자들은 찻잔을 선물받았다. 이어서 그들은 찻잔을 초콜릿과 바꿀 기회를 얻었다. 하지만 90퍼센트의 피험자가 찻잔을 그대로 소유하는 쪽을 선택했다. 또 다른 실험군은 먼저 초콜릿을 받은 다음에 그것을 찻잔과 바꿀 기회를 얻었다. 그러자 90퍼센트가 초콜릿을 그대로 소유하는 쪽을 선택했다. 이것은 명백한 인지 편향이다. 우리는 찻잔이나 초콜릿의 가치를 객관적으로 판단할 능력이 없다. 본능적으로 우리는 우리가 소유한 대상을 우리가 소유했다는 이유만으로 더 가치 있게 여긴다. 소유는 우리를 변화시킨다. 소유는 우리를 탐욕스럽게 만든다. 그러나 팽창은 위기를 부른다. 정말로 그런지, 마오리족에게 물어보라!

탐욕은 문명병이다

지금 우리가 맞닥뜨린 생태 위기의 조짐은 신석기 혁명으로 거슬러 올라간다. 수렵과 채집 대신에 농업과 축산이 자리 잡은 때로 말이다. 그전까지는 식량 공급이 우연과 사냥에서의 행운에 의존했다. 하지만 그 이후로 우리의 운명은 우리 수중에 쥐어졌다. 그렇게 식량 공급의 확실성이 높아진 대가는 컸다. 인간은 자유를 포기하고 스스로 멍에를 짊어졌다. 더 나아가 우리는 물질주의자가 되었다. 생각해보라. 농부는 도구와 장비가 필요하고, 다른 사람이 요구하지 않으리라고 확신할 수 있는 농지가 필요하고, 경우에 따라 가축도 필요하다. 또한 농부는 한 곳에 정주해 살아서 야생동물을 쫓아가거나 적들을 피할 수 없기 때문에 식량을 비축하고 타인들이 넘볼 수 없게 지켜야 한다. 일부 사람들이 다른 사람들보다 이런 일에 더 능숙한 것은 불가피한 일이다. 바꿔 말해, 일부 사람들이 더 부유해지는 것은 불가피하다.

평등한 수렵채집자 사회에서 질투, 탐욕, 인색함, 지배욕은 이로운 성격 특징들이 아니었을 것이 틀림없다. 누구나 운반할 수 있을 만큼만 소유할 수 있었으며, 공동 사냥의 성과를 공유한다는 원리는 자명하며 생존에 필수적이었다. 반면에 집, 농지, 소를 소유한 사람은 신석기 시대 이전의 수렵채집자와 다르게 행동한다. 왜냐하면 그가 더 많이 긁어모을수록, 곤궁한 시기에도 그의 가족이 무사할 확률이 더 높아지기 때문이다. 그의 번식 성공률이 상승하고, 유전자는 환호한다. 한마디로 이제 탐욕이 지배권을 틀어쥔다.

요컨대 팽창은 처음엔 생물학적으로, 정착 생활 이래로는 물질적으로도 호모사피엔스의 본질적 특징이다. 우리의 게놈에 깊이 새겨진 그 특징은 우리가 아프리카에서 겪은 초기 역사의 유산이다. 아프리카에서 우리는 여러 차례 물결처럼 퍼져나가 처음에는 아시아와 유럽을, 나중에는 아메리카와 오스트레일리아를 손에 넣었다. 그때 이후 우리는 모든 원시림을 탐사하고 모든 산에 오르고 모든 사막을 횡단해야 직성이 풀린다. 달리 방도가 전혀 없다. 아직 어떤 인간도 발을 들이지 않은 섬이 남아 있다면, 곧바로 모험가들이 그 섬에 진입한 최초의 인간들이 되기 위하여 그곳으로 출발할 것이다. 새로운 지역을 발견하고 소유하려는 강박은 우리를 압도한다. 병적으로 흥분한 개척자인 우리는 어느새 심지어 화성으로 향하는 중이다. 우리가 화성에서 원하는 것이 대체 무엇인지 아무도 정확히 말할 수 없는데도 말이다. 우리 종이 지구 전체에서 승승장구할 수 있었던 것은 고릴라와 침팬지에게는 없는 이 절대적 팽창 의지 덕분이다. 우리는 한 지역에 정착하여 그곳을 거덜 내고 또 인접 지역에 정착하여 그곳도 거덜 낸다.

아득한 과거에 이 행태는 솔직하고 성공적인 생존 전략이었다. 그러나 이제 우리는 모든 구역을 차지했고 모든 자원을 짜냈다. 가능한 최대의 확산을 이뤄냈다. 모든 것이 정복되었으며, 모든 곳에 우리의 흔적이 남아 있다. 기술권technosphere의 무게, 곧 기자 피라미드부터 코털가위까지, 우리 인간이 제작하여 지구 곳곳에 뿌려놓은 모든 것의 무게는 어느새 생물권biosphere의 무게보다 8배 더 크다. 생물권이란 모기부터 코끼리까지, 지구에 사는 모든 것을 뜻한다. 우리가 지구 표면에 배치한 제작물들의 무게는 1제곱미터당 50킬로그램에 달한다. 문명의 총 무게는 30조 톤이다. 그럼에도 우리는 여전히 최초의 인간들처럼 행동한다. 석기 시대의 유전적 유산은 우리 목에 맷돌처럼 매달려 있다. 이 파괴적 본능을 제압할 무기는 단 하나, 우리의 지성뿐이다.

우리는 함께일 때 강하다

종 다양성이 우리에게 중요한 이유

3

자연은 우리가 상상할 수 있는 모든 것을 할 수 있다.
더구나 더 우월하고 더 효과적이고 더 멋지게 할 수 있다.

＊

바버라 매클린톡, 식물학자

❖

숨을 들이쉬고 내쉬라. 한 번 더, 들이쉬고 내쉬어보라. 둘째 호흡을 할 수 있었던 것은 당신이 이제껏 한 번도 들어본 적이 없는 아주 작은 생물 덕분이다. 그 생물은 생각할 수도 없고 느낄 수도 없다. 정말 작디작다. 그리고 날마다 새롭게, 우리 모두의 죽음을 막아준다.

우리가 고무보트를 타고 그린란드 해안을 따라 이동할 때, 갑자기 빙하가 부서진다. 물결 소리가 나고, 천둥소리가 나고, 얼음 가루가 날아오고, 이어서 파도가 몰려온다. 우리의 작은 배는 흰 구름에 휩싸인 채로 이리저리 춤춘다. 얼음 구름이 가라앉고 나서 보니, 수천 톤의 빙하가 빙산으로 바뀌었다. 빙산이 푸른 물 위에서 찬란한 흰색으로 비틀거린다. 방금 전까지 얼음 위에 덮여 있던 거무스름한 먼지가 바닷물에 씻겨나갔다. 규조류에게는 좋은 날이다. 먹을거리가 생겼다.

빙하가 산에서 긁어온 암석 부스러기는 결국 빙하와 함께 바다에 도달한다. 그 부스러기는 이산화규소를 함유하고 있다. 마이크로미터 규모의 단세포생물인 규조류는 그 이산화규소를 재료로 삼아 자신의 껍질을 제작한다. 껍질이 없으면, 규조류는 증식할 수 없다. 규조류가 빙하 속 암석 부스러기를 충분히 얻으면, 단 하루 만에 개체수가 두 배로 증가할 수 있나. 그리고 이튿날 또 두 배로, 셋째 날에 또 두 배로. 그렇게 규조류의 개체수가 폭증한다.

개체수는 수천에서 수백만으로, 수백만에서 수십억, 수조, 수천조, 그리고 그 너머로 계속 증가한다. 우주에 떠 있는 우주인들은 때때로 거대한 규조류의 집단이 대양에서 연기처럼 너울거리는 것을 본다. 일부 집단은 길이가 수백 킬로미터에 달한다. 그런 집단 속에는 미세한 규조류 개체들이 상상을 초월할 만큼 많이 들어 있다. 그리고 그 많은 개체 각각이 광합성을 한다. 태양에너지의 도움으로 규조류는 대기 속 이산화탄소와 물을 양분으로 변환한다. 이 탁월한 과정이 지구에 사는 다양한 형태의 생명을 위한 기반을 제공한다. 모든 각각의 날갯짓과 지느러미의 펄떡임, 모든 각각의 걸음, 모든 각각의 호흡이 그 광합성에 의존한다. 왜냐하면 빛을 칼로리로 변환하는 과정에서 부수적으로 산소가 방출되기 때문이다. 그것도 아주 많은 산소가.

지구의 진짜 폐는 규조류와 그 친척인 플랑크톤들이다. 이들로부터 우리의 호흡과 생명에 필수적인 산소의 절반 이상이 유래한다. 기후 위기가 현재 수준보다 훨씬 더 심각해지지 않은 것도 이들 덕분이다. 인간이 생산하는 이산화탄소의 많은 부분을 이들이 흡수하기 때문이다. 또한 이들이 없다면, 무게의 총합이 4억 톤에 달할 만큼 많은 크릴새우도 없을 것이다. 크릴새우는 물고기와 고래의 먹이다. 동물성 플랑크톤인 크릴새우는 바다동물들에게 감자칩과도 같다. 모두가 크릴새우로 배를 채운다. 더는 먹을 수 없을 때까지 가득. 그런 다음에 물고기와 고래가 소화를 거쳐 배출하는 배설물은 나머지 규조류에 들러붙어 흰 딱지들을 형성하고, 그것들은 조밀한 '바다 눈marine snow'을 이뤄 천천히 바닥으로 가라앉는다. 그렇게 해마다 바다 밑바닥에 퇴적층이 쌓이는데, 그 퇴적층은 다량의 탄소를 함유하고 있다.

그 후 까마득한 세월이 흘러 지질학적 힘들이 바다 밑바닥을 밀어 올리거나 해수면이 낮아지면, 가라앉았던 규조류의 껍질들이 다시 해수면으로 올라온다. 예컨대 에티오피아, 정확히 말하면, 지구에서 가장 건조하고 뜨거운 사막들 가운데 하나인 다나킬 함몰지에서 이를 확인할 수 있다. 그곳의 지면 온도는 50도가 평범한 수준이고 최고 70도까지 치솟는다. 숨을 들이쉬면 폐를 태울 것처럼 뜨거운 공기가 콧속과 목을 완전히 말려버린다. 몸은 엄청나게 많은 땀을 배출한다. 그만큼 많은 물을 마시기가 거의 불가능할 정도다. 눈길이 닿는 곳 어디에도 풀 한 포기, 새 한 마리가 없다. 짐을 실은 낙타 행렬만이 이따금 지나갈 뿐이다. 낙타들은 무거운 짐을 졌다. 노동자들은 끌로 사막 바닥을 깨부숴 그 조각들을 낙타의 등에 싣는다. 만져보면 거친 먼지투성이 돌판 같은 그 조각들은 손가락에 바다의 맛을 남긴다. 바다 소금. 규조류의 껍질과 결합한 채로 사막에서 까마득한 세월을 보낸 바다 소금이다.

때때로 바람이 분다. 거센 바람이 다나킬 사막의 모래를 몇 킬로미터 상공으로 날려 올리고, 보델레 함몰지를 비롯한 여러 건조 지역에서 날아오른 더 많은 모래와 함께 대서양 너머로 운반한다. 바람의 방향이 적당하면, 그 미세한 모래는 결국 지구 최대의 열대우림인 아마존 분지에 떨어진다. 그곳의 나무들 중 일부는 다른 나무들보다 키가 커서 최대 70미터에 달한다. 아프리카에서 불어오는 사막의 바람이 없다면, 그 나무들은 그렇게 크게 성장하기에 충분한 양분을 결코 얻지 못할 것이다. 아마존 분지의 밀림에서는 온갖 식물이 휘황찬란하게 번성하지만, 그곳의 토양은 비옥하지 않다. 규조류의 껍질과 함께 날아서 대서양을 건너온 광물질이 요긴한 비료의 구실을 하는 것이다.

아마존 분지의 거대한 나무 꼭대기에서 둘러보면 여전히 끝없이 밀림이 펼쳐져 있다. 연중 거의 모든 날에 밀림은 한쪽 지평선부터 반대쪽 지평선까지 구름으로 덮여 있다. 숲 구름. 나무들이 만들어낸 구름이다. 모든 각각의 나무는 물 펌프처럼 바닥의 물을 빨아올려 공중으로 분사한다. 밀림을 뒤덮은 구름 속에 모여 있는 물은 상상하기 어려울 만큼 많다. 그 구름이 햇빛을 차단하여 바닥이 마르는 것을 막고 지구 전체를 위한 에어컨의 구실을 한다. 그 구름은 대륙들을 오가는 구름들의 흐름에 영향을 미치고 지구상의 다른 곳에 내리는 비와 눈에도 영향을 미친다. 예컨대 지구의 남쪽 끝인 남극에서 내리는 눈도 그 영향을 받는다. 남극에 내리는 눈은 수십만 년에 걸쳐 몇 킬로미터 두께의 얼음층을 형성한다. 그 얼음층은 아주 천천히 해안으로 흘러가 싣고 온 먼지와 암석 부스러기를 바다에 쏟아 넣는다. 지구의 반대쪽 끝인 북극, 그린란드 해안에서와 마찬가지다. 이 세계에서 당신이 어느 방향으로 얼마나 멀리 여행하건 간에, 당신의 여행은 항상 규조류에게로 가는 여행이다. 우리를 살아 있게 해주는 규조류.

시스템 전체가 지구 곳곳으로 엄청나게 많은 광물질, 물, 에너지를 운반한다. 여기에 무언가 탈이 나면, 조만간 도처에서 그 문제가 감지된다. 그럼에도 우리는 바다를 플라스틱과 기름과 기타 독성 물질로 오염시켜 그 순환을 심각하게 교란하고 있다. 우리가 배출하는 온실기체들도 바다의 화학을 교란하여 바다가 다량의 이산화탄소를 흡수하는 데 지장을 준다. 그리하여 바닷물 속에서 탄산이 발생하고, 그 탄산은 규조류의 껍질이 형성되는 것을 막고 따라서 규조류의 증식을 막는다.

해수 온도의 상승도 추가로 문제를 일으킨다. 1950년 이후 바다의 식물성 및 동물성 플랑크톤의 생물량은 거의 반토막 났다. 수명이 짧은 플랑크톤은 바다의 물리적 화학적 변화에 매우 빠르게 반응하기 때문에, 영겁의 세월 동안 유지되어온 플랑크톤 시스템에서 최근의 교란이 이토록 뚜렷하게 감지되는 것이다. 이 거대한 생화학적 순환이 언젠가 망가진다면, 우리가 아는 유형의 생명은 존재하기를 그칠 것이다.

지구상의 모든 것들은 실제로 서로 연결되어 있다. 어느 곳에서 어떤 일이 일어나든지, 그 영향은 다른 모든 곳에 미치게 되어 있다. 우리는 전 지구적 생명 유지 시스템의 일부다. 그 시스템은 끊임없이 자신을 보살피고 갱신하고 변화시킨다. 지구는 그리스의 여신 가이아와도 같다. 가이아는 생명을 창조할 뿐 아니라 돌보고 유지한다. 그럼으로써 가이아는 생명 그 자체의 화신으로 된다. 이런 관점에서 보면, 지구상에 생명이 있는 것이 아니라, 지구가 바로 생명이다.

우리는 분석하고 판단할 때 자연 시스템 전체를 고려하지 않고 개별적인 일부만 고려하는 경향이 있다. 우리는 한눈에 굽어볼 수 있으며 곧바로 조작할 수 있는 인과관계를 추구한다. 그러면서 우리는 지구상의 관계들이 얼마나 복잡한지, 또한 우리가 그 관계들의 작동에 얼마나 심하게 의존하고 있는지를 흔히 간과한다. 규조류 순환은 그런 관계의 무수히 많은 사례들 중 하나일 뿐이다.

있을 법하지 않은 푸른 구슬

우리 지구에 생명이 존재한다는 것 자체가 기막힌 우연이다. 왜냐하면 그 생명의 존재를 위하여 천문학적, 지리학적, 화학적, 생물학적 상호작용들이 정교하게 얽혀야 했으니까 말이다. 이 정교한 시스템은 수억 년에 걸쳐 평형에 도달했으며, 이 시스템에 대한 우리의 이해는 기껏해야 초보적인 수준이다. 우리는 이 시스템이 파괴될 수 없다고 상정해서는 안 된다. 오히려 정반대다. 때로는 건축자재 하나만 망가져도 생명의 집 전체가 붕괴한다. 실제로 화성에서 그런 일이 일어났다.

화성에는 이제 더는 생명이 없다. 어쩌면 화성의 북극과 남극의 얼음 밑에서 미생물 몇 마리가 외톨이로 근근이 살아가고 있을지도 모른다. 그러나 이것은 풍요로운 생명의 모습이 전혀 아니다. 하지만 처음엔 화성도 전망이 아주 좋았다. 화성은 중력이 약간 약하긴 하지만 대기를 붙들어둘 만큼은 되고 태양으로부터 떨어진 거리도 생명이 거주하기에 적당하다. 과거에 화성은 액체 상태의 물과 밀도 높은 대기를 보유하고 있었다. 따라서 그 붉은 행성에서도 단순한 생물들이 발생했을 가능성이 있다. 그러나 복잡한 생물들이 진화할 새도 없이 일이 틀어져버렸다. 왜냐하면 지질학적 조건 하나가 갖추어지지 않았기 때문이다. 그 조건은 행성 내부가 부드러운 물질로 채워져 있어야 한다는 것이다.

지구는 아몬드를 과일잼으로 감싸고 그 위를 다시 초콜릿으로 감싼 사탕인 '프랄린'과 유사하다. 지구는 껍질이 적당히 단단하고, 그 아래에 부드러운 크림이 있으며, 한가운데는 단단한 핵이 있다. 껍질과 핵 사이에 놓인 융해된 암석―크림―이 움직이기 때문에, 지구를 둘러싼 자기장이 발생한다. 그리고 그 자기장이 우리를 치명적인 우주복사cosmic radiation와 위험한 태양풍으로부터 보호한다. 반면에 화성은 그저 암석 덩어리일 뿐이다. 화성은 자기장으로 둘러싸여 있지 않다. 따라서 화성의 대기는 태양풍에 휩쓸려 차츰 우주 공간으로 유출되었다. 대기가 없어지자 물도 사라졌고, 이로써 복잡한 생물이 진화할 기반이 사라졌다. 화성에는 녹색 난쟁이들이 없다.

물속에서 물고기들이 헤엄치고, 공중에서 새들이 날아다니고, 바로 지금 당신이 이 책을 읽을 수 있기 위하여 행성이 갖춰야 할 조건들은 복잡하다. 계속 화성을 이야기해보자. 대기와 물이 있었더라도, 화성 표면의 먼지는 비옥한 토양으로 바뀌지 않았을 것이다. 웨스트서식스 밀레니엄 씨앗은행의 금고에서 소중한 씨앗들을 꺼내 그 붉은 행성으로 가져가더라도, 거기에서는 그 보물들이 무용지물일 것이다. 심지어 우주인들이 화성 먼지를 화분에 담아 지구의 집으로 가져오더라도, 처음에 그 먼지 속에서는 아무것도 자라나지 못할 것이다. 혹시 당신이 지금 화성 먼지 한 줌을 손에 쥐고 있다면, 실험 삼아 밀알 하나를 그 속에 넣고 물을 준 다음에 어떤 일이 일어나는지 살펴보라. 해보면 알겠지만, 부질없는 짓이다. 지구의 토양은 식물성 물질을 다량 함유하고 있는데, 화성에는 바로 그 물질이 없다. 이것이 화성 먼지와 지구 흙의 차이다. 전자는 죽어 있는 물질인 반면, 후자가 보유한 다양성의 힘은 생명을 제공할 수 있다. 생물권은 지구의 암석과 우주 공간 사이에 놓인 얇은 구역이다. 두께가 몇 킬로미터에 불과하다. 우리가 생명이라고 부르는 모든 일이 그 비좁은 무대에서 펼쳐진다.

살아 있는 지구

'어머니 흙'이나 '어머니 대지'와 같은 표현들은 유일무이한 지구 흙의 생산력을 암시하지만 또한 그 함의를 축소해서 말한다. 한 줌의 흙 속에는 지구에 사는 인간들보다 더 많은 생물들이 존재할 수 있다. 그 생물들은 아메바, 편모조류, 선충, 노래기, 박테리아, 버섯, 곰팡이, 지의류, 조류, 진드기, 갑각류, 쥐며느리, 거미, 무수한 곤충, 들쥐, 두더지, 지렁이 등이다. 흙 속에 이토록 많은 생물이 있는 것은 암석권lithosphere과 대기권 사이에서 매순간 일어나는 기적의 귀결이다. 그 기적이란 암석 부스러기가 부식질humus과 접촉하면서 생물로 변신하는 것이다. 암석이 부서지면 결국 흙 속의 광물질로 된다. 광물질은 식물에게 중요한 양분이다. 식물의 뿌리는 이산화탄소를 산출하고, 이산화탄소와 물이 만나면 탄산이 생성된다. 그리고 탄산은 다시 암석의 화학적 풍화를 가속한다. 그리하여 새로운 흙이 형성되고, 생명의 순환이 완결된다. 그리고 우리는 추수 감사 축제를 벌일 수 있다.

"지구는 살아 있다"는 말은 말 그대로다. 이미 찰스 다윈도 이 사실을 어렴풋이 알아챘다. 물론 그는 진화론으로 유명하지만, 최소한 진화론 연구에 못지않게 열정적으로 다윈은 그리 유명하지 않은 저서『벌레들의 활동을 통한 농토의 형성』을 위한 연구를 몇십 년 동안 했다. 다윈이 총애한 동물은 지렁이였고, 그의 연구는 패러다임의 전환을 일으켰다. 당시까지 지렁이는 해충으로 여겨지고 있었다.

　그러나 대다수의 지하 생물은 심지어 다윈의 꼼꼼한 관찰에도 포착되지 않을 만큼 작다. 지하 생물들이 무수히 많고, 이들이 탄소를 유기물질로 변환하기 때문에, 토양 속에 저장된 이산화탄소의 양은 대기 속의 양보다 두 배 많다고 추정된다. 지하 생물들은 기후 위기에 맞선 전쟁에서 우리의 중요한 동맹군일 뿐 아니라, 생산력 없는 먼지를 살아 있는 어머니 대지로 바꿔놓는다. 지렁이 혼자서는 이산화탄소를 만들어낼 수 없다. 바꿔 말해 지렁이들의 능력만으로는 화성 표면의 먼지를 지구의 토양으로 만들 수 없다. 오직 지구의 토양이 있어야만 농업과 축산이 가능한데 말이다. 다른 종들도 마찬가지다. 어떤 종도 혼자서 지구의 토양을 만들어낼 수 없다. 오로지 수천 종이 협업해야만, 무수한 동물, 버섯, 식물이 맞물리고 그들의 물질대사가 맞물려 순환해야만 생산력을 가진 흙이 만들어진다. 이를 이해하는 것은 생물 다양성biodiversity, 곧 생명의 다양성이라는 기적을 제대로 알아보기 위한 첫걸음이다. 생물 다양성은 모든 식물들과 동물들의 단순한 총합 그 이상이다. 생물 다양성은 온 생명의 압도적인 모습이다.

다양성의 세 기둥

생물 다양성은 한눈에 굽어볼 수 없게 많은 조각들로 이루어진 모자이크다. 거대하기도 하고 미세하기도 한 그 조각들은 세 범주로 분류된다. 우선 생태계들의 다양성, 곧 숲, 강, 바다, 알프스 초원 같은 서식 구역의 다양성이 존재한다. 독일에만도 서식 구역들의 유형이 800개나 있다. 그 유형들은 하구河口, 곧 강물과 바닷물이 만나는 지점, 모래톱, 건조한 황무지 안에서 진흙과 풀이 있는 곳, 고원습지, 석회화石灰華, 판 모양 석회암 파편들의 더미, 경사지의 혼합림, 빙하 등이다. 어떤 서식 구역은 붉은여우에게 적합하고, 다른 서식 구역은 홍합에게, 또 다른 서식 구역은 푸른개미에게 적합하다. 이 다양한 서식 구역 모두에서 살 수 있는 식물이나 동물은 없다. 모든 각각의 서식 구역은 식물들, 동물들, 버섯들, 미생물들로 이루어진 유일무이한 생명공동체다.

생물 다양성의 둘째 측면은 종의 다양성이다. 갈라파고스군도에는 참새목에 속하는 다윈의 핀치Darwin's finch 18종이 산다. 이 종들은 모두 공통 조상에서 유래했다. 이들은 다양한 섬에 정착했고 개별 집단들이 지리적으로 분리된 채 번식했기 때문에 다양한 종들로 진화했다. 따라서 한 섬에서는 전혀 나타난 적 없는 우연적 특징이 다른 섬에서는 유전적으로 대물림될 수 있다. 더구나 그 다양한 종들은 먹이와 생존 전략과 번식 전략이 제각각 다르다. 어떤 종의 수컷은 알록달록한 깃털로 암컷을 유혹하는 반면, 다른 종의 수컷은 요란한 울음으로, 또 다른 종의 수컷은 단단한 씨를 깨부수기에 적합한 굵은 부리로 유혹한다. 가장 성공적인 놈들이 더 많은 후손을 남기고, 그놈들의 특징은 존속한다.

종의 다양성은 흔히 생물 다양성과 동의어로 쓰이지만, 그것은 축약된 어법이다. 인류가 모든 각각의 동물 종, 버섯 종, 식물 종의 개체를 100개씩 수집하여 동물원이나 식물원에 모아놓고 보호한다면, 어떤 종도 멸종하지 않겠지만, 현실적인 생물 다양성은 초라한 잔재로 쪼그라들 것이다. 더구나 개체수가 그렇게 적다면, 장기적으로 생존하는 종은 거의 없을 것이다. 노아의 방주는 현실에서 제구실을 못할 것이다. 그 방주에 탄 동물들은 멸종할 것이다.

생물 다양성의 가장 심층적인 측면은 유전자들의 다양성이다. 모든 각각의 생물은 유일무이한 게놈을 지녔기 때문에 다른 모든 생물과 구별된다. 이 푸른개미는 다른 푸른개미와 거의 똑같을 수 있겠지만 정말로 똑같지는 않다. 대개 한 종의 개체들 사이의 차이는 미세하지만, 그 미세한 차이가 일상적인 생존 투쟁에서 중요할 수 있다. 유전자들의 다양성은 이를테면 재료이고, 진화는 그 재료를 가공하여 온 생명의 다양성을 창출한다. 이 과정에서 빈약했던 다양성이 풍부해질 수 있다. 예컨대 오늘날 사육되는 모든 소 품종들은 과거 근동 지역에서 살았던 약 80마리의 암소에서 유래했다. 생쥐 한 마리의 게놈이 보유한 정보가 『브리태니커 백과사전』에 들어 있는 정보보다 더 많다.

생명의 협연

생태계를 오페라 공연에 빗댈 수 있다. 공연을 위해 설계된 무대 위에서 남녀 가수들과 합창단, 무대 앞 움푹 들어간 오케스트라석에 자리 잡은 80명 이상의 연주자들, 그 앞에 지휘자, 무대 곳곳의 화려한 세트, 특별히 제작한 의상, 수많은 소품이 펼치는 장관에 말이다. 게다가 이것들은 관객의 눈에 보이는 부분일 뿐이다. 무대 뒤에서 수백 명의 화가, 가면 제작자, 신발 제작자, 소품 담당자, 모자 제작자, 의상 제작자, 극장 출입구 직원, 프롬프터가 일한다. 핵심은 여러 페이지에 복잡한 악보로 적힌 음악이다. 모두가 협업하고 모든 것이 맞아들어가야 비로소 오페라가 만들어진다.

만약에 오케스트라석에서 바이올린 32대가 아니라 31대만 소리를 낸다면 어떤 일이 벌어질까? 타악기가 울려야 할 때를 놓치고 허둥댄다면? 바이올린 한 대만 빠지는 것이 아니라 모든 현악기가 동시에 연주를 중단한다면? 지휘자가 없다면? 독창가

수들이 노래하지 않는다면? 무대 조명이 꺼지거나 무대 측면의 벽이 무너지거나 오케스트라석에 클라리넷 연주자 두 명만 있다면?

어느 순간부터 오페라가 카오스로 바뀔까?

대답하기 어렵다. 그런데 오페라 공연의 복잡성을 산호초나 고원습지, 맹그로브 숲의 복잡성과 비교하는 것은 100조각짜리 퍼즐의 복잡성을 유럽원자핵공동연구소CERN 입자가속기의 복잡성과 비교하는 것과 마찬가지다. 그 거대한 입자가속기의 부품 수백만 개를 온전하게 유지하기 위해서는 과학자 1만 2천 명이 긴밀히 협업해야 한다. 평범한 삶을 기계에 빗댄다면, 그 기계에서 얼마나 많은 부품을 떼어내면 그 기계가 작동을 멈추는지 우리는 모른다. 티핑 포인트가 정확히 어디인지, 얼마나 많은 종이 더 절멸하면 우리 인간의 삶도 위태로워지는지 우리는 모른다.

그러나 이 무지에 기대어 우리의 수수방관과 외면을 정당화하는 것은 터무니없다. "돌이킬 수 없는 환경 훼손의 위험과 관련해서는 완전한 과학적 확실성의 결여가 필요한 조치의 유보를 정당화하는 변명의 구실을 해서는 안 된다." 이 문장은 어느새 사반세기 전이 된 1992년 리우 환경정상회담에서 나왔다. 이 문장에 담긴 예방의 원칙을 따르기로 모두가 맹세했다. 그러나 누구도 그 맹세를 지키지 않는다.

모든 종이 똑같이 중요하지는 않다

생태계 안에서 모든 각각의 종이 나름의 역할을 담당하는 것은 맞지만, 일부 종들은 다른 종들보다 더 중요하다. 그런 종들은 시스템에 중요한 종이다. 산호초에서 청소부 물고기 한 종이 사라지면, 아마도 다른 물고기들이 그 종의 역할을 넘겨받을 수 있다. 생물학에서는 이를 '기능적 과잉functional redundancy'이라고 부른다. 즉 한 종은 자신의 역할과 더불어 다른 종들의 역할도 해낼 수 있다. 그러나 산호초를 찾아오는 상어가 점점 더 줄어들면, 창꼬치가 증가할 수 있다. 창꼬치는 주로 비늘돔을 잡아먹고, 비늘돔은 산호에 붙은 조류를 갉아먹는다. 비늘돔이 없으면, 산호 폴립은 조류로 뒤덮여 질식하고, 산호초는 죽어가기 시작한다. 그러면 모든 종이 시련을 겪는다. 호모사피엔스도 예외가 아니다. 왜냐하면 전 세계에서 약 5억의 인구가 산호초의 풍부한 물고기를 식량원으로 삼으니까 말이다. 더구나 산호초는 자연적 방파제이기도 하다. 산호초가 폭풍과 파도를 막아주는 덕분에 해안가에서 사는 인구가 적어도 3억에 달한다. 이를 알면서도 우리는 해안 보호를 등한시한다. 전체 산호초의 5분의 1이 이미 사라졌고, 나머지 중 40퍼센트가 위험에 처했다. 바다의 산성화와 수온 상승이 계속해서 지금처럼 빠르게 진행된다면, 21세기 안에 거의 모든 산호초가 사멸할 것이다.

이것은 상어를 괴롭히지 말아야 하는 이유 중 하나다. 그럼에도 매년 1억 마리의 상어가 죽임을 당하는 것으로 추정된다. 아시아에서 상어 지느러미가 귀한 식자재이기 때문에, 상어가 우연히 그물에 걸리기 때문에, 상어를 황새치로 재정의하는 바람에, 유럽의 간이 식당들에서도 상어가 작게 절단되고 튀겨져 생선튀김으로 팔리기 때문에 상어들이 죽어 나간다.

요컨대 모든 유전자들, 종들, 생태계들이 어우러져 생명의 다양성을 이룬다. 오직 유전자 다양성, 종 다양성, 생태계 다양성이 갖춰졌을 때만 지구는 우리에게 삶에 필요한 것들을 내어준다. 오직 그럴 때만 우리는 충분히 먹고, 숨 쉬고, 마실 수 있다.

겨울 토마토

자연의 순환에 인간이 개입하는 것은 얼핏 합리적으로 보일 수 있다. 왜냐하면 그 개입은 지구의 생산력을 높이기 때문이다. 프리츠 하버와 카를 보슈가 "공기에서 얻는 빵"이라는 문구로 찬양된 암모니아 합성 공정을 발명한 이래로, 우리는 농지에 인공비료를 뿌린다. 현대적인 관개 기술은 말 그대로 사막을 푸르게 만들 수 있다. 그러나 그런 혁신들은 흔히 장기적으로 생태계 서비스의 감소를 가져온다. 너무 많은 인공비료는 토양의 생산력을 파괴하고 지렁이를 죽이며, 너무 많은 관개 시설은 지하수의 수위를 낮추고 토양의 염류화salinization를 촉진한다. 그 피해는 때때로 돌이킬 수 없다.

유럽 최대의 채소 생산지인 스페인 알메리아주는 이 문제를 보여주는 매우 두드러진 사례다. 그곳의 도시 엘에히도 주위는 물을 많이 먹는 토마토, 파프리카, 아보카도 등의 작물을 노지에서 재배하기에는 너무 건조하다. 그래서 이 작물들은 습기 보존을 위한 비닐하우스 안에서 재배되며 겨울에도 성장할 수 있다. 비닐하우스의 규모는 공항 터미널과 맞먹을 정도다. 그렇게 거대한 비닐하우스들이 빼곡히 들어차 세계 최대의 "플라스틱 바다mar de plastico"를 이루는데, 그 바다의 면적은 파리의 3배에 달한다. 그 바다를 위성사진에서 보면, 지중해로 표류해온 거대한 빙하처럼 보인다. 비닐하우스 농업에 엄청난 물이 필요하기 때문에, 그곳의 지하수 수위는 점점 더 낮아지고 사막은 확장되고 있다. 당장 내일 엘에히도의 채소 경작이 중단되더라도, 문제는 사라지지 않을 것이다. 토양은 여전히 너무 많은 염류를 함유할 테고, 지하수 수위가 다시 높아지는 일은 가까운 장래에 일어나지 않을 것이다. 이것은 엘에히도만의 국지적 문제가 아니다. 중국 북부, 인도 북부, 이란, 캘리포니아 센트럴밸리 할 것 없이, 토양이 과도하게 활용되는 모든 곳에서 토양은 사라질 위험에 처했다. 식물의 보호 없이 노출된 토양이 바람에 쓸려나가 매년 수십억 톤씩 사라진다. 지구에서 흙이 부족해지고 있는 것이다.

생산력을 지닌 어머니 흙은 우리 지구의 피부다. 한번 파괴되면 복구하기가 거의 불가능하다. 단 1센티미터 두께의 부식질이 형성되려면, 지역에 따라 수십 년에서 수백 년이 필요하다. 이것을 명심해야 하는데, 토양은 바다와 더불어 생명을 먹여 살리는 기반으로서 생물권의 중심을 이룬다.

자연 없이 작동하는 것은 이 세상에 아무것도 없다. 주식 시장이나 맥북으로 시청하는 넷플릭스 스트리밍 동영상도 자연 없이는 작동할 수 없다. 실리콘밸리에 거점을 둔 거대한 디지털 기업들도 자연자원에 의존한다. 왜냐하면 그 회사들도 천연자원과 전기가 필요할뿐더러, 그 회사들의 직원들도 여느 인간처럼 숨 쉬고 먹고 마셔야 하니까 말이다. 자연의 생산력은 사과의 실존이 달린 문제일 뿐 아니라 독일 북부에 사는 사과 농부의 실존이 달린 문제이기도 하다. 그런데 그곳에서 중요한 순환들이 잇따라 교란되고 있다.

2019년에 '지구 생태 용량 초과의 날Earth Overshoot Day', 곧 한 해 동안 지구가 제공할 수 있는 자원을 우리가 모두 소비한 날은 7월 29일이었다. 20년 전에 그날은 아직 11월 1일이었다. 전반적으로 인류는 이미 40년 전부터 지구가 재생할 수 있는 만큼보다 더 많은 자원을 소비하고 있다. 주요 소비 품목은 석탄, 석유, 천연가스다. 우리는 인간이 아예 없던 시절에 형성된 화석들을 비용으로 들여 현재의 안락을 누리고 있다. 그러면서 우리는 지질학적 시간을 인간적인 규모의 시간으로 바꿔놓는다. 화석연료가 형성되는 데는 몇백만 년이 걸렸지만, 우리는 그 연료를 몇백년 만에 태워 없앤다.

화석연료의 채취 속도가 재생 속도를 꾸준히 능가하기 때문에, 생태 파산ecological ruin은 임박한 위험이다. 마치 누군가가 자신의 조부모가 상속해준 통장에서 매일 돈을 써내 쓰면서 입금은 단 한 번도 하지 않는 것과 마찬가지다. 조만간 파산하는 것은 불가피하다.

우리는 1.5개의 지구를 소비하고 있다

지구는 우리의 생활방식을 감당하기에 너무 작다. 지구의 용량을 감안하면, 우리의 생활방식은 대폭 제한되어야 마땅하다. 회복력 연구자 요한 록슈트룀이 이끄는 연구팀은 약 10년 전에 그 제한을 정확히 명시하는 작업을 시도했다. 그들은 지구가 그은 한계 9개를 제시했는데, 우리가 그 한계를 지속적으로 넘는 것은 안전한 생존 구역을 벗어나는 것과 같다(책 중간의 그래픽 참조).

그 9개의 한계를 모두 넘어야 우리의 현재 문명이 소멸하는 것이 아니다. 하나만 넘어도 충분하다. 예컨대 담수가 부족해지면, 우리는 죽을 것이다. 나머지 8개의 한계는 오존, 바다의 산성화, 기후 변화, 대기 오염, 물의 순환과 탄소의 순환을 비롯한 생물지구화학적 순환들, 토지 소비, 플라스틱을 비롯한 새로운 물질들에 의한 토양 오염, 생물 다양성과 관련이 있다.

이 분야들에서 우리가 한계를 넘지 않는다면, 바꿔 말해 안전 구역에 머문다면, 딱히 걱정할 것은 없다. 그러나 그 한계들을 넘는 순간, 수백만 년에 걸쳐 안정화된 짜임새가 흔들릴 위험이 커진다. 우리가 시스템의 이곳저곳을 수리하면 할수록, 우리가 처한 위험은 더 커진다.

과학자들은 지금까지 그 지구적 한계 9개 가운데 7개를 정량화해냈다. 다만, 토양이 플라스틱과 나노입자를 비롯한 새로운 물질로 오염되는 것을 어느 정도까지 용인할 수 있는지, 또 대기 오염을 어느 정도까지 용인할 수 있는지는 아직 정확히 밝혀지지 않았다. 하지만 그 한계들은 확실히 존재하며 어쩌면 이미 도달되었는지도 모른다. 담수 사용과 바다의 산성화 분야에서 지구는 우리가 가하는 충격에 아직은 어느 정도 개의치 않을 수 있다. 나머지 여섯 개 분야 모두에서 우리는 빨간색 구역에 이르렀으며, 특히 기후 변화와 생물지구화학적 순환들에서는 매우 우려스러운 상황에 처했다. 하지만 생물 다양성의 상실은 오직 한 단어로밖에 표현할 수 없는 수준에 이르렀다. 바로 "파국적catastrophic"이라는 단어다.

예민한 자기 조절 시스템에 우리가 개입하면, 시스템은 더욱 균형을 잃는다. 더구나 균형이 워낙 심각하게 무너져서, 그 피해를 완전히 복구하기가 불가능하다. 그리하여 지구는 새로 조직되기 시작하고, 그때 우리는 전혀 배려받지 못한다. 우리는 기생충처럼 행동하고 있으며, 우리의 숙주는 우리를 떨쳐낼 참이다.

우리가 발명한 것들이 우리를 구할 수 없는 이유

이 사실은 전 세계적인 곤충들의 죽음에서 특히 뚜렷하게 드러난다. 이 주제에 관하여 이제껏 이루어진 연구 가운데 가장 방대한 '크레펠트 연구'에서 과학자들은 섬뜩한 수치들에 도달했다. 그들이 연구한 독일의 서식 구역들에서 비행 곤충들의 생물량은 30년이 채 안 되는 기간 동안 75퍼센트 감소했다. 곤충학자들이 모기, 벌, 나비 같은 비행 곤충을 포획할 때 쓰는 말레이즈 트랩 곁에 서면 늘 요란한 트랙터 소리가 들린다. 비행 곤충의 포획과 측정은 자연보호 구역들에서 이루어졌지만, 그곳들은 집약적으로 활용되는 농지로 둘러싸여 있다. 그 농지도 곤충 감소의 주원인이라고 과학자들은 추정한다. 단일경작, 살충제, 제초제가 곤충을 감소시키고, 새로운 농법이 덤불, 웅덩이, 나무들을 없애 점점 더 단조로운 풍경을 만든다고 말이다. 우리는 "녹색 혁명"이라고 불리는 기술의 진보를 통해 농업 생산량을 대폭 향상시켰다. 하지만 많은 농업에서, 특히 우리의 생존을 위해 중요한 비타민을 제공하는 작물의 경작에서 가루받이는 곤충에 의존한다. 그런 곤충이 "녹색 혁명" 때문에 죽는다는 것은 쓰라린 아이러니다. 크레펠트 연구는 큰 경각심을 불러일으켰다. 식량 공급이 위태롭다는 메시지가 담겼으니 그럴 만도 했다. 식량 공급은 정치적으로 아주 예민한 사안이다.

그 후 다른 대륙들에서 이루어진 연구들에서도 유사한 결과가 나왔다. 곤충이 감소한 다음에는 새들도 죽는다. 왜냐하면 많은 새들은 곤충을 먹고살기 때문이다. 한 예로 북아메리카에서는 1970년 이래로 30억 마리의 새가 "사라졌다". 이는 모든 새의 4분의 1에 해당하는 규모다. 개별 조류 종이나 포유류 종의 절멸은 생태계에 큰 지장을 주지 않을 때가 많다. 하지만 곤충은 시스템에 중요하다.

곤충 감소는 이미 매우 현실적인 문제다. 중국의 몇몇 지역에서 농부들은 과일나무의 가루받이를 직접 손으로 한다(하지만 그 원인이 곤충 감소에만 있는 것은 아니다). 가루받이를 담당하는 곤충이 워낙 중요하기 때문에, 세계적으로 유명한 미국 매사추세츠 공대를 비롯한 여러 연구 기관들은 로봇 벌을 개발하기까지 한다. 로봇 벌은 기술적으로 아직 애벌레 단계에 머물러 있으며 엄청나게 비쌀뿐더러 개발이 완성되리라고 확신할 수 없다. 또한 완성되더라도, 그 플라스틱 벌이 비행 곤충 수십 종의 팀워크에 비길 만한 성과를 낼지 아무도 모른다. 이제껏 가루받이를 담당해 온 비행 곤충들의 팀은 수백만 년에 걸쳐 바람과 비, 추위와 더위, 다양한 꽃의 크기, 다양한 열매, 흔들리는 나뭇잎과 떨어지는 나뭇가지, 새와 해충, 삶의 온갖 예측 불가능한 것들에 적응할 시간을 가진 반면, 로봇 벌은 그렇지 않다. 게다가 곤충들을 통한 가루받이에는 비용이 전혀 들지 않는다.

발명은 진보를 유발할 수 있다. 그러나 새로운 문제를 일으키지 않는 해법은 없다. 석면은 처음에 벽이 불에 타지 않게 만드는 성과를 냈지만 나중에는 암을 일으켰다. 살충제 DDT는 처음에 해충을 죽였지만 나중에는 새들도 죽였다. 인공 암모니아는 처음에 농지를 비옥하게 했지만 나중에는 바다에 죽음의 구역이 생겨나게 했다. 원자력은 처음에 미래를 여는 기술이었지만 곧 공포의 기술이 되었다. 자연이 일을 처리할 때의 우아함, 창의성, 효율과 비교하면, 인간의 기술적 성취는 기껏해야 자연의 따분한 복제품에 불과하다.

항상 환경이 대가를 치른다

20세기의 벽두에도 독일제국의 황제 빌헬름 2세는 이런 견해를 밝혔다. "자동차는 일시적인 현상이다. 나는 말[馬]을 믿는다." 현대적 내연기관의 발명자라고 할 수 있는 고틀리프 다임러마저도 자신의 발명을 잘못 평가했다. "전 세계의 자동차 수요는 100만 대를 넘지 못할 것이다. 가용한 운전사가 부족하다는 이유 하나만으로도 그 수요는 제한될 것이다." 우리의 미래를 내다보는 우리 자신의 시각은 가련할 정도로 근시안이다. 그러므로 우리가 할 수 있는 것은 이해하지 못한 일과 제구실을 못하는 일을 그만두기가 거의 전부다. 우리는 적어도 명백한 오류는 피해야 한다.

설령 우리가 석유, 석탄, 천연가스를 태양에너지, 풍력발전, 수력발전, 기타 지속가능한 기술로 완전히 대체한다고 하더라도(물론 이 대체는 틀림없이 전적으로 합리적이겠지만), 인구와 소비의 두 배 증가는 우리를 늘 압박할 것이다. 한 자원을 절약하면, 다른 자원이 더 많이 소비된다. 원소 주기율표에 등재된 118개의 화학 원소들 가운데 44개가 이미 부족하다고 여겨진다. 그중 9개는 아마 몇십 년 내에 극적으로 희소해질 것이다. 그 원소들이 전기자동차, 스마트폰, 태양전지에 쓰인다는 것이 그 예측의 한 근거다.

많은 미래 기술에서 사용되는 희토류는 대개 땅속에 아주 적게 들어 있다. 희토류 몇 그램을 얻으려면, 아주 많은 암석을 부수고 갈고 화학적으로 처리해야 한다. 이 과정에서 흔히 극적인 환경 훼손이 일어난다. 콜탄coltan(니오뮴과 탄탈륨을 함유한 암석. 탄탈륨이 스마트폰 등에 쓰인다―옮긴이) 없는 스마트폰은 거의 상상할 수 없는데, 이 광석은 주로 콩고의 열대우림 속 광산들에서 채굴된다. 중국은 희토류를 독점하다시피 했는데, 이 때문에 벌써 국제적 긴장이 추가로 높아지고 있다. 우리가 새로운 문제들을 일으키지 않으면서 기후 위기에서 벗어날 수 있다는 것은 안타깝게도 멋진 꿈에 불과하다. 그렇다면 진정한 "성장의 한계"가 있을 수밖에 없는 것이 아닐까?

기후 위기를 조장하는 인터넷?

이 질문을 구글 검색창에 입력하면, 명쾌한 대답은 얻지 못하더라도 1000만 개가 넘는 검색 결과를 얻게 된다. 이는 그 검색에 0.3와트시의 에너지가 소비된다는 것을 의미한다. 이것은 아주 적은 에너지다. 그러나 분당 수백만 건의 검색이 이루어지면, 도시 전체를 환히 밝힐 수 있을 만큼의 에너지가 소비된다. 인터넷이 한 국가라면, 그 국가는 에너지 소비 순위에서 세계 10위안에 든다. 미국, 중국, 인도, 러시아, 일본, 독일과 어깨를 나란히 한다는 얘기다. 싱크탱크 '시프트 프로젝트The Shift Project'의 계산에 따르면, 2019년에 인터넷 기술과 통신 기술 전체는 3600테라와트시 이상의 에너지를 소비했다. 이는 산업 국가 독일이 소비한 에너지보다 거의 1000테라와트시 이상 많은 양이다. 더구나 많은 경제 분야에서는 에너지 수요가 천천히(너무 천천히!) 감소하기 시작한 반면, 디지털 세계의 에너지 수요는 매년 9퍼센트씩 증가하고 있다. 시프트 프로젝트의 추정에 따르면, 스트리밍 서비스 분야 하나가 유발하는 이산화탄소 배출만 해도 연간 약 3억 톤에 달하는데, 이는 전 세계의 항공 교통이 유발하는 이산화탄소 배출의 3분의 1과 거의 맞먹는다. 이를 감안하면, 고양이 동영상 시청은 비행기 여행과 비슷할 정도로 기후에 해롭다.

디지털화는 많은 것을 이뤄낼 수 있지만 전기 절약은 아직까지 이뤄낼 수 없다. 암호화폐 비트코인이 매년 소비하는 전기는 함부르크나 라스베이거스 같은 도시 전체의 소비와 맞먹는다. 구글, 페이스북, 아마존, 애플, 마이크로소프트 같은 디지털 거대 기업들은 전 지구적 에너지 독점에서 결정적인 역할을 담당하게 되었다. 구글이 스스로 밝힌 바에 따르면, 현재 그 기업은 재생 가능한 에너지를 세계에서 가장 많이 구매하는 주체다. 매년 2.6기가와트의 전기를 사들이는 구글은 그 에너지가 1980년대의 인기 영화「백 투 더 퓨처」에서 마티 맥플라이가 시간여행을 하는 데 필요한 에너지보다 두 배 많다는 사실을 기뻐한다.

세계의 금전적 가치

휴대전화 사용자들은 실감하지 못하지만, 디스플레이를 손가락으로 쓸고 건드리는 조작 각각은 세계 어딘가에서 확실히 손에 잡히는 물리적 귀결들을 일으킨다. 거기에서는 석탄이 불에 타고, 원자력발전소가 가동되고, 강이 막히고, 풍력발전기가 건설되고, 태양전지가 태양을 향해 설치된다. 오로지 사람들이 디스플레이를 위로 쓸어올리기 때문에 이 모든 일이 벌어진다. 아이슬란드에서는 서버 보관소 신설을 위한 터 닦기가 진행되고, 러시아에서는 통신위성을 실은 로켓이 발사되고, 콩고에서는 어른들과 아이들이 콜탄을 캐기 위해 땀 흘려 삽질을 한다. 현대 기술은 우리를 자연의 순환들로부터 떼어내지 못한다. 오히려 정반대다. 국제적인 주식 시장은 아프리카의 농산물 시장보다 더 긴밀하게 생태계들의 전 세계적 연결망과 얽혀 있다. 왜냐하면 증권 거래는 케냐의 계곡 한 곳의 수확량만 반영하는 것이 아니라 세계 경제 전체를 반영하기 때문이다.

이 모든 것의 바탕에 깔린 자연의 서비스를 지구는 지금까지 우리에게 완전히 무료로 제공해왔다. 자연보호 조직인 세계자연기금WWF은 그 생태계 서비스의 가치를 연간 112조 유로로 추정한다. 이것은 지구상의 모든 국가의 세입을 다 합친 것보다 더 많은 금액이다. 더구나 이는 단지 경제적 관점에서만 이루어진 추정이다.

호흡할 공기, 마실 물, 식량처럼 우리의 삶을 직접 떠받치는 기반들은 아무 사연 없이 그냥 존재하지 않는다. 그것들은 키가 70미터에 달하는 원시림의 거대한 나무, 참나무 숲, 야생 자두 덤불, 알프스 초원, 두더지, 미시 규모의 뿌리혹박테리아, 덩이줄기를 지닌 향부자 덕분에 존재한다. 생명의 다양성은 이 세계에서 우리의 건강, 안녕, 식량, 안전을 위한 기반이다. 생명의 다양성이 파괴되면, 우리는 몰락한다. 공룡과 다름없이 말이다.

대략 6600만 년 전의 오늘을 생각해보라. 하늘에 불덩이 하나가 나타난다. 처음에는 작게 보이던 불덩이가 급속도로 커진다. 다가오는 소행성이다. 그 소행성이 지구와 충돌할 때, 어마어마한 에너지가 방출되어 그 소행성 자신을 포함해서 엄청나게 많은 암석이 곧장 증기로 변한다. 거대한 쓰나미들이 지구 곳곳에서 일어나고, 충돌 지점에서 발생한 불길은 1500킬로미터 떨어진 식물도 태워버린다. 곳곳에서 지진과 화산 분출이 일어나고, 압력 파동과 열 파동이 치솟는다. 하지만 무엇보다도 중요한 점은 그 충돌로 충분히 많은 먼지와 검댕과 황이 피어올라 햇빛을 차단하는 것이다. 지구상의 일부 구역들은 처음엔 말 그대로 구워졌다가 대다수 식물의 광합성이 제대로 작동하지 않을 만큼 춥고 어두워진다. 지구의 생명은 위기로 곤두박질친다. 육지와 물과 공중의 모든 종 가운데 4분의 3이 절멸한다. 상상을 초월하는 규모의 대멸종. 하지만 그것은 최대의 대멸종이 아니었으며 최초의 대멸종도 아니었다. 또한 최후의 대멸종도 아닐 것이다.

우리는 혹시 소행성이 아닐까?

그 소행성이 멕시코의 유카탄 반도에 떨어졌을 때, 지구는 이미 많은 생명의 위기를 거친 뒤였다. 가장 규모가 컸던 다섯 번의 파국을 경박하게 일컬어 '빅 파이브Big Five'라고 한다. 엄밀한 학술적 정의는 아니지만, 대멸종이란 지질학적 관점에서 볼 때 짧은 시간 안에 모든 종의 최소 4분의 3이 절멸하는 것을 뜻한다. 그런 대멸종이 오르도비스기, 데본기, 페름기의 끝, 트라이아스기의 끝, 백악기의 끝에 일어났다. 총 다섯 번이다. 주요 원인으로 의심되는 것들의 목록에는 화산 활동, 기후 위기, 산소 부족, 천체와 지구의 충돌이 포함되어 있다. 이 원인들 각각이 대멸종을 강제했고 따라서 동물 진화의 부분적 새 출발을 강제했다. 그 후 종 다양성이 파국 이전과 비슷한 수준으로 회복될 때까지 몇백만 년이 걸렸다. 백악기 끝의 대멸종은 공룡을 없애 포유류의 진화를 촉진했다. 우리 인간은 그 대멸종의 산물이다. 따라서 그 소행성 충돌은 우리에게 좋은 사건이었다. 하지만 지금 다시 지구가 유사한 파국을 겪는다면, 그것은 우리에게 나쁜 사건일 것이다. 그런데 바로 지금 그런 파국이 진행되고 있다.

지구의 역사를 감안할 때 현재의 대멸종은 아주 빠르게 일어나고 있지만, 인간은 소행성이 아니다. 공룡과 달리 우리는 우리 자신의 운명에 영향을 미칠 수 있다. 현재의 멸종들은 진화 과정에서 정상적으로 발생하는 배경 멸종background extinction보다 100배, 어쩌면 1000배 빠르게 진행되고 있다. 이런 수치들은 과학적 추정값에 불과하다. 하지만 지금 동물들과 식물들이 아주 빠르게 절멸하고 있어서 우리가 우리 자신의 미래를 진지하게 고민해야 한다는 점에 대해서는 이론의 여지가 없다.

한 종이 절멸하는 것은 일단 큰 문제가 아니다. 그것은 지극히 정상적인 과정이다. 실제로 진화의 역사에서 발생한 모든 동물들과 식물들 가운데 99퍼센트가 절멸했다. 인간은 그 절멸에 책임이 없다. 알리바이가 확실하다. 그 절멸이 일어날 때 인간은 존재하지 않았으니까 말이다. 한 종이 새롭게 바뀐 환경에 적응할 수 없거나 여러 딸 종daughter species으로 분화하면, 그 종은 사라진다. 멸종은 진화의 중요한 엔진이다. 새로운 것은 멸종의 속도다. 현재 진행되는 대멸종의 결과로 21세기 말까지 100만 종이 절멸할 위험이 있다고 유엔 세계생물다양성위원회는 추정한다.

생태 위기는 이 세기에 인류가 직면할 최대의 난제다. 자연적 다양성의 감소와 밀접하게 관련된 기후 위기와 달리, 기존의 사회 시스템뿐 아니라 호모사피엔스 자체를 위협한다. 자연은 협상과 타협의 여지나 연기延期를 허용하지 않는다. 우리에게 필요한 것은 철학자 한스 요나스가 저서 『책임의 원리Das Prinzip Verantwortung』에서 제시한 생태학적 정언명령이다.

"너의 행위의 결과들이 지구상에서 진정한 인간적 삶의 영속과 양립할 수 있도록 행위하라."

세계 인구의 증가, 소비의 폭증, 부족해지는 자원, 지구가 감당할 수 있는 한계를 넘는 생활양식, 물질 순환의 교란, 여섯 번째 대멸종의 시작과 더불어 생명의 역사에서 결정적인 단계가 시작되었다. 인간의 역사에서 우리는 공룡이 멸종하던 때와 유사한 시기에 도달한 것일까?

소행성은 그냥 하늘에서 떨어졌다. 반면에 우리는 우리 자신의 운명을 손에 쥐고 있다.

인류세

멸종이 일어나는 이유

4

자연에 반하는 모든 것은 오래 존속하지 못한다.

＊

찰스 다윈, 박물학자

❖

　태초에는 어떤 생명도 없었다. 약 45억 년 전, 지구 전체에서
는 끊임없이 불길이 치솟았다. 화산들이 공중으로 화산재와 용
암을 토해내는 가운데, 모든 것이 익고 끓고 탔다. 지구 생명의
역사를 자정에서 다음 자정까지의 하루에 빗대면, 새벽 4시까지
그러했다. 그 후 최초의 생명이 발생한다. 바다 밑바닥 열수공熱
水孔 근처에 사는 단세포생물들이다. 열수공에서 뜨거운 물이 뿜
어져 나오고, 그 물속에 단순한 분자들이 섞여 있다. 그 후에는
아무 일도 일어나지 않는다. 아주 오랫동안 그러하다. 18시 08분
에 이르러 비로소 생명은 더 흥미로워진다. 즉 양성생식이 시작
된다. 양성생식은 다양성의 증가를 위해 결정적으로 중요하다.
하지만 최초의 양성생식은 딱히 흥분을 자아낼 정도로 흥미진진
하지는 않다. 그 후 20시 48분에 마침내 겉보기에도 생명 같은

생명이 최초로 등장한다. 해파리다. 진화가 속도를 높인다. 21시 52분에 육지식물이 출현한다. 그로부터 한 시간 4분 후, 공룡이 등장한다. 포유동물은 하루의 마지막 30분 동안에 출현한다. 그리고 마지막으로 23시 59분 57초에 최초의 호모사피엔스가 두 발로 땅을 딛고 일어선다. 24시간 역사의 지구에서 우리는 겨우 3초 전에 태어난 아기다.

인간의 시대

그래서 겸허해야 할까? 당연히 그렇다. 지구에서 우리는 신생아와 다름없다. 하지만 다른 측면에서 보면, 그렇지 않다. 왜냐하면 지구에 존재해온 짧은 시간 동안에 우리는 모든 것을 결정하는 권력으로 성장했으며 지구를 근본적으로 변화시켰기 때문이다. 현재 지질학자들은 새로운 '세'를 정의하려는 참이다. 이름하여 '인류세', 곧 인간의 시대를 말이다.

'인류세'는 대기화학자 파울 크뤼천이 2002년에 제안한 개념이다. 인간이 지구를 근본적으로 바꿔놓았기 때문에 새로운 지질학적 시대가 시작되었다고 보아야 한다는 것이 크뤼천의 견해다. 앞으로 수백만 년 후에 외계인 고고학자들이 우리의 문명을 탐구한다면, 현재에서 유래한 퇴적물과 암석층에서 갑작스러운 변화를 발견하게 될 것이다. 현재는 모든 것이 마지막 빙하기가 끝나고 홀로세가 시작된 이후의 지난 1만 2000년과 다르다. 느닷없이 플라스틱이 등장하고, 그때까지 존재하지 않았던 광물들도 나온다. 대기 중 이산화탄소의 급증도 두드러진다. 게다가 닭, 소, 돼지의 뼈는 여기저기에서 수십억 점이 발견되는 반면, 다른 종들은 점점 더 드물어진다. 외계인 고고학자들은 도시의 잔재를 발견하고 원자폭탄에서 나온 플루토늄 동위원소의 방사능을 측정한다. 그들은 틀림없이 다음과 같은 결론을 내릴 것이다. 먼 과거(우리의 현재)에 지구는 갑자기 근본적으로 변화했다.

그 변화를 우리 스스로는 알아채지 못하고 있는가 하면, 그것은 아니다. 1962년에 레이철 카슨은 저서 『침묵의 봄』에서 DDT가 곤충들을 죽일 때 일어나는 파국적인 결과들을 서술했다. 그것은 서양 산업 국가들에서 환경운동의 첫걸음이었다. 1980년 대에는 오존 구멍 때문에 전 세계가 공포에 휩싸였고, 독일에서는 '숲의 죽음'에 대한 정당한 우려가 제기되었다.

그리하여 실제로 몇 가지 변화가 일어났다. 우선 오존층을 파괴하는 냉매인 프레온 가스가 금지되었다(이 놀라운 역사에 대해서는 8장에서 추가로 논할 것이다). DDT도 대다수 국가의 시장에서 사라졌다. 자동차와 공장의 배기가스에서 비를 산성화하고 숲을 파괴하는 황화합물들이 걸러졌다. 환경운동은 국제 정치에도 진입했다. 1992년에 전 세계의 국가들은 리우에서 유엔 생물다양성협약에 서명했다. 모든 인간은 "자연과 조화를 이루며" 살 권리가 있다는 것에 사람들은 동의했다. 2010년 일본 아이치현에서 세계 공동체는 자연적 다양성의 보존을 위한 상당히 야심 찬 목표들을 설정했다. 좋은 아이디어였지만, 안타깝게도 그 목표들을 설정하는 것을 넘어서 성취하기 위하여 진지하게 노력하는 사람은 아무도 없다. 그러나 아무것도 몰랐다는 변명은 이제 누구도 할 수 없다. 전 지구적 대멸종은 비밀이 아니다. 다만, 정확히 어떤 종들이 절멸하고 있는지를 우리가 전혀 모를 따름이다.

거대한 미지의 세계

이미 언급한 대로, 자연의 다양성 — 생물 다양성 — 은 세 가지 차원을 지녔다. 생태계들의 다양성, 유전자들의 다양성, 종들의 다양성이 그 차원들이다. 이 다양성들은 비교적 쉽게 측정할 수 있다는 실용적 장점이 있다. 여기에 있는 얼룩말, 저기에 있는 민들레, 저만치 있는 나방. 이렇게 세다 보면, 결국 수백만 종을 세게 된다. 하지만 정확히 몇백만 종인지는 알려져 있지 않다. 겉보기에 더없이 쉬울 듯한 다음 질문도 놀랄 만큼 대답하기 어렵다. 지구상에는 얼마나 많은 종들이 있을까?

아무도 모른다. 심지어 과학자들은 종이란 대체 무엇인가를 놓고도 논쟁한다. 생물학자들은 종 개념을 정의하기 위한 접근법을 무려 24가지 이상 사용한다. 어디에서 바닷물 1리터를 뜨든 간에, 그 속에는 아직 아무도 모르는 미생물들이 아주 많이 들어 있다고 그들은 말한다. 그러나 그런 얘기는 학술적 세부 사항이며, 전체를 조망하려면 그런 세부 사항을 무시해야 한다. 우리는 종들의 다양성을 어렴풋이 느끼고 추정할 수만 있다.

하지만 척추동물들에 대한 우리의 지식은 상당히 정확하다. 조류鳥類는 1만 종 이상이 기술되었다. 우리가 아는 포유류는 5500종, 물고기는 거의 3만 3000종, 파충류는 1만 800종, 양서류는 7300종이다. 현존하는 코끼리와 오랑우탄은 각각 세 종이라는 것, 강과 바다에서 86종의 고래와 돌고래가 헤엄친다는 것, 현재까지 발견된 35만 종의 딱정벌레보다 더 많은 딱정벌레가 있다는 것, 동물 말고 식물이 또 39만 1000종이나 있다는 것을 우리는 확신한다. 균류菌類, 조류藻類, 거미, 그리고 무엇보다도 곤충의 엄청난 다양성은 척추동물 전체를 초라하게 만든다. 기술된 생물들을 모두 합하면 대략 190만 종이다.

그러나 기술되었다는 것은 이해되었다는 것을 뜻하지 않는다. 게다가 거의 연구되지 않은 생물들도 많다. 우리가 지금까지 분류한 균류는 약 10만 종이다. 하지만 추가로 500만 종이 존재할 가능성이 있다.

그럼 아주 작은 생물들은 어떠할까? 이름도 없고 우리가 알지도 못하는 단세포생물들과 박테리아들을 포함한 미생물들의 다양성은 사실상 무한하다. 몇 년 전에 인디애나 대학교의 한 연구팀은 심지어 1조 종의 미생물이 존재할 수도 있다고 주장했다. 1조라면 상상하기 어려운 수다. 차라리 '우리는 전혀 모른다'라고 말해도 될 성싶다.

우리가 '생명의 다양성'이라는 말을 들을 때 통상적으로 연상하는 것은 눈에 확 띄는 종들, 이를테면 맴싱이, 롤런드고릴라, 사자, 시베리아호랑이, 버마왕뱀, 극락조 등이다. 하지만 그럴 때 우리가 떠올리는 것은 생물 다양성의 미세한 부분에 불과하다. 새로운 원원류原猿類가 발견될 때마다 호들갑이 벌어진다. 어떻게 그토록 오랫동안 우리 눈에 띄지 않을 수 있었단 말인가! 반면에 새로운 선충, 바다민달팽이, 해파리는 거의 관심을 끌지 못한다. 사마귀, 민벌레, 나방, 우산이끼, 물이끼의 발견에 환호하는 사람은 없다.

가장 그럴싸한 추정들에 따르면, 전 세계에서 세포핵을 지닌 생물들은 총 900만 종이다(동물, 식물, 균류는 세포핵을 지녔지만, 바이러스나 박테리아는 그렇지 않다). 이 추정이 옳다면, 인류는 지난 250년의 과학사 동안 모든 생물들 가운데 고작 5분의 1을 기술한(또한 그보다 훨씬 더 적은 부분을 연구한) 셈이다. 이 속도가 유지된다면, 우리가 생명의 품목 조사를 완료하기까지 몇백 년이 더 걸릴 것이다. 어쩌면 그보다 더 먼저 조사가 완료될지도 모른다.

매일 최소 150종이 영원히 사라지고 있으니까 말이다. 10분마다 한 종이 절멸한다는 얘기다. 물론 이것 역시 당연히 추정일 따름이다.

　오늘날 인간의 영향으로부터 자유로운 장소는 존재하지 않는다. 해저 1만 1000미터의 마리아나해구 바닥에 쓰레기가 있다. 북극의 눈송이와 길어올린 지하수와 독일의 맥주순수령에 따라 제조한 맥주 속에 플라스틱이 있다. 아마 우리가 숨 쉬는 대기 속에도 오래전부터 플라스틱이 있을 것이다. 오늘날 인간과 가축의 총 무게는 모든 야생동물의 무게보다 20배 크다. 자연의 새 세 마리당 육계(비육용 닭) 일곱 마리가 존재한다. 전 세계에서 식물이 더 왕성하게 성장한다. 왜냐하면 대기 중의 이산화탄소가 비료의 구실을 하기 때문이다. 남극 서부와 그린란드에서는 몇 킬로미터 두께의 빙상이 무너졌다. 그란란드의 얼음이 사라진다면, 지구의 무게 분포가 변화하여 심지어 자전의 양상이 바뀔 것이다. 또한 해수면은 6미터에서 7미터 상승할 것이다. 사실상 새로운 지질학적 시대가 열릴 테고, 지구는 생명에 우호적인 푸른 구슬이기를 그치고, 우리는 안락하게 살아온 터전을 잃을 것이다.

　그러나 인류세는 "자연의 종말"을 의미하지 않는다. 비록 환경운동가 빌 맥키번은 첫 저서의 제목을 그렇게 붙였지만 말이다.

자연은 인간에 의해 변화하더라도 가치 없게 되지 않는다. 유럽에서 가장 볼거리가 많고 종이 풍부한 생태계들 중 다수는 인간의 활동에 의해 심하게 변형된 구역들이다. 영국에서 몇몇 나비 종은 웨스트터록 석호를 마지막 피난처로 선택했다. 그곳은 오랫동안 방치된 과거의 공업 지역이다. 독일에서 종 다양성이 가장 높았던 때는 공업화가 시작될 무렵, 그러니까 농업을 위해 많은 숲이 벌목된 다음이었다. 왜냐하면 그때 비로소 숲에 사는 종들과 더불어 초원과 들판에 사는 종들도 서식 구역을 얻었기 때문이다. 예컨대 이미 오래전부터 독일인들이 자국의 고유종이라고 여기는 자고새, 숲멧토끼, 댕기물떼새가 그런 종이다.

생물 다양성을 높이기 위해서 인간이 꼭 사라져야 하는 것은 아니다. 인간의 영향은 도리어 뜻하지 않게 이로울 때도 많다. 예컨대 지난 몇십 년 동안 수류탄이 터지고 전차 바퀴가 토양을 파헤친 독일의 군사 훈련장들에는 다른 곳에서는 사라진 희귀한 동물과 식물이 많이 산다. 또한 인류 역사에서 가장 치명적이었던 핵발전소 사고가 난 체르노빌은 오늘날 늑대와 스라소니, 거의 멸종된 '프시왈스키 말(몽고야생마)'의 피난처다. 심지어 대체 불가능한 열대우림을 파괴하고 들어선 동남아시아의 야자 플랜테이션 농장들도 전혀 가치가 없지는 않다. 벌꿀오소리를 비롯한 몇몇 종은 그 농장들에서도 생존할 수 있다. 요컨대 자연을 보호하기 위해서 우리가 자연을 떠나야 하는 것은 아니다. 그러나 우리는 자연에게 충분한 공간을 허용해야 한다.

우리는 행동하기에 충분할 만큼 안다

자연 전문 저널리스트는 본래 꿈의 직업이다. 나무에 오르는 오랑우탄을 곁에서 지켜보는 것, 그린란드 앞바다에서 혹등고래가 숨 쉬는 소리를 듣는 것, 호기심 많은 고릴라 새끼의 손길을 느끼는 것은 돈으로 따질 수 없을 만큼 소중한 경험이다. 야생동물은 우리에게 원초적이며 낯선 행복을 제공할 수 있다.

하지만 오랑우탄이 사는 숲에 도달하려면 몇 시간 동안 차를 타고 인도네시아의 야자수 플랜테이션 농장들을 지나야 한다. 그린란드의 빙하는 방문할 때마다 더 작아진다. 중앙아프리카공화국 상하 강가의 롤런드고릴라 서식지는 밀렵꾼들의 습격을 자주 당한다. 자연의 마법이 느껴지는 순간들은 순진무구함을 잃었다. 우리 자연 전문 저널리스트들은 스스로를 종군기자로 느낄 때가 점점 더 많아진다. 여기저기 널브러진 부상자들과 사망자들 앞에서 뉴스를 전하는 기자로 말이다.

멸종의 가속은 한낱 추정이 아니라 입증 가능한 사실이다. 세계자연기금이 여러 연구 기관들과 함께 개발한 지구생명지수 Living Planet Index는 마치 전 지구적 주가지수처럼 생물 다양성의 추이를 알려준다. 지구의 자연 전체의 건강이 어떻게 변화하고 있는지를 그 지수에서 알 수 있다. 지구생명지수를 알아내기 위하여 과학자들은 4000종 이상의 척추동물들이 이룬 집단 1만 7000개에 관하여 반세기 동안 수집된 과학적 데이터를 분석했다. 그 지수에 따르면, 지구의 척추동물은 1970년 이후 약 60퍼센트 감소했다. 쉽게 말해서, 오늘날 존재하는 야생동물은 50년 전의 절반에도 못 미치는 것이다. 그 종늘 내부에서 개체수가 계속 줄어든다면, 앞으로 몇십 년 안에 멸종률도 가파르게 치솟을 수밖에 없다. 예컨대 코끼리의 수는 과거에 어쩌면 1000만 마리에 달했을 것으로 보이지만 지금은 약 40만 마리로 줄었다. 이 변화는 극적이지만 아직 파국적이지는 않다. 지금부터 코끼리를 효과적으로 보호한다면(물론 그럴 가능성은 낮아 보이지만), 코끼리의 개체수는 과거 수준으로 회복될 수 있을 것이다. 파국은 마지막 코끼리가 죽을 때 비로소 도래한다. 파국을 되돌릴 수는 없다.

남아 있는 생명

　2019년 5월, 과학자, 기자, 카메라로 가득 찬 파리의 한 회의장.

　강단 위에 남자 셋과 여자 셋이 앉아 있다. 피곤한 모습이다.

그들은 밤낮없이 며칠 동안 한 보고서의 최종본을 놓고 토론해왔다. 이제 그 보고서를 발표하려는 참이다. 유엔이 의뢰한 그 보고서는 모든 대륙에 흩어져 있는 세계 최고의 과학자 400명에 의해 작성되었으며, 유엔 세계생물다양성위원회IPBES가 그 과정을 감독했다. 전 세계의 기자 수백 명이 회의장과 연결되어 있다. 이제껏 이런 일은 한 번도 없었다. 모든 생명에 관한 저 세계의 지식을 망라한 보고서가 발표된다. 매우 엄격한 과학적 기준에 맞게 작성된 그 보고서에 132개국 정부가 서명했다.

보고서에는 다음과 같은 충격적인 내용이 담겨 있다.

인간이 존재한 이래로 자연에게 오늘날보다 더 나빴던 때는 없다.

21세기 말까지 동물과 식물 100만 종이 절멸할 수 있다.

육지의 4분의 3과 바다의 3분의 2가 인간에 의해 심하게 변화했다.

도시 면적은 1992년 이후 두 배로 증가했다.

플라스틱 오염은 1980년 이후 10배로 증가했다.

인류가 당장 진로를 변경하더라도(물론 그렇게 하지 않고 있다), 종들의 절멸은 몇십 년 동안 계속될 것이다.

확실한 연구에 기초한 IPBES 보고서는 과학적 겸양의 관행을 충실히 따르지만, 이보다 더 또렷한 "경보"는 없다. 사실들이 어떤 사이렌보다 더 날카롭게 경보음을 낸다.

요컨대 공룡의 종말 이후 가장 큰 대멸종은 이미 오래전부터 측정 가능한 사실이다. IPBES 보고서는 무엇보다도 두 가지 추이를 보여준다. 인류의 형편은 점점 더 좋아지고 있다. 반면에 다른 모든 생물들의 형편은 점점 더 나빠지고 있다. 거대한 추이 두 개가 이렇게 따로 노는 상황이 과연 얼마나 지속될 수 있을까? 우리의 생명 유지 시스템이 약화된 끝에 붕괴하기 시작하는 생물학적 티핑포인트가 언제 도래할까?

우리가 알면서도 여전히 인정하지 않으려 하는 모든 사정을 볼 때, 위 질문은 21세기의 결정적인 질문이 될 것이다. 그리고 기후 위기와 달리 대멸종은 여러 원인에 의해 유발된다.

첫째 원인: 서식 구역 파괴

이 오솔길에 인적이 끊긴 지 얼마나 오래되었을까? 몇 달? 혹시 몇 년? 갈색곰이 마지막으로 여기를 지나간 것은 불과 며칠 전이다. 진흙이 많은 숲 바닥에 갈색곰의 앞발 자국이 찍혀 있다. 너도밤나무 껍질에는 발톱으로 할퀸 흔적이 있다. 갈색곰 냄새가 나는 배설물도 여기저기에 두툼하게 깔려 있다.

며칠 전부터 억세게 비가 온다. 루마니아 카르파티아산맥에 여름이 한창이다. 산림관리자, 과학자, 환경운동가로 이루어진

팀 앞에 보이아미카 계곡이 펼쳐져 있다. 광활하고 눈에 띄게 고요하다. 유럽너도밤나무로 가득 찬 그 널찍한 계곡은 아직 한 번도 벌목된 적이 없다. 그 계곡을 가로지르는 도로는 없으며, 인간은 이따금 지나갈 뿐이다.

너도밤나무는 수천 년 동안 유럽의 식물군에서 지배종이었다. 한때 독일 영토는 3분의 2가 너도밤나무 숲이었다. 그러나 중세에 대다수의 너도밤나무가 벌채되었다. 조선소에서는 선박용 널빤지가 필요했고, 숯 공장에서는 연료가 필요했으며, 유리 공장에서는 나무를 때서 일으킨 불 속에서 탄산칼륨이 유리로 바뀌었다. 1713년에 작센의 산림 감독관 한스 카를 폰 카를로비츠는 처음으로 '지속가능성Nachhaltigkeit'이라는 용어를 고안했다. 산림 관리자들은 숲에서 다시 성장할 수 있는 만큼의 목재만 채취해야 한다는 뜻이 담긴 용어였다. 지속가능성은 생태학적 개념이 아니라 경제적 필수 사항이었다. 나무를 새로 심을 때는 빨리 성장하는 나무 종들이 선택되었다.

과거에 유럽 대륙의 모습이 어떠했는지를 여기 루마니아에서 아직 느껴볼 수 있다. 현재 유럽에서 원시림을 가장 많이 보유한 나라는 루마니아다. 여기에는 스라소니와 큰뇌조가 있고, 죽은 나무도 엄청나게 많다. 따지고 보면, '죽은 나무'라는 표현은 부적절하다. 이 숲에 사는 모든 종의 70퍼센트가 '죽은 나무'를 먹고 사니까 말이다. 하지만 이런 루마니아 원시림들을 아는 사람은 거의 없으며, 바로 이것이 문제다.

루마니아 원시림들은 유럽 법과 루마니아 법에 따라 엄격하게 보호되어야 함에도 불구하고, 점점 더 축소되고 있다.

보이아미카 계곡 위에 코처럼 튀어나온 한 바위 위에서 원시적인 생명공동체를 관찰할 수 있다. 그 공동체는 몇백만 년에 걸친 적응의 결과다. 진화는 생동하는 경험적 지식이다. 그 지식이 이곳에서 무한히 복잡한 관계망을 이루고 살아가는 식물들과 동물들로, 유전자들로 표현된다. 이 원시림은 생태학적 보물창고다.

못 보던 사이에 보이아미카강으로 가는 숲길이 생겼다. 어쩌면 머지않아 이곳도 90킬로미터 떨어진 우체아마레 계곡처럼 모습이 바뀔 것이다. 그 계곡에는 나이가 아주 많은 나무들이 길가에 쓰러져 있다. 나무가 하도 굵어서 쓰러져 있는데도 가슴 높이까지 닿는다.

늙은 너도밤나무는 중심의 목재가 썩기 시작해서 속이 비어 있는 경우가 많다. 그런 나무줄기는 딱정벌레, 새, 버섯에게 낙원이지만 목재산업의 관점에서는 불량품이다. 왕들과 황제가 유럽을 다스리던 시절에도 성장했던 므두셀라 나무들은 지금 땔감으로서 종말을 맞는다. 이보다 더 심한 모욕을 상상하기 어렵다.

누군가가 아크로폴리스 파르테논 신전을 허물고 그 기둥들을 잘게 부숴 얻은 돌들을 도로 포장에 사용하는 것과 마찬가지다.

다만, 파르테논 신전은 부득이할 경우 원형을 모방하여 다시 지을 수 있다는 점이 다르다. 원시림은 한번 파괴되면 영원히 사라진다.

현재 루마니아 원시림에서 일어나는 일은 불법이다. 하지만 근본적인 수준에서 보면, 그 일은 인간의 문명이 야생, 곧 길들지 않은 자연을 상대로 거둬온 승리의 한 예일 뿐이다. 그 승리의 역사는 루마니아, 유럽, 전 세계에서 이어져왔다. 지구상의 모든 지면과 수면의 대부분은 이미 퇴화했다. 즉 생물학적으로 완전한 성능을 발휘하지 못한다. 그리고 이 같은 지구 표면의 퇴화, 서식 구역의 파괴야말로 대멸종의 원인들 가운데 가장 나쁜 원인이다.

서식 구역의 파괴를 유발하는 주요 원인들 중 하나는 현대 농업이다. 오늘날의 농업은 대규모 농지에 단일한 작물을 대형 기계들로 경작하는 양상으로 이루어진다. 단일경작지의 규모와 기계의 덩치는 점점 더 커지고, 숲과 초원은 종 다양성이 빈곤한 농지로 점점 더 많이 바뀌고 있다. 그 귀결들은 잘 알려져 있음에도, 숲의 소멸은 거의 20년 전부터 너무 높은 수준에 머물러 있다. 2018년 한해에만 영국 영토만큼의 숲이 사라졌다. 1초마다 축구장 하나와 맞먹는 7000제곱미터의 숲이 사라진 것이다. 일반적으로 농업생산성이 높은 지역은 서식 구역 파괴의 정도도 높다.

지구상에 있는 모든 지면의 3분의 1은 농업에 사용된다. 모든 온실기체 배출의 4분의 1은 토지를 농지로 바꾸는 작업에서 일어난다. 그리고 그 농지의 큰 부분에서 사람의 식량이 아니라 동물의 식량이 재배된다. 대략 3분의 1의 농지가 오로지 가축 사료용 작물의 재배에, 그러니까 결국 고기 생산에 할애된다. 이 새로운 농지를 위하여 주로 열대우림이 파괴된다. 이런 식으로 북반구의 부유한 국가들은 자국의 토지 수요를 남반구로 수출한다. 남반구의 숲은 1990년 이후 약 30퍼센트 감소했다.

문제는 숲의 소멸이다. 모든 동물 및 식물 종의 5분의 4는 숲에서 산다. 숲의 파괴가 중단되어야만 대멸종이 중단될 것이다. 그럼에도 숲의 파괴가 중단될 전망은 보이지 않는다. 2015년 『네이처』지에 발표된 한 연구에 따르면, 매년 150억 그루의 나무가 벌채되고 숲의 면적이 약 1퍼센트 줄어드는 것으로 추정된다. 그 연구를 수행한 스위스 연구진은 인류 문명이 시작된 이후 모든 나무의 거의 절반이 벌써 사라졌다고 본다.

숲의 파괴는 대개 도로에서 시작된다. 도로가 생기면 벌목꾼들은 야생의 숲속으로 쉽게 들어갈 수 있다. 그다음에는 벌목으로 폐허가 된 구역이 숲을 차츰 파먹는다. 마치 감염이 퍼져나가는 것 같다. 임시 거주지들이 생겨나고, 머지않아 그곳들은 마을로 성장한다. 농부들이 농지를 개간하고, 좀 더 지나면 농업의 토지 점유가 가속된다. 과거의 숲에 깔려 있던 토양은 흔히 빗물에 쓸려나가고, 이를 벌충하기 위하여 숲이 추가로 벌목된다. 이것은 무수한 위성사진에 기록된 전형적인 패턴이다. 원래 동물들과 식물들의 서식 구역이었던 곳이 분할되고, 개별 동식물 집단들이 제각각 고립된다. 이어서 그 집단들이 잇따라 사라진다.

물속 서식 구역들의 사정은 더욱 심각하다. 지난 50년 동안 전 세계의 물고기 개체수는 절반 이상 감소했다. 저인망 어업은 거대한 구역들을 해저 황무지로 만들고, 둔치에서 벌어지는 토목 공사는 물가의 특별히 중요한 서식 구역들을 파괴한다. 많은 바다 종들은 번식을 위해 하구와 습지를 필요로 하는데, 바로 이 민감한 생태계들이 요란한 토목공사로 파괴되는 것이다. 하구와 습지는 수많은 물고기 종들의 새끼가 태어나 자라는 곳이며 많은 새들이 먹이를 얻는 곳이다. 예컨대 유럽에는 자유롭게 흐르는 강들이 사실상 발칸반도에만 남아 있다. 라인강, 도나우강, 엘베강처럼 큰 강들은 자연적인 흐름을 빼앗겼으며 사실상 저수지들의 연쇄와 다를 바 없다.

건조한 지역은 얼핏 보면 피해가 덜한 듯하다. 모든 사바나와 황야 중에서 퇴화한 부분은 기껏해야 5분의 1이다. 이 정도면 상황이 그리 심각하지 않은 것처럼 느껴지지만, 그 5분의 1은 인간의 활동 때문에 비로소 황무지가 된 약 900만 제곱킬로미터의 면적을 포함한다.

특히 고도로 특화된 종들 — 예컨대 오로지 한 식물 종만 먹고 사는 동물―이 서식 구역과 함께 사라진다. 슬픈 예로 코알라가 있다. 아무도 코알라 고기를 먹거나 코알라를 해로운 동물로 여겨 퇴치하거나 코알라의 털가죽을 탐내지 않는다. 사람들은 코알라를 아주 좋아한다. 그럼에도 코알라들이 죽는다. 주요 원인은 도로와 도시가 확장되고 농지가 점점 더 많이 필요해서 유칼립투스 숲이 벌목되는 것에 있다. 코알라처럼 위기에 처한 종이 추가로 2019년과 2020년에 일어난 산불과 같은 재난에 맞닥뜨리면, 그 재난은 멸종을 일으키는 치명타가 될 수 있다. 세계자연기금은 20년에서 30년 안에 야생 코알라가 멸종할 수도 있다고 우려한다. 모든 사람이 코알라를 좋아하고, 많은 사람이 코알라를 보호하기 위해 적극적으로 나서더라도 그런 일이 벌어질 수 있다는 것이다. 특화된 종들은 신속하게 멸종하는 반면, 여러 방면에 재주가 있는 종들은 더 느리게, 흔히 서식 구역이 사라지는 것보다 훨씬 더 나중에 멸종한다. 이와 관련하여 생태학자들은 "멸종 채무extinction debts"를 이야기한다. 이 용어에 담긴 메시지는 우리가 내일 당장 서식 구역 파괴를 멈추더라도 몇십 년 뒤에 멸종이 일어나리라는 것이다.

서식 구역 파괴의 규모는 가히 세계의 종말을 논할 만한 수준이다. 세계생물다양성위원회의 발표를 아무리 반복해서 상기해도 지나치지 않다. 육지의 4분의 3과 바다의 3분의 2 이상이 이미 생물학적으로 퇴화했으며, 그곳의 동물들과 식물들은 제한적으로만 발전할 수 있다. 생명의 다양성이 완전히 실현될 장소는 지구의 대부분에서 이미 사라졌다. 우리는 우리 자신을 비롯한 모든 생물을 떠받치는 생명의 기반을 파괴하고 있다.

많은 사람들은 이 위협적인 파괴를 여전히 실감하지 못할 수도 있겠지만, 이미 우리는 자연을 파괴함으로써 우리의 건강을 해치고 있다. 동물들의 서식 구역으로 점점 더 깊이 진입함으로써 우리는 새로운 병원체가 우리 인간에게로 넘어올 조건들을 창출한다. 저 바깥에는 160만 가지 이상의 바이러스가 존재하지만, 우리가 아는 바이러스는 약 1000가지에 불과하다. 그중 몇몇은 가장 위험한 병원체다. 예컨대 인체면역결핍 바이러스HIV는 유인원 속에 있다가 인간에게로 옮겨왔다. 에볼라 바이러스는 박쥐에게서 유래한 것으로 추정되며, 사스 바이러스는 사향고양이에게서 넘어왔다.

새로운 병원체에 의한 유행병이 발생할 위험이 가장 높은 장소는 열대우림 속에 아무런 방호시설 없이 뻗어 있는 도로의 끝이다. 병원체들은 대개 야생동물 숙주에게 거의 해를 끼치지 않는다. 하지만 인간이 그 야생동물을 사냥하고 서식 구역을 파괴하면, 병원체 바이러스와 박테리아가 우리에게로 넘어올 기회가 생긴다. 게다가 우리가 숲속으로 더 들어가 나무들을 베어낼 때마다, 살아남은 동물들은 점점 더 좁은 구역 안에 모이게 되고 결국 마지못해 인간의 거주지를 침범하게 된다. 그러면 동물에게서 인간으로의 전염이 일어날 개연성이 더 높아진다.

바이러스는 적응력이 엄청나게 강하다. 바이러스는 진정한 의미의 생명이 아니다. 껍질에 싸인 유전물질 조각일 뿐이다. 바이러스는 살아 있지 않기 때문에 죽일 수도 없다. 바이러스를 막는 최선의 방법은 바이러스로부터 거리를 두는 것이다. 그런데 우리는 정반대의 행동을 한다. 코로나19의 발발은 그 행동이 얼마나 치명적인 잘못인지 보여준다. 그 유행병의 원인인 코로나바이러스는 아마도 원래 박쥐에게서 유래했으며 그다음에 천산갑에게 전염된 것으로 보인다. 천산갑은 세계에서 가장 많이 밀렵되는 동물이다. 평소에 박쥐와 천산갑은 바이러스 전염이 충분히 가능할 만큼 서로에게 가까이 접근할 일이 거의 없다. 그러나 인간이 그 두 동물의 만남을 성사시킨다. 코로나바이러스는 중국 우한의 한 농수산물 시장에서 기원했다. 그 시장에서는 다양한 대륙에서 온 살아 있는 동물들이 열악한 환경에서 거래될 뿐더러 흔히 도살된다. 고통스러울 만큼 비좁은 우리들이 몇 층으로 쌓여 있으며, 그 아래에 앉거나 누운 사람은 동물들의 배설물, 피, 기타 체액으로 온몸이 흠뻑 젖는다. 2003년의 사스 발발도 유사한 환경에서 시작되었다.

모든 대륙에서 일반화된 산업적 축산도 병원체에게 생산적인 발생지들을 제공한다. 우유 생산을 위한 거대한 축사, 돼지 사육장, 수만 마리의 닭을 키우는 양계장, 털가죽 생산을 위해 너구리를 키우는 우리들의 배열은 병원체들에게 좋은 환경이다. 비좁은 공간에서 동물들이 함께 살면서 인간과 접촉하는 곳에서는 항상 전염이 일어난다. 따라서 새로운 유행병의 발생은 필연이며, 단지 시기가 문제일 뿐이다.

동물들을 괴롭히고 서식 구역을 파괴하면 치명적인 병원체가 우리에게 전염될 확률이 높아진다는 것은 의미심장한 역설이다. 마치 자연이 우리에게 이렇게 경고하는 듯하다. 거리를 두라! 나에게 공간을 달라! 우리는 자연의 경고를 더 진지하게 받아들여야 할 것이다.

둘째 원인: 무분별한 착취와 사냥

세계에서 가장 작고 수줍음 많고 드문 고래는 마치 검은색 눈화장을 한 것 같은 모습이다. 그 고래는 멕시코 북서쪽 바다에 살지만, 당신이 이 문장을 읽을 때는 어쩌면 이미 멸종했을지도 모른다.

그 고래의 이름은 바키타돌고래이며, 바키타는 "작은 소"를 뜻한다. 바키타돌고래의 서식 구역은 캘리포니아만 북부의 따뜻하고 얕은 바다다. 바키타돌고래는 해안의 탁한 물속에서도 반향 탐지 기관을 이용하여 쉽게 길을 찾는다. 캘리포니아만(다른 이름은 '코르테스해')은 지구상에서 가장 볼거리가 많은 바다에 속한다. 밀물과 썰물이 물을 뒤섞고 거대한 콜로라도강이 수천 년 동안 운반해온 양분을 퍼뜨린다. 대왕고래, 혹등고래, 바다거북, 고래 상어, 귀상어, 큰돌고래, 그리고 1000종 넘는 어류가 그 만에서 산다. 많은 종이 오로지 거기에서만 산다. 예컨대 몸무게가 100 킬로그램까지 나가는 물고기 토토아바totoaba가 그렇다.

토토아바는 새해가 시작될 때마다 산란을 위해 깊은 곳에서 위로 올라온다. 도착 장소는 바키타돌고래의 서식 구역과 정확히 일치한다. 심각한 멸종 위험에 처한 토토아바를 포획하는 것은 불법이지만, 그 물고기가 올라올 때가 되면 수백 명의 사람들이 코르테스해에서 보트를 타고 정치망을 던진다. 토토아바를 한 마리만 잡으면 7000달러 이상을 벌 수 있기 때문이다.

그 물고기가 그렇게 비싼 이유는 그의 부레에 있다. 아시아의 일부 사람들은 토토아바의 부레가 병을 낫게 한다고 믿는다. 그 부레를 먹으면 피부가 좋아지거나 혈압이 낮아진다는 것이다. 입증되기는커녕 개연성도 없는 얘기들이지만, 그럼에도 일부 고객은 토토아바의 부레 한 개를 사기 위해 8만 달러를 지불한다. 때로는 그저 친구들 앞에서 자신의 부를 과시하기 위하여 그렇게 한다.

토토아바 정치망에는 바키타돌고래도 빈번히 혼획된다. 그물에 걸린 바키타돌고래는 숨을 쉬기 위해 수면으로 올라올 수 없어서 익사한다.

큰돈이 되는 일에는 항상 끼어드는 악명 높은 멕시코 마약 조직들이 토토아바 부레 암거래에 관여한다. 그들은 세무 공무원들을 매수하고, 토토아바 포획을 막아야 할 군인들이 현장을 외면하게 만든다. 토토아바 암거래는 작은 해안 도시 두 곳에서 집중적으로 이루어진다. 그 도시들의 지배자는 범죄 조직이다. 아무도 감히 반항하지 못한다. 모두가 두려워서 고개를 숙이고, 반항하는 사람은 영원히 사라진다. 상점들은 닫혀 있고, 호텔들은 퇴락했으며, 방갈로들은 텅 비어 있다. 산펠리페의 해변 산책로 한복판에서 최대의 토토아바 암거래 조직이 러시아제 칼라슈니코프 자동소총으로 군인 한 명을 처형한 일도 있었다. 납득하기 어렵겠지만, 현실이 그렇다.

한때 그 지역의 소득원이었던 관광객의 발길은 진작에 끊겼다. 더 나은 미래에 대한 희망도 관광객과 함께 사라졌다. 머지않아 마지막 바키타돌고래도 사라질 것이다. 바키타돌고래의 멸종은 놀라운 일이 아니다. 그 종이 몰락하는 과정은 잘 기록되어 있다. 그 기록은 예정된 죽음의 연대기인 셈이다.

상업적 토토아바 어획이 시작되 전에 캘리포니아만에는 바키타돌고래가 수천 마리 살았다.

1999년에는 아직 567마리가 살았다.

2008년에는 245마리.

2015년에는 59마리.

2016년에는 30마리.

이 문장이 작성되는 시점인 2020년 초에는 어쩌면 9마리가 남아 있을 것이다.

바키타돌고래와 토토아바는 어떻게 종들이 현지법과 국제법의 보호를 받으면서도 절멸에 이르는지를 특히 명확하게 보여주는 사례들이다.

동물 및 식물에 대한 직접적 착취는 멸종의 가장 중요한 원인들 중 하나다. 그 착취는 흔히 불법적으로 일어나지만, 더 많은 착취는 합법적이다.

특히 악명 높은 역할을 하는 것은 어업이다. 전 세계의 어선 7만 척이 매년 1억 톤의 물고기를 잡는다. 가까운 바다에 물고기가 없어질수록, 어선들은 더 먼 바다로 나간다. 현재 대양에서 물고기를 잡는 주요 국가는 중국, 스페인, 타이완, 일본, 대한민국이다. 그 결과로 상업적으로 사용되는 물고기들 가운데 60퍼센트가 남획되고 있다. 바꿔 말해, 멸종해가는 중이다. 33퍼센트는 딱 최대 한계만큼 포획된다. 바다의 물고기는 어느새 드물어져서, 몇 년 전부터는 식용 물고기의 절반 이상이 양식장에서 나온다. 양식장에서는 연어나 참치 같은 "고급 어종"이 대개 바다에서 잡아온 야생 물고기들을 먹고 자란다. 이 때문에 사람들이 덜 탐내는 물고기 종들도 점점 더 많이 포획된다.

육지에서의 사냥도 마찬가지로 파괴적이다. 매년 600만 톤의 야생동물 고기 — 유인원, 영양, 과일박쥐, 뱀, 도마뱀, 두꺼비, 독수리, 비둘기, 악어 등의 고기 — 가 현지에서 식용으로 사용되거나 팔려나간다. 그렇게 많은 야생동물 고기를 운송하려면, 약 30만 개의 선박용 컨테이너가 필요하다.

유엔 식량농업기구FAO에 따르면, 2016년에 수출된 목재의 가치는 2270억 달러에 달한다. 따라서 목재는 자연적 생산물을 통틀어 가장 가치가 높다. 모든 나무의 10퍼센트에서 30퍼센트는 불법적으로 베어진다. 마다가스카르나 모잠비크처럼 행정력이 약한 나라에서 그 비율은 90퍼센트에 달할 수 있다.

야생식물의 사정도 그리 다르지 않다. 사람들은 7만 종에서 9만 종의 야생식물을 식품, 음료, 의약품, 전통 의술, 미용, 장식을 위해 사용한다. 그 야생식물들의 대다수는 재배되지 않고 직접 자연에서 채취된다.

대다수의 종들은 우리 인간이 전혀 모르는 사이에 사라진다. 하지만 큰바다쇠오리를 비롯한 예외들도 있다. 날지 못하는 새인 큰바다쇠오리는 북극해에서 물고기를 잡아먹고 살았으며 어리석게도 인간을 두려워하지 않았다. 18세기와 19세기에 뱃사람들은 수만 마리의 큰바다쇠오리를 몽둥이로 때려잡았다. 크고 쉽게 잡을 수 있는 그 새 덕분에 그들은 편하게 고기를 먹을 수 있었다. 결국 큰바다쇠오리는 아이슬란드 앞바다의 한 섬에만 남게 되었고, 어느 영국 상인은 최후의 한 쌍을 자신의 진귀한 수집품으로 삼기로 했다. 그는 아이슬란드 사람 세 명을 그 섬으로 보냈다. 그 상인의 지시에 따라 그들은 최후의 큰바다쇠오리 두 마리를 맨손으로 잡아 목 졸라 죽였다. 그들은 알 한 개도 발견하고 짓밟아 깨뜨렸다. 훗날 어느 조류학자가 그들에게 그 최후의 큰바다쇠오리들이 어떻게 행동했느냐고 묻자, 그 새들은 저항하지 않고 소리도 내지 않으면서 죽었다고 그들은 대답했다.

셋째 원인: 기후 위기

　알렉산더 폰 홈볼트가 1802년에 침보라소 화산의 정상을 불과 400미터 남긴 지점에서 등정을 포기하고 돌아서야 했을 때, 그는 그때까지 어떤 인간도 올라보지 못한 높이에 도달한 것이었다. 그의 신발은 찢어져 있었고, 그는 추위에 덜덜 떨었으며 잇몸에서 피가 났다. 산밑에서 미친 백인의 제안을 듣고 껄껄 웃었던 현지인 길잡이는 벌써 내려간 지 오래였다.

　혹독한 추위와 살을 에는 바람을 무릅쓰고 그는 등산 중에 200미터마다 멈추어 서서 무겁고 거치적거리는 장비들을 꺼내 이모저모를 측정했다. 그는 기압, 온도, 하늘의 색깔을 비롯한 온갖 것을 기록했다. 그는 1807년에 탐사 결과를 발표했다. 발표 내용은「열대의 자연화(畵)Naturgemälde der Tropen」를 포함했다. 세계 최초의 인포그래픽으로 여겨지는 이 그림은 안데스산맥의 정형화된 단면을 보여주는데, 훔볼트는 어느 높이에서 어떤 식물들이 사는지를 그림 안에 적어놓았다.

오늘날「열대의 자연화」는 하나의 아이콘이며, 현대 생태학과 지구과학을 떠받치는 초석이다. 왜냐하면 그 그림은 따분한 개별 데이터를 제시하는 것에 그치지 않고 자연을 표현하는 큰 그림으로 통합했으며, 데이터를 단일한 자연 시스템 안에 편입했기 때문이다. 그 시스템 안에서는 모든 것이 모든 것과 연결되어 있으며 서로 영향을 주고받는다. 훔볼트의 평전을 쓴 저자 안드레아 울프는 이 업적을 "자연의 발명"이라고 칭한다. 오늘날 이 그림은 훔볼트가 전혀 몰랐던 한 현상의 연구에 도움을 준다. 그의 시대에는 그런 현상이 아직 존재하지 않았기 때문이다. 그것은 바로 기후 변화다. 훔볼트가 최초로 서술했듯이, 열대지방의 산은 식생대들이 맨 아래에서부터 정상까지 어떻게 배열되는지 연구하기에 딱 좋은 장소다. 열대지방의 산을 오르는 사람은 마치 적도에서 북극이나 남극으로 이동하는 양 다양한 식생대를 만나게 된다.

프랑스 과학자들은 200년 후에 안데스산맥으로 가서 훔볼트의 그림들을 검증했다. 식물들이 과거에 훔볼트가 발견한 장소에서 여전히 살고 있는지 그들은 알고 싶었다. 검증해보니 두 가지 점이 눈에 띄었다. 첫째, 뜻밖에도 그 위대한 독일 박물학자는 자신이 수집한 데이터를 인포그래픽으로 변환하는 작업을 약간 엉성하게 한 것으로 보인다. 하지만 훨씬 더 중요한 점은 이것인데, 수많은 종이 오늘날에는 훔볼트의 시대보다 몇백 미터 더 높은 곳에서 살고 있다. 만년설의 경계도 대폭 위로 올라가 있었다. 이는 안데스산맥 고지의 연약한 생태계가 온도 상승으로 인해 벌써 얼마나 심하게 변화했는지 보여주는 증거다.

오늘날 기후 위기는 거의 모든 자연적 순환에 비교적 강하거나 약한 영향을 미친다. 농업도 기후 위기의 영향을 받는다. 곡물 생산에 관해서는 다음과 같은 어림 규칙이 있다. "온도가 1도 상승할 때마다 수확량이 최소 10퍼센트 감소한다."

독일에서는 극도로 덥고 건조했던 2018년 여름에 이어 찾아온 2019년 여름 가뭄이 엄청난 피해를 가져왔다. 11만 헥타르의 숲이 고사했는데, 그중에는 그때까지 생존력이 유난히 강하다고 여겨진 너도밤나무 숲도 있었다. 피해 지역을 정리하는 데만 20억 유로가 들었다. 나무를 새로 심는 데 든 비용은 빼고 따진 액수가 그 정도다.

기후 변화는 생태계들을 위협하지만, 거꾸로 생태계들이 기후 변화를 완화할 수도 있다. 건강한 생태계는 건강한 동물들과 식물들과 버섯들을 보존할 뿐 아니라 이산화탄소를 저장한다.

점점 더 더워지는 지구의 기후는 종들을 지구상에 새롭게 배치하는 역할을 한다. 이주가 가능할 경우, 육지 종들은 매년 북극이나 남극을 향해 평균 17킬로미터 옮겨가고, 바다 종들은 무려 72킬로미터 옮겨간다. 현재 지구에서는 2만 5000년 전 이후 가장 큰 종들의 이동이 일어나고 있다. 아이슬란드의 어선들은 처음으로 대량의 고등어를 포획하며, 열대지방의 모래파리가 미국과 독일에서도 나타나 자신이 보유한 기생충을 사람에게 옮겨 리슈만편모충증을 일으킨다. 미국 동해안 뉴잉글랜드주에서는 바닷가재가 폭증하는 반면, 훨씬 더 남쪽의 지역에서는 급감한다. 북극에서는 회색곰이 북극곰과 짝짓기를 한다. 기후 변화로 인한 종들의 재배치는 당연히 긍정적 가능성도 품고 있다. 어쩌면 그린란드에서 나무가 자라고 시베리아에 초원이 펼쳐질 수도 있을 것이다. 그러나 무엇보다도 현재의 건조지역에서는 생물 다양성이 감소할 것이다. 이미 지금 기후 위기는 우리 지구의 다양성을 해치는 원인들 가운데 세 번째로 큰 원인이다. 온도가 0.1도만 올라도 상황은 더 심각해진다.

넷째 원인: 오염

1950년 이후 인류는 약 90억 톤의 플라스틱을 생산했다. 매년 수백만 톤의 플라스틱이 바다에 도달한다. 이것은 엄연한 사실이다. 따라서 2050년에는 바다에 물고기보다 플라스틱이 더 많아질 수 있다고 환경보호 단체들은 경고한다. 하지만 이 경고가 옳은지 여부를 진지한 계산으로 판정할 수는 없다. 왜냐하면 바다의 플라스틱과 물고기의 양이 정확히 알려져 있지 않기 때문이다. 또한 쓰레기의 양과 전 지구적인 물고기의 양이 앞으로 몇십 년 동안 어떻게 변화할지 환히 내다볼 수 있는 사람은 없다.

그러나 우리는 다음을 아주 정확하게 안다. 몇몇 바다에서는 이미 지금 모든 물고기의 4분의 3이 장臟 속에 플라스틱을 보유하고 있다. 흑해에서는 돌고래 수백 마리가 불법 정치망에 걸려 익사한다. 독일 유일의 북방가넷 서식지인 헬골란트섬에서는 북방가넷 100쌍 중 98쌍이 둥지를 지을 때 그물과 밧줄을 사용한다. 새끼들이 그 그물과 밧줄에 목이 졸려 죽는 일이 자주 발생하기 때문에, 그곳의 북방가넷 사망률은 평균보다 5배 높다. 유엔환경계획의 추정에 따르면, 매년 약 2만 5,000개의 둥지가 사라지며, 그 둥지들은 치명적인 쓰레기가 되어 여러 해 동안 바다를 떠돈다.

독일의 동해Ostsee는 얕고 좁다. 그 특이한 지리적 특징 때문에, 그 바다에서 물이 교환되려면 여느 바다에서보다 더 긴 시간이 걸린다. 또한 그 바다의 해안에서는 유난히 부유한 사람들이 많이 살면서 재화를 특히 많이 생산하고 거래하기 때문에, 독일의 동해는 세계에서 가장 더러운 바다다. 인접한 9개국의 인구 9천만이 하수처리장, 공장, 도시, 축사에서 나오는 폐수를 그 바다로 방류한다. 게다가 이것이 더 심각한데, 농지에서 냇물과 강물에 휩쓸려온 비료도 그 바다로 들어간다. 이 양분 — 특히 인燐과 질산염 — 은 조류에게 특별영양식이다. 왕성하게 증식한 조류가 생을 마치고 바다 밑바닥으로 가라앉으면, 박테리아들이 그 죽은 조류를 분해한다. 이때 많은 산소가 소비되고, 그다음에는 바다 밑바닥에 거대한 죽음의 구역이 형성된다. 2018년에 죽음의 구역들의 총면적은 덴마크 영토와 맞먹었다. 그 구역들에서는 고등한 생물이 살 수 없다. 물고기도 없고, 수생식물, 게, 조개도 없다.

이 문제는 독일의 동해에서 특히 두드러지지만 모든 바다를 괴롭힌다. 오염은 생물 다양성 상실의 네 번째 주요 원인이다. 지난 50년 동안 전 세계에서 바다의 수질이 나빠졌다. 바다는 쓰레기장으로 악용되고, 기름 유출 사고로 수백만 마리의 동물이 죽으며, 바람을 타고 바다로 들어오는 유해 물질들도 있다. 전 세계 하수의 5분의 4가 정화 처리를 거의 혹은 전혀 거치지 않고 강으로 유입된다. 그 하수 속에는 중금속, 의약품, 환경호르몬, 병원체가 들어 있다.

대기 속에 모인 온실기체들은 열의 흐름을 차단한다. 공장의 굴뚝, 주택의 난로, 자동차의 배기구에서 나온 미세먼지는 건강을 해치는 위험요인이 되었다. 나사NASA에 따르면, 매년 800만 명 이상의 인구가 미세먼지로 인해 때 이르게 사망한다. 질소산화물들은 빗물을 통해 하천과 바다에 도달하여 양분들의 균형을 교란한다. 수은은 북극의 양분 연결망 안에 축적된다. 북극의 흰돌고래는 몸속에 독성 금속인 수은을 기준치보다 10배나 높은 농도로 보유하고 있다. 우리가 대개 명확히 알지 못하는 여러 경로로 무수한 물질이 매우 다양한 방식으로 지구의 여러 대양 시스템들을 오염시킨다. 어느새 그 물질들은 개별 종들뿐 아니라 지구의 생명 전체를 중독시키고 있다. 우리의 생명도 예외가 아니다.

다섯째 원인: 침입종

지구에서 가장 치명적인 종들 중 하나는 이빨도 없고, 발톱, 지느러미, 날개도 없다. 눈조차도 없다. 그럼에도 그 종은 벌써 90종을 절멸시켰고 총 501종을 덮쳤다. 양서류를 죽이는 바트라코키트리움 덴드로바티디스Batrachochytrium dendrobatidis 곧 항아리곰팡이는 1970년대 이후 맹위를 떨쳐왔다. 1970년대의 어느 해까지만 해도 생물학자들은 중앙아메리카의 몇몇 숲에서 대규모 황금두꺼비 집단을 한해에도 여러 개 발견할 수 있었다. 그러나 이듬해에는 단 한 마리의 황금두꺼비도 남아 있지 않았다. 두세 달 전에 황금두꺼비의 알과 올챙이로 가득 차 있던 개울들이 갑자기 텅 비어 버렸다. 숲은 전혀 변하지 않은 듯했다. 다만 저녁에 요란하게 울려 퍼지던 두꺼비들의 합창이 사라졌을 뿐이었다. 전문가들은 이를 설명할 수 없었고, 더욱 심각하게도 어느 방향에서 원인을 찾아야 할지조차 몰랐다. 결국 1998년에 그때까지 전혀 알려지지 않았던 항아리곰팡이가 범인으로 밝혀졌는데, 그때는 이미 60종이 절멸한 뒤였다. 항아리곰팡이보다 더 많은 종을 죽인 생물은 인간밖에 없다.

항아리곰팡이가 어떻게 두꺼비를 죽이는지는 여전히 아무도 모른다. 아마도 그 곰팡이는 피부의 보호 기능을 파괴하는 듯하다. 두꺼비와 개구리는 피부로도 호흡하는데 항아리곰팡이의 공격을 받으면 질식사한다. 죽음은 느리게 찾아온다. 항아리곰팡이에 감염된 두꺼비와 개구리는 약 2주 뒤에 사망한다. 새로운 숙주를 찾아 덮치기에 충분한 시간이다. 그리하여 항아리곰팡이는 아시아, 아프리카, 유럽, 북아메리카, 오스트레일리아와 남아메리카의 습한 열대지방을 누비며 두꺼비와 개구리를 죽이고 있다. 가장 심각한 피해를 당하는 곳은 오스트레일리아와 남아메리카의 열대지방이다. 항아리곰팡이는 독일에도 퍼졌다. 아이펠Eifel 지역(본 서남쪽의 얕은 산악 지역—옮긴이)에서 항아리곰팡이의 가까운 친척이 도롱뇽의 피부를 파먹고 있다.

어느새 전 세계 양서류 종들의 약 32퍼센트가 절멸의 위기에 처했다. 항아리곰팡이가 맹위를 떨치는 이유는 엄밀히 따지면 역시나 인간에게 있다. 아마도 항아리곰팡이는 아프리카 발톱개구리를 숙주로 삼아 전 세계로 퍼졌을 것이다. 항아리곰팡이가 침습해도 끄떡없는 아프리카 발톱개구리는 1960년대까지 임신 검사에 쓰였다. 검사 방법은 여성이 아침에 본 소변을 아프리카 발톱개구리에게 주사하는 것이었다. 주사를 맞은 개구리가 인간의 임신 호르몬의 작용으로 알을 낳으면, 해당 여성이 임신했다는 것을 알 수 있었다.

오늘날에는 임신을 확인하는 다른 방법들이 있지만, 전 세계에 퍼진 항아리곰팡이에 맞선 대책은 없다. 항아리곰팡이의 확산을 멈출 길은 없는 듯하다.

동물이나 식물이나 곰팡이가 새로운 생태계에 진입하여 거기에 정착해 있는 종들을 죽일 때, 생물학자들은 그런 외래 생물을 '침입종invasive species'이라고 부른다. 이 명칭은 군사 활동을 약간 연상시키는데, 아마도 그 연상은 원래 이 명칭을 선택할 때 의도한 바일 것이다. 서식 구역을 차지하고 다른 종들을 몰아내는 침입종의 행태는 점령군을 떠올리게 하니까 말이다. 평범한 종의 확산과 근본적으로 다른 점은 이것인데, 침입종은 어떤 식으로든 장애물을 극복하고 새로운 서식 구역으로 들어간다. 예컨대 여우는 이례적으로 얼어붙은 강을 건너 새로운 숲에 도달할 수 있고, 새는 육지에서 먹은 열매의 씨를 배설물과 함께 섬에 떨어뜨릴 수 있다. 이런 식의 장애물 극복이 일어난다. 혹은 더 오랜 시간이 걸리긴 하지만, 환경이 심하게 변화하여 새로운 서식 구역들에 도달하는 것이 가능해질 수도 있다. 예컨대 해수면이 낮아지거나 얼음 장애물이 녹아버릴 수 있다.

그런 우연적인 사건들이 없었다면, 몰디브에는 야자수가 없을 테고(몰디브의 야자수들은 해류에 떠밀려온 야자수 열매에서 유래했다), 코모도섬에는 도마뱀이 없을 것이며(그곳의 도마뱀은 우연히 그 섬에 도달했다), 아메리카에는 들소가 없을 것이다(들소들은 빙하기에 우연히 발견한 잘록한 땅을 통해 아메리카에 진입했다). 생물침입자는 과거에도 늘 있었다. 하지만 드물었다.

오늘날에는 모든 곳에 생물침입자들이 있다. 무엇보다도 새로운 것은 종들이 지구 곳곳에 도달하는 속도다. 지난 50년 동안 침입종의 수는 두 배로 증가했다. 이제 생태계들은 적응할 시간을 갖지 못한다.

대략적으로 일반화하면, 새로운 서식 구역에 진입하는 종 100개 가운데 최대 1개가 조만간 정착하여 침입종으로 된다. 성공적인 이주를 위해서는 많은 조건들이 갖춰져야 한다. 당연한 말이지만, 우선 서식 구역 A에서 B로의 이동이 성공적으로 이루어져야 한다. 또한 적당한 먹이와 적당한 은신처뿐 아니라 짝짓기

상대도 있어야 한다. 이주를 꾀하는 종은 새로운 서식 구역에서 곧바로 잡아먹히지 말아야 하고 그곳의 기후, 병원체, 물 공급에도 적응해야 하며 토착종과의 경쟁에서 이겨야 한다.

요컨대 무척 많은 조건들이 갖춰져야 한다. 그래서 침입은 로또와 비슷하다. 한 번의 성공을 위하여 많은 실패가 필요하다. 그런데 인류의 세계화는 그 드문 성공의 기회를 풍부하게 제공한다. 왜냐하면 대형 선박의 밸러스트 탱크(배의 부력을 조절하기 위한 평형수 탱크—옮긴이)에 실려 전 세계를 누비는 생물만 해도 매일 3000종에 달하니까 말이다. 비행기, 자동차, 열차에 얼마나 많은 미지의 승객이 있을지는 대략적인 추산조차 할 수 없다.

오늘날 미국-캐나다 국경의 오대호에 사는 침입종은 180종이며, 이들이 일으키는 피해는 연간 1억 달러 이상이다. 종들의 전 지구적 재배치는 농업에도 막대한 피해를 줄뿐더러 생물 다양성 상실의 가장 큰 원인들 중 하나다. 왜냐하면 모든 생태계는 제각각 다르기 때문이다. 한 장소에서 잘 작동하는 것이 다른 장소에서는 큰 피해를 일으킬 수 있다.

한 예로 지렁이를 들 수 있다. 유럽에서 지렁이는 정원사들이 아끼는 동물이지만 캐나다에서는 산림관리자들의 적이다. 유럽에서 지렁이는 흙바닥을 부드럽게 만들고 식물의 잔해를 비료로 변환한다. 반면에 캐나다에서 지렁이는 숲의 죽음을 초래한다. 마지막 빙하기에 북아메리카의 대부분은 두꺼운 얼음으로 뒤덮여 있었기 때문에 그곳에서는 지렁이가 살아남지 못했다. 기온이 다시 오르자 식물들은 지렁이 없는 토양에 적응했다. 낙엽은 지렁이의 먹이가 되어 소화되지 않고 숲 바닥에 푹신한 양탄자처럼 깔린다. 잔가지와 씨를 담은 꼬투리와 낙엽이 겹겹이 쌓이고, 그 속에서 은기문진드기, 노래기, 톡토기가 분주하게 돌아다닌다. 캐나다의 숲은 특유의 종들이 사는 고유한 서식 공간이다.

그런데 취미로 낚시를 하는 사람들은 어딘가에서 사 온 무수한 지렁이를 그 서식 공간에 뿌려 놓는다. 지렁이에게 캐나다의 숲은 놀고먹을 수 있는 낙원이다. 지렁이들이 침입하고 몇 년이 지나면, 낙엽층이 완전히 없어진다. 낙엽에 저장된 양분은 원래 사계절 내내 골고루 방출되는데 이제 지렁이의 활동 때문에 가을에 과도하게 많이 방출된다. 가을은 그 양분이 필요하지 않은 시기다. 그리고 여름에는 가용한 양분이 거의 없다. 왜냐하면 비가 양분을 씻어내기 때문이다. 낙엽층의 보호를 받지 못한 씨들은 싹트지 못하고, 토양으로 들어오고 나가는 물의 균형은 교란된다. 그러면 결국 나무들이 병든다. 좋은 지렁이가 나쁜 생물침입자로 되어 멸종을 일으키는 것이다. 유럽 집토끼와 하와이 수수두꺼비가 오스트레일리아에서 하는 역할, 오스트레일리아 주머니쥐가 뉴질랜드에서 하는 역할, 미국너구리가 유럽에서 하는 역할, 뉴기니 원산의 갈색나무뱀이 괌에서 하는 역할, 중국 참게가 엘베강에서 하는 역할도 마찬가지다.

우리는 지리적 장애물이 아무런 구실을 못하는 새로운 세계를 창조하고 있다. 우리는 종들과 유전자들을 뒤섞고 있으며, 그로 인해 미래에 일어날 일은 전혀 가늠할 수 없다. 빈 대학교의 연구자들은 모든 동물 및 식물 종들의 최대 16퍼센트가 고유한 서식 구역 바깥에 영구적으로 정착할 수 있다고 추정한다. 인간은 수만 종의 생물침입자를 만들어내고 있다. 생물 다양성을 해치면서 말이다.

강의 고소

인간이 아닌 생물도 권리를 가진다면 어떻게 될까

그들은 택지와 거주 가능한 땅을 얻기 위해
미시시피강의 일부를 곧게 폈어.
강은 가끔씩 그 땅으로 넘치지.
그들은 그걸 "홍수"라고 불러.
하지만 그건 실은 홍수가 아냐. 회상이야.

＊

토니 모리슨, 작가

❖

강은 무엇일까? 지도에서 보면 구불거리는 파란 선에 불과하다. 그런 선이 미국 북부에서부터 남쪽의 바다까지 그어져 있고, 그 옆에 작은 글씨로 "미시시피강"이라고 적혀 있다.

미시시피강은 지구에서 가장 큰 하계河系들 중 하나다. 그러나 한때 북아메리카 대륙의 크기와 야생성을 상징했던 그 강은 오늘날 본래의 모습을 잃고 일그러졌다. 강 둔덕에 제방이 쌓였고, 물길은 직선화되었으며, 야생의 아름다움은 사라졌다. 강물은 오염되었다. 하구에는 산소가 없는 죽음의 구역이 거대하게 생겨났다.

인간은 미시시피강뿐 아니라 전 세계의 수많은 다른 강, 숲, 산, 바다, 해안을 마찬가지 방식으로 다룬다. 안타깝게도 미시시피강의 운명은 특별하지 않다.

이례적인 것은 미시시피강과 관련하여 또 다른 이야기를 전할 수 있다는 점이다. 그 이야기는 희망과 새로운 시작에 관한 것이다. 미시시피 강물이 수천 년 전과 다름없이 아이타스카 호수에서 발원하여 멕시코만까지 흐르는 동안, 강가에서 사람들이 싸움을 시작했다. 그들은 새로운 무기로 싸운다. 그들이 바라는 것은 자그마치 자연을 위한 혁명이다.

싸움에 나선 이들은 오염과 새로운 파이프라인의 건설에 맞서 저항하는 고전적인 환경운동가들만이 아니다. 과학자, 법률가, 철학자, 그리고 무엇보다도 아메리카 원주민이 환경운동가들과 함께 자연을 위한 혁명을 추구한다. 그들은 미시시피강에게 권리를 부여하고자 한다. 인간, 회사, 단체와 마찬가지로 강에 고유한 법적 지위를 부여하려는 것이다. 그러면 미시시피강을 착취하고 오염시키고 악용하고 병들게 하는 모든 주체들에게 책임을 물을 수 있을 것이기 때문이다. 우리를 둘러싼 세계의 권리를 법으로 명시하자는 생각은 겨우 이삼십 년 전에 등장했다. 하지만 자연을 조심스럽게 다뤄야 한다는 생각은 인류가 생겨날 때부터 있었다.

예컨대 미시시피강의 발원지 근처에서 사는 미네소타주 치페와족 출신의 낸시 볼리외는 이렇게 말한다. "미시시피강은 우리 모두와 마찬가지로 살아 있어요. 그리고 그 강은 우리 모두의 것이에요." 그녀의 동지이며 '레드 레이크 네이션Red Lake Nation'의

일원인 로버트 블레이크는 다음과 같이 제안한다. "미시시피강을 보호하고 보살피기 시작합시다. 아주 오랫동안 그 강이 우리를 보살펴준 것처럼 말입니다."

길이가 3700킬로미터에 달하는 미시시피강을 존재하고 번창하고 발전할 권리를 지닌 살아 있는 전체로 간주할 것을 그 활동가들은 촉구한다. 그 강은 한낱 생태계 서비스들의 집합이 아니라 보존할 가치가 있는 공공재이기 때문에, 활동가들은 방금 말한 권리를 법에 명시하고자 한다. 미시시피강의 권리를 보호하기 위해 소송을 할 수 있어야 한다고 그들은 주장한다.

이 생각은 혁명적이다. 왜냐하면 이 세상에 존재하는 거의 모든 법과는 근본적으로 다른 방식으로 인간과 자연의 관계를 정의하기 때문이다. 자연의 권리는 인간이 강에게 무엇을 요구해도 되느냐에 관한 것이 아니다. 오히려 관건은 인간이 강이나 숲이나 호수를 위하여 무엇을 이뤄내고자 하는가이다.

아이타스카 호수에서 출발한 미시시피 강물이 처음 만나는 대도시들은 쌍둥이 도시 미니애폴리스와 세인트폴이다. 강은 둔덕 제방에 막히고 교량 아래로 기며 수백만의 인구가 집중된 지역을 통과한다. 미니애폴리스 중심가에서 미시시피강의 굴욕은 최고조에 달한다. 도심에 세인트앤서니 폭포가 있다. 과거에 그 폭포는 해마다 상류 쪽으로 이동했다. 흐르는 물이 연약한 지반을 천천히 침식했기 때문이다. 9000년 전부터 그곳에서 살아온 원주민들에게 그 폭포는 신성한 장소였지만, 백인들에게는 장애물에 불과했다. 백인들은 강가에 방앗간을 짓고 곡물을 빻았다. 그 제분 작업에 필요한 것은 이동하는 급류가 아니라 강하고 일정한 물의 흐름이었다.

그들은 강바닥을 콘크리트로 덮고 댐과 수문을 건설하고 제방을 높게 쌓아 미시시피강으로부터 야생의 자유를 빼앗았다. 강의 굴욕은 도시를 부유하게 만들었다.

자연 파괴는 범죄다

지금까지의 법에서 자연은 주체가 아니라 사물에 불과하다. 우리는 자연을 소유물로 간주할 수 있으며 거의 마음대로 착취하고 파괴할 수 있다. 미국에서만 그런 것이 아니라 유럽을 비롯한 세계 전역에서 사실상 그러하다. 자연보호법이 있긴 하지만, 그 법은 어느 정도의 파괴가 허용되는지를 규정할 따름이다. 무엇보다도 이것이 중요한데, 강, 산, 호수, 대기는 근본적으로 권리가 없다.

자연에게 권리를 부여하려는 계획이 몹시 엉뚱하게 느껴질 수도 있겠지만, 본보기로 삼을 만한 사례들이 있다. 가장 잘 알려진 것은 뉴질랜드의 왕가누이강이다. 140년 전에 마오리족과 백인들은 그 강이 마오리족의 존엄과 영성을 위해 필수적임을 인정하는 계약서에 서명했다. 그 계약이 마침내 실행된 것은 몇 년 전이다. 지금은 두 명의 인원이 감시자 겸 보호자로서 그 강을 보살핀다. 그들은 필요할 경우 강을 대변해야 한다. 인도에서는 야무나강과 갠지스강이 특별한 권리를 지녔다. 이 강들은 심하게 오염되었는데, 이 강들에게 부여된 법인으로서의 지위가 수질의 개선에 도움이 될 것이라고 한다. 에콰도르에서는 '파챠마마Pachamama' 곧 '어머니 대지'가 심지어 헌법에 등장한다.

그럼 미시시피강은 어떨까? 상류 지역의 강물은 여전히 깨끗하다. 잔잔하고 느긋한 강물이 빽빽한 갈대숲을 헤치며 구불구불 흘러간다. 강은 자신이 하구에 이를 때까지 얼마나 커질지 전혀 예감하지 못한다. '올드 맨 리버Old Man River'(미시시피강을 의인화하여 부르는 이름—옮긴이)가 뉴질랜드와 인도의 강들처럼 법인의 지위를 획득한다면, 그것은 또 하나의 사례 이상의 사건일 것이다. 패러다임의 교체, 거대한 무언가의 시작일 터이다.

고유한 권리가 없는 자연을 방어하기는 어렵다. 예컨대 브라질 대통령 자이르 보우소나루는 2019년에 권력을 잡은 후 세계 최대의 열대우림인 아마존 분지를 파괴하는 개발을 허가했다. 얼마 지나지 않아 숲이 불타기 시작했다. 충격을 받은 세계 여론은 브라질에 제재를 가하겠다고 위협하고 자연보호를 위한 모금에 참여했다. 그러나 기계톱과 불길이 대체 불가능한 숲을 한 헥타르씩 야금야금 파먹는 동안, 사람들은 기본적으로 방관자로 머물 수밖에 없다. 그것은 생태적 전쟁 선포, 자연에 대한 범죄였다. 인류 전체는 그 범죄의 피해를 당할 것이며, 심지어 지구상의 모든 생물도 그러할 것이다. 그럼에도 유엔 안전보장이사회는 열리지 않았고, 방화는 중단되지 않았다. 보우소나루는 형사 법정에서 책임을 추궁당할 것을 두려워하지 않아도 된다. 왜 그럴까?

한 가지 대답은 이러하다. 왜냐하면 보우소나루에게 책임을 물을 법적 근거가 없기 때문이다. 현재의 서양 문화에는 자연의 권리를 어떻게 규정하고 그 권리의 침해를 어떻게 징벌할 수 있는가에 관한 선례가 없기 때문이다. 다른 한편, 몇 년 전부터 다른 생물들의 깊은 감정과 이성적 능력에 관한 과학적 보고들이 쏟아져나오고 있다. 코끼리는 친지의 죽음을 애도할 수 있고, 돌고래는 기쁨을 느끼며, 침팬지는 질투한다.

동물들의 복잡성과 민감성이 점점 더 뚜렷하게 드러나면서 법률도 변화하고 있다. 자연 전체의 권리를 규정한 법은 아직 없지만, 동물의 권리에 관한 법은 이미 있다. 현재 스위스에서는 살아 있는 바닷가재를 요리하는 것이 금지되어 있다. 오스트리아, 네덜란드, 뉴질랜드는 유인원을 대상으로 삼은 실험을 금지했다. 2002년 이후 독일에서 동물은 한낱 사물이 아니다. 동물은 인간의 동료이며 동물 소유자의 "자유"를 제한하는 법적 지위를 누린다. 특히 무의미하게 동물을 괴롭히는 짓은 금지되어 있으며 최대 3년 징역형에 처해질 수 있다. 이런 형벌은 동물도 신체의 온전성에 관한 기본권을 보유했음을 보여준다고 동물보호 활동가들은 생각한다. 따라서 법리를 따지면, 동물들도 주체적 권리들을 지녔다고 그들은 주장한다. 간단히 말해서, 동물도 소송을 할 수 있다는 것이다.

독일을 고소한 돼지들

실제로 지금 독일의 새끼 돼지들이 그렇게 하고 있다. 그들은 독일 연방헌법재판소에 소송을 제기했다. 소송장은 동물보호단체 페타PETA(People for the Ethical Treatment of Animals)가 제출했다. 새끼 돼지들은 자기네 몸에서 마취 없이 고환을 떼어내는 관행이 금지되기를 바란다고 변호인은 설명한다. 매년 수백만 마리의 새끼 돼지가 마취 없이 거세당한다. 새끼 돼지들의 변호인에 따르면, 법률이 동물 자체를 위하여 동물을 보호하므로, 동물은 "비인간 법인"으로 인정받아야 한다.

물론 대다수의 법률가들은 아직 오로지 인간만 권리를 보유할 수 있다고 생각하는 것으로 보인다고 그 변호인은 덧붙인다. 1988년에 함부르크의 한 법정은 독일 북해의 오염에 맞서 바다

표범들이 제기한 소송을 아예 받아들이지 않았다. 2010년에 유럽재판소는 한 유인원을 법인으로 인정하기를 거부했다. 새끼돼지들이 독일 연방헌법재판소에서 더 나은 성과를 낼지는 아직 미지수다. 그러나 1972년에 크리스토퍼 D. 스톤이 논문 「나무들도 지위를 가져야 할까?Should Trees Have Standing?」로 주목받은 이래로, 법학은 자연의 권리라는 주제를 더는 외면하지 못한다. 방금 언급한 아마존의 숲은 끝내 직접 법정에 설 수 없었지만, 그 후 이른바 '대표소송representative action'의 가능성이 열렸다. 자연보호단체는 대표소송에서 자연을 대신하여 법정에 설 수 있다. 자연을 위한 법은 발전하는 중이다.

어쩌면 미시시피강에서도 좋은 성과가 나올 것이다. 그 강에 법적 지위를 부여하라는 요구의 바탕에 깔린 생각을 이해하려면 그 강을 전체로서 파악해야 한다. 미시시피강을 물과 땅으로 이루어진 지질학적 시스템으로, 엄청나게 생산적인 농업의 생명이 걸린 핏줄로, 전 지구적으로 중요한 교역로로, 무수한 종들이 사는 역동적 생태계로, 아메리카 원주민의 고향으로 보아야 한다.

미시시피강은 자원 착취에 기초한 미국 '추출 자본주의'의 심장부를 통과한다. 자연 파괴와 자연자원의 무분별한 개발이 거기만큼 심하고 뚜렷한 장소는 지구상에 극히 드물다. 강과 나란히 도로, 석유 파이프라인, 철도, 선박 노선이 마치 너무 좁아진 화분 속 뿌리처럼 뒤엉켜 있다. 그 지역은 지구상에서 인간에 의

그래픽

지구가 감당할 수 있는 부담의 한계들

우리는 어떤 분야에서 지구 시스템의 안정성을 깨뜨리고 있을까?

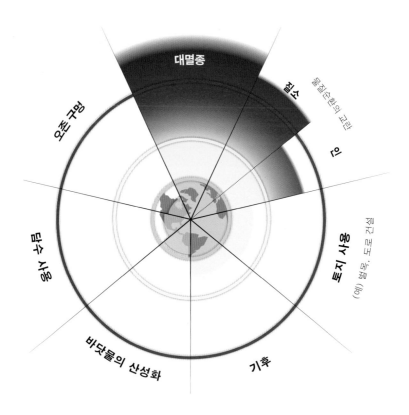

대멸종

질소

인

토지 사용

(예) 벌목·도로 건설

기후

바닷물의 산성화

담수 사용

오존 구멍

◉ 부담 한계 안쪽의 안전 구역: 안정성 파괴의 위험이 없음

불확실한 구역: 안정성 파괴의 위험이 낮음

◉ 위험 구역: 안정성 파괴의 위험이 매우 높음

지구가 감당할 수 있는 한계들이 초과되면, 지구 시스템은
인간의 삶을 현재처럼 안락하게 해주는 균형 상태를 벗어난다.
9개의 한계가 식별되고, 7개가 계산되었다.
하나의 한계라도 초과되어 위험 구역에 진입하면,
지구 시스템의 균형이 깨지기 시작한다.
생물 다양성과 기후의 한계는 전체 시스템에서 특히 중요하다.
왜냐하면 이것들은 다른 모든 한계들의 종합적 귀결이기 때문이다.
생물 다양성과 기후의 분야에서 안전 구역을
더 많이 벗어날수록, 붕괴가 일어날 확률이 더 커진다.
아직 계산되지 않아서 그림에 포함되지 않은 한계들은
화학물질 및 방사능으로 인한 부담의 한계와 대기 중의
에어로졸 농도로 인한 부담의 한계다.

출처: Steffen, Will et al.: Planetary boundaries: Guiding human development on a changing planet, in: *Science*, 13. Februar 2015, 347, 6223, S. 736; https://science. sciencemag.org/content/347/6223/1259855

죽어가는 생명

얼마나 많은 종이 절멸의 위험에 처했을까?

(일부 생물들의 상황)

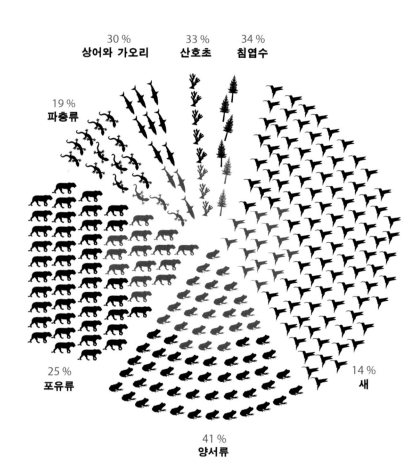

진화 과정에서 대다수 종들은 멸종한다. 그러나

현재의 멸종률은 인간의 행위를 통해 극적으로 상승했다.

오늘날 종들은 선사시대보다 100배에서 1000배 더 빠르게

사라진다. 이 그림은 각각의 식물 및 동물 집단에서

현재 몇 퍼센트가 멸종의 위험에 처했는지 보여준다.

각 집단을 상징하는 모형의 개수는 종 다양성에 비례한다.

현존하는 침엽수는 607종, 새는 1만 996종이다.

출처: IPBES: The global assessment report on biodiversity and ecosystem services.
Summary for policy makers, 2019; https://ipbes.net/sites/default/files/2020-02/ipbes_
global_assessment_report_summary_for_policymakers_en.pdf

인류의 번창……

호모사피엔스가 지구를 지배하는 세력으로 부상하는 과정을 보여주는 12가지

변화

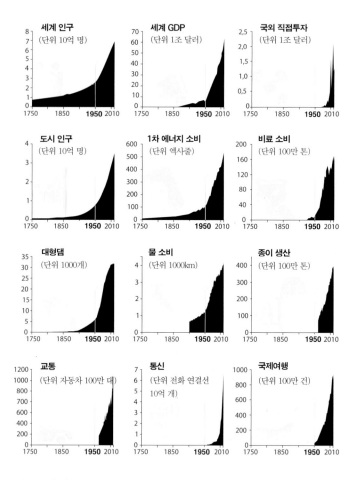

이 두 페이지의 모든 곡선은 위쪽으로 급상승한다.

특히 20세기 중반부터 모든 사회경제적 지표들이 걷잡을 수

없이 증가한다.

출처: Steffen, Will et al.: The trajectory of the Anthropocene. The Great Acceleration, in: *The Anthropocene Review*, 2015, 2 (1), p.81-98

······그리고 자연 파괴

지구의 몰락을 보여주는 지표들

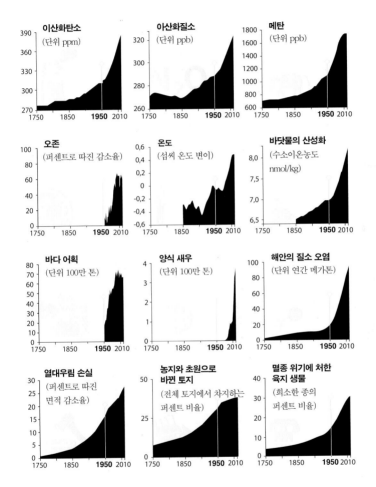

환경에서도 유사한 경향이 나타난다. 생태계들의 오염, 파괴,

개조가 급격히 가속하고 있다. 이 때문에 사람들은

약 1950년부터 '대가속'이 시작되었다고 말한다.

1950년경은 인류세, 곧 인간의 시대가 시작된 시점이다.

녹색 사회로 가는 길

생태 변환은 이 단계들을 거칠 가능성이 있다

문제 제기　세력 규합　규제　**새로운 질서**　굳히기

새로운 상태

과거 상태

각 단계에서 과정의 진행에 결정적으로 기여할 수 있는 주체들은 아래와 같다.

선구자들	● 시민사회	● 정치	● 경제	● 정치
● 지식 생산자들	● 통신과 미디어		● 정치	● 경제
● 시민사회	● 정치			● 법원
● 법원	● 기성 경제계			
● 정치				

노예제 폐지나 위생적 급수 시스템 설치와 같은 역사적 변환은
여러 단계를 거쳐서야 목표에 도달했다. 그 과정은
시스템의 다양한 부분에서 다양한 속도로 진행할 수 있고
언제라도 다시 과거 단계로 회귀할 수 있다.
다양한 시점에서 다양한 주체가 결정적인 역할을 한다.

모형 출처: 루이제 트레멜(미출간 강연물, Hamburg 2017)

해 가장 심하게 변형된 곳들 중 하나다. 예컨대 아이오와주 면적의 70퍼센트는 오직 옥수수만 단일경작하는 농지다. 미시시피강은 미국 소비사회의 박동하는 심장을 관통하며 흐른다. 세계 전역에서 그 심장의 박동이 느껴진다. 미시시피강에서 석유, 플라스틱 원료, 냉동 닭고기, 습식 잠수복을 실은 배들이 상하이, 아비장, 로테르담, 이타키, 브레머하펜의 부두에 화물을 부린다. 이를 감안하면 미시시피강은 전 지구적인 강이다. 그 강이 보호받을 권리를 획득한다면, 전 세계의 주목을 받을 것이다.

그러나 지금 미시시피강을 따라 내려가는 배 위에서 둘러보면, 주로 두 가지가 보인다. 첫째, 그 강이 얼마나 무분별하게 착취되고 있는지 보게 된다. 그리고 둘째, 강은 배들을 위한 고속도로나 배수로, 하수로, 쓰레기장, 지도상의 파란 선을 훨씬 능가한다는 것을 깨닫게 된다.

하나의 강과 4만 개의 제방

강은 무엇일까? 무엇보다도 먼저 역동성, 운동, 끊임없는 변화다. 세월의 흐름 속에서 미시시피강은 항상 다시 새로운 물길을 내왔다. 과거의 지류들이 분리되었고, 곡선 구간에 모래가 쌓였으며, 퇴적물에 의해 형성된 자연적 제방들은 과거의 물길을 끊고 새로운 물길을 열었다. 헤라클레이토스는 끊임없는 변화를 "판타 레이panta rhei" 곧 "모든 것은 흐른다"라는 문장으로 표현했다. 그러나 사람들은 미시시피강 같은 하천에서는 저 문장 속의 '모든 것'이 정말로 '모든 것'을 의미한다는 점을 흔히 간과한다. 강물뿐 아니라, 둔덕, 동물들, 강가의 동물, 사람, 식물, 심지어 강바닥도 끊임없이 움직인다.

이 역동성은 강을 무엇보다도 돈벌이의 원천으로 보는 많은 사람들을 성가시게 만든다. 미시시피강이 선박 운항, 관광, 수력 발전으로 창출하는 수입은 연간 약 6천억 달러에 달한다. 돈이 원활하게 흐르기 위하여 미시시피강은 사람들이 원하는 자리에 꼼짝없이 머물러야 한다.

그리하여 29개의 댐과 수문들이 건설되었고, 4만 개의 제방과 수십 개의 항구도 건설되었다. 미시시피강은 엄청나게 많은 퇴적물을 상류에서 하구로 운반한다. 그로 인해 하구에서는 물길이 실핏줄처럼 갈라진 삼각주와 루이지애나주의 해안선이 수천 년에 걸쳐 형성되었다. 그 지역에서 미시시피강보다 더 막강한 토목기술자는 없다.

그러나 지금 그 강은 인간과 경쟁한다. 미군 공병대가 수문들을 운용하고, 댐을 건설하고 관리하며, 제방의 높이를 계산하고, 퇴적물을 준설한다. 그 군대의 임무는 미시시피강의 의지를 꺾는 것이다.

미군 공병대가 임무를 수행한 이후 미시시피강의 강변에서는 오지브와족에게 식량이자 신성한 식물이었던 야생벼가 사라졌다. 그리고 야생벼와 함께 원주민도 사라졌다. 이것은 미시시피강이 주는 첫째 교훈이다. 인간에 대한 폭력과 자연에 대한 폭력은 동일하지 않지만 흔히 짝을 이룬다. 그리고 더 자세히 볼수록, 둘 사이의 경계는 더 흐릿해진다.

둘째 교훈은 이러하다. 자연 시스템은 기후의 영향, 지질학적 영향, 생물학적 영향, 인간의 영향이 상호작용하며 수만 년에 걸쳐 정밀하게 조율된 결과로 만들어진다. 어떤 변화라도 다른 곳에서 귀결들을 일으키며, 개입이 급진적일수록 그 귀결들은 더 극적이다. "부작용 없는 작용은 없다"는 말이 의학에 있는데, 이말은 생태계에도 타당하다.

산업화와 가축화의 부작용들은 지금까지 근대의 부수적 피해로서 대수롭지 않게 취급되어왔다. 지금 자연의 권리를 주장하는 사람들은 그런 상황을 바꾸고 우리 사회에 새로운 사업 기반을 제공할 것을 제안하고자 한다. 핵심은 지구를 공유한 우리와 기타 생명이 새로운 합의를 통해 맺는 계약이다. 우리의 생존은 그 계약에 달려 있다.

최근에는 정부보다 판사들이 환경보호에 더 많이 기여했다. 법원은 독일 함바흐 숲에 대한 개간을 멈추라고 지시했으며, 독일 도심에서의 자동차 운행을 금지했으며, 비알로비에차 원시림에 대한 벌목을 중지하라고 폴란드 정부에 명령했다. 미국에서는 청소년들이 주무 관청을 통해 소송을 제기한다. 기후 위기가 그들로부터 생명권, 자유권, 소유권을 앗아간다는 것이 그 이유다. 독일 청소년들은 연방 정부의 기후 정책에 반대하여 위헌 소송을 제기한다.

그들은 한 환경 전문 변호사 집단의 도움을 받는데, 점점 더 성장하는 그 집단의 변호사들 가운데 가장 성공한 이들은 런던 해크니구에서 활동한다. 그곳의 한 카페 뒤편에 '클라이언트 어스Client Earth'의 사무실이 있다. 엘리트 법률가를 다수 포함한 70명의 변호사가 중국 판사에게 환경법을 가르치고, 낚시 관련 단체의 로비에 대항하고, 다른 환경보호 단체에 조언을 제공한다. 그들은 마법의 약을 제조하고자 하는 녹색 연금술사다. 과학자, 정치인, 환경운동가가 풍부한 자금을 보유한 로비스트와 다국적 기업에 맞서 싸우려면 필요하지만 이제껏 얻지 못한 신비의 약, 그것은 법이다.

기업과 정부에게 법을 지키라고 강제하고자 하는 사람은 창고에서 연장 하나를 꺼내와야 한다. 모두가 두려워하는 그 연장은 돈이다. 클라이언트 어스의 법률가들이 늘 강조하듯이, 돈은 그들의 소송 상대가 이해하는 유일한 언어다. 환경 훼손의 대가를 돈으로 치러야 한다면, 곧바로 모든 것이 달라질 것이라고 그들은 말한다. 이 말이 옳음을 이제껏 그들이 거둔 성과가 입증한다.

2019년 한해에 유럽에서 이뤄낸 성과들만 나열하겠다. 폴란드 정부는 1.6기가와트 석탄화력발전소를 건설한다는 계획을 철회해야 했다. 유럽연합은 일회용 플라스틱을 금지했다. 독일의 많은 곳에서는 경유차 운행이 금지되었다. 석유 회사 BP는 '그린워싱greenwashing'(친환경 경영을 거짓으로 표방하고 홍보하는 행위 ─ 옮긴이)을 했다는 이유로 고발당했다. 유럽연합 위원회는 화학물질의 취급을 더 강하게 규제해야 한다는 명령을 받았다.

하지만 이 성과들 가운데 고전적인 환경운동으로 이뤄낸 것은 하나도 없다. 청원이나 항의는 필요하지 않았다. 모든 성과를 기존 법률에 기초하여 달성할 수 있었다. 여러 단체와 관청과 회사의 유능한 법무팀에 맞서서 단지 환경에 관한 실정법이 실행되게 하는 것으로 충분했다. 법률에 의거한 손해배상 소송, 벌금, 예산 삭감은 실질적인 위협이었다. 환경보호를 위한 싸움의 새로운 전선이 법정에 형성된 것이다.

어느 오래된 물고기의 문제

인간과 자연의 현재 관계를 숙고하고자 할 때 주목할 만한 좋은 예로 호수철갑상어(학명은 아키펜서 풀베스켄스Acipenser fulvescens)가 있다. 이 철갑상어는 북아메리카의 호수와 강에서 산다. 미시시피강에서도 산다.

이 물고기의 모습은 지나간 지질 시대의 유물처럼 보이는데, 실제로 호수철갑상어는 아주 오래된 물고기다. 이들은 이미 트라이아스기에 지구의 물속에서 헤엄쳤다. 무려 2억 4500만 년 전의 일이니, 호수철갑상어가 지구에 존재한 기간은 우리 인간이 존재한 기간보다 800배 이상 길다. 그러나 우리는 그 대선배들을 눈곱만큼도 존중하지 않는다.

도로변 안내판에 "제노아 국립 어류 부화장"이라고 적혀 있다. 그 옆으로 기하학적으로 구획된 저수지 10여 개가 보인다. 이 부화장은 멸종 위기에 처한 물고기 및 조개를 양식하는 시설이다. 미국에는 이런 시설이 70곳 있으며, 제노아 부화장의 최고 스타는 호수철갑상어다. 길쭉한 건물 안에 정원용 풀 크기의 물탱크 몇 개가 있다. 호스에서 거품 방울이 올라오고, 거품 방울들 사이로 어린 철갑상어 수백 마리가 헤엄친다. 몸집이 아이의 손만 하다. 호수철갑상어의 몸은 뼈로 된 판으로 덮여 있다. 천적의 공격을 막기 위해서다. 뾰족한 주둥이에는 작은 촉수 네 개가 매달려 있다.

몇백 년 전에 백인 정착자들이 이곳에서 그물을 던지기 시작했을 때, 철갑상어가 혼획되는 일이 계속해서 일어났다. 어부들은 그 물고기가 그물을 망가뜨리는 것에 분노하여 철갑상어를 죽였다. 철갑상어가 나이를 먹고 몸집이 커지는 것은 자연스러운 일이지만 어부들에게는 골칫거리였다.

백인 정착자들은 혼획된 철갑상어를 농지에 파묻어 비료로 삼고, 말린 후에 증기선의 보일러에 넣어 연료로 삼고, 돼지에게 먹이로 주었다. 그러던 중에 철갑상어의 알을 소금에 절인 음식인 캐비어가 엄청나게 비싸다는 이야기가 전해졌다. 해로운 물고기가 갑자기 귀한 식재료가 되었고 얼마 지나지 않아 멸종 위기종이 되었다. 제노아 양식장을 운영하는, 미국 어류 및 야생동물 관리청Fish and Wildlife Service의 한 직원이 물탱크 곁에 서서 이렇게 설명한다. "올해는 성과가 상당히 좋았습니다. 우리가 철갑상어 18만 마리를 생산했거든요. 그 철갑상어들을 곳곳으로 보냅니다. 뉴멕시코주, 뉴욕주, 테네시주, 조지아주, 메인주로요. 절대로 쉬운 일이 아니에요. 처음에 철갑상어 새끼들은 작은 바닷가재를 먹고, 나중에는 붉은지렁이를 먹죠. 더 나중에는 크릴새우를 먹고요. 여길 보세요."라면서 그는 스티로폼 상자의 뚜껑을 연다. 상자 안에 한 덩어리로 냉동된 붉은지렁이들이 들어 있다. 검붉은 판처럼 보인다. "이걸 중국에서 들여옵니다."

제노아 양식장의 역사는 많은 댐과 수문이 건설된 1930년대에 시작되었다. 미시시피강의 선박 운항이 급증했고, 철갑상어를 비롯한 많은 종에게 그 강은 넘을 수 없는 장벽이 되었다. 어류 및 야생동물 관리청이 제작한 한 소책자에는 이렇게 설명되어 있다. "미국 전역의 호수, 시내, 강, 연안에 사는 물고기들이 사라지거나 감소했다. ······ 인구의 증가에 따라 문제들은 더 심각해지고 있으며, 해결은 우리 모두의 의무다. 국립 양식장들은 파트너들의 도움을 받으며 미국의 어류와 기타 수생생물에게 찬란한 미래를 보장해주려 애쓴다."

깜짝 놀랄 만한 문구다. 진단도 눈길을 끌지만, 올바른 결론을 내리기를 거부한다는 점을 주목할 만하다. 그 소책자는 (이를테면 이미 세계 최고 수준인 미국의 소비가 훨씬 더 빠르게 증가하는 것을 외면하면서) 인구의 증가를 원인으로 지목하고, 양식장을 해법으로 내세우는 태도는 애당초 문제를 초래한 태도와 다르지 않음을 깨닫기를 거부한다. 자연이 산업적 규모로 생산되는 곳에서는 혁명을 기대할 수 없다.

인간을 보호하려 한다면 자연을 보호해야 한다

합당한 해결의 첫걸음은 몇몇 종만 따로 떼어 주목하고 철갑상어를 인공 저수지에서 기르는 것이 아니라 강을 분할할 수 없는 전체로 간주하는 것이다. 즉 강을 전체가 온전해야만 생존할 수 있는 유기체처럼 다뤄야 한다.

관건은 특정한 강에 배가 다녀도 되는지, 나무 한 그루를 베어도 되는지가 아니다. 그런 일은 허용되며 아무도 금지하려 하지 않는다. 그러나 강은 강의 권리를, 철갑상어는 철갑상어의 권리를, 나무는 나무의 권리를 지녔다는 의식이 생겨나야 한다.

우리를 둘러싼 자연은 죽어 있는 물질들의 더미에 불과한 것이 아니다. 오히려 자연은 내면세계를 지녔다. 그 내면세계는 우리의 내면세계와 전혀 다르기 때문에, 자연의 내면세계를 가리키기에 적합한 단어를 찾기 어려울 정도다. 그러나 실험들이 보여주었듯이, 꿀벌은 비관주의적일 수 있고, 늦게는 어둠을 두려워할 수 있다. 식물들은 뿌리와 균류로 이루어진 연결망을 통해 서로 소통할 수 있다. 우리 주위의 생물들이 그저 존재하기만 하는 것이 아니라 느끼기도 한다는 것을 우리는 차츰 깨닫는 중이다.

많은 토착민들에게는 그런 생각이 혁명적으로 새롭기는커녕 수천 년을 이어온 문화의 한 부분이다. 그들은 산, 숲, 강에 대해서도 그런 식으로 생각한다. 자연의 권리를 위한 운동의 결정적 추진력이 서양의 가치관에 압도되지 않은 토착민 공동체들에서 나오는 것은 우연이 아니다. 왜냐하면 서양의 가치관에서 인간은 자신을 생물권의 소유자로 정의하니까 말이다. 서양인은 자연을 권리의 보유자로 인정하지 않는다. "자연은 단지 사물들의 집합이며 인간이 마음대로 처분해도 된다는 생각은 인간 사회에서 가장 보편적이며 널리 수용되는 생각들 중 하나다"라고 법률가 겸 환경 전문가 데이비드 보이드는 저서 『자연의 권리: 세계의 운명이 걸린 법률 혁명 *The Rights of Nature*』에서 쓴다. 보이드는 법학교수일 뿐 아니라 유엔 인권특별조사위원이기도 하다. 자연보호는 언제나 인간보호이기도 했다고 그는 확신한다. 그래서 그는 자연의 보존을 위해 싸운다.

미니애폴리스는 미네소타강과 미시시피강이 합류하는 곳이다. 거기에서 미시시피 강물은 여전히 홍차를 연상시킨다. 반면에 미네소타 강물은 우윳빛이다. 왜냐하면 양분과 퇴적물이 잔뜩 섞여 있기 때문이다. 그 부유물의 많은 부분은 미네소타강 유역의 산업화된 농지에서 유래한다. 무엇보다도 중요한 것은 인과 질소가 인공비료로서, 또는 분뇨의 형태로 농지에 뿌려진다는 점이다. 두 강이 합류하는 지점의 물에는 한동안 뚜렷한 경계선이 그어진다. 마치 양편의 강물이 서로를 밀쳐내는 듯하다. 이곳에서 일어나는 일은 남쪽으로 까마득히 떨어진 하구에서 귀결들을 일으킨다. 미시시피강의 하구와 연결된 멕시코만은 미국에서 가장 큰 석유 및 천연가스 생산지일 뿐 아니라 가장 큰 어업의 중심지이기도 하다.

지도에서 미시시피강 유역을 자세히 들여다보면, 그 강은 구불거리는 가지들을 모든 방향으로 뻗은 나무처럼 보인다. 그 나무의 뿌리는 새의 발을 닮은 삼각주다. 미시시피강 자신이 수만 년에 걸쳐 수십억 톤의 퇴적물을 운반하여 그 삼각주를 만들었다. 그렇게 강은 바다로부터 땅을 얻어낸다. 그리고 오래전부터 미시시피강은 멕시코만의 생명에게 귀한 양분을 공급하는 컨베이어벨트였다. 강이 날라오는 양분을 바다에 사는 모든 생물이 간절히 원했다.

그러나 오늘날의 상황은 다르다. 모든 농작물은 인과 질소를 필요로 하는데, 토양에는 그 두 원소가 미량만 들어 있다. 반면에 미시시피강은 천문학적인 양의 인과 질소를 멕시코만으로 실어나른다. 그 원소들은 주로 중서부의 농지에서, 거의 전적으로 옥수수와 콩만 재배하는 엄청난 규모의 산업화된 농지에서 나온다. 수확된 옥수수와 콩은 가축용 사료로 가공된다. 사료의 수요자인 공장식 사육 시설들은 하류 쪽에 있다. 돼지, 소, 닭을 키우는 거대한 축사들이다. 일부 축사에서는 수만 마리의 가축이 산다.

미국에서 나오는 가축의 배설물은 인간의 배설물보다 약 30배 많다. 그 많은 배설물을 어딘가로 치워야 한다. 처리 방법들은 엽기적이다. 비교적 물기가 많은 돼지 똥의 일부는 공중으로 분사되어 바람에 날려간다. 하지만 대부분의 분뇨는 비료로서 농지에 뿌려진다. 분뇨 사용량에 대한 규제는 없다. 농작물은 그 분뇨의 일부를 흡수할 수 있지만 전부를 흡수할 수는 없다. 남겨진 다량의 분뇨는 빗물에 휩쓸려 미시시피강으로 들어가고 결국 멕시코만에 도달한다. 그 바다의 조류는 분뇨에 포함된 엄청난 양분이 마냥 반가울 따름이다. 북극해의 규조류와 마찬가지로 이곳의 조류 집단도 성상하고 또 성장하여 거대한 양탄자처럼 된다. 그 조류가 죽어 가라앉으면 바다 밑바닥에 산소가 부족한 죽음의 구역이 형성되고, 거기에서는 거의 어떤 생물도 살 수 없다. 바다의 질식사다. 1500킬로미터 떨어진 곳에서 이루어지는 산업적 농업 때문에 바다 밑바닥에 황무지가 생겨난다. 해마다 다르긴 하지만, 어떤 해에는 멕시코만의 죽음의 구역이 2백만 헥타르 이상으로 확장된다. 결국 인간도 피해를 본다. 어부들이 깊은 바다에 던진 그물이 텅 빈 채로 올라오는 일이 잦아진다.

멕시코만의 죽음의 구역과 같은 곳을 일컬어 "희생 구역sacrificed zone"이라고 한다. 북쪽의 부유한 농부들의 번영을 위한 비용을 남쪽의 어부들이 치러야 한다. 미시시피강이 주는 셋째 교훈은 이것이다. '아무도 자신의 행위에 대해서 책임을 추궁당하지 않는다면, 아무것도 변화하지 않는다.'

미시시피강이 법인이라면, 그를 대표하여 책임자들을 고소할 수 있을 것이다. 그들이 환경 관련 규정을 어겼다는 이유로 고소하는 것이 아니다. 지나치게 많은 비료는 독이며, 강에 독을 집어넣는 행위는 강이 보유한, 온전히 자신을 보존할 권리를 침해한다는 것이 고소의 이유다. 유죄가 선고된다면, 농부들은 벌금을 물어야 할 것이다. 축사와 정유 공장의 운영자들도 마찬가지다. 왜냐하면 이들은 강의 건강과 존엄을 훼손하기 때문이다. 미시시피강에 법인격을 부여하라는 활동가들의 요구는 절묘한 의미를 담고 있다. 법인격을 보유한 미시시피강은 벌금과 배상금을 직접 수령하게 될 것이다. 즉 그 돈이 무턱대고 루이지애나 주정부의 주머니에 들어가지 않고 제방 및 댐의 철거와 같은 재자연화 사업에 투입될 수 있을 테고, 그러면 강은 더 건강해질 것이다.

생태 학살이라는 범죄

다음을 명확히 해두자. 환경에 대한 범죄는 인간에 대한 범죄다. 반드시 그러하다. 하수를 강으로 흘려보내는 자, 공기를 오염시키는 자는 식물과 동물에게 독을 주입하고 결국 인간에게 독을 주입하는 자다. 기후에 해로운 기체들이 다량으로 배출되는 것을 알면서도 받아들이는 자는 사람들의 고통을 무책임하게 받아들이는 것이다.

생물 다양성을 대규모로 해치는 행위를 뜻하는 생태 학살ecocide은 인류에 대한 범죄이며 그런 범죄로 다뤄져야 마땅하다. 그러나 현실에서는 그렇게 다뤄지지 않는다. 1996년에 국제 형사재판소에 관한 로마 규정에 자연 파괴를 집어넣으려는 시도가 있었지만 실패로 돌아갔다. 그러나 '생태학적 방어 온전성Ecological Defence Integrity'이라는 난제 덕분에 현새 생태 학실의 개념이 다시 논의되고 있다. 고인이 된 그 단체의 창립자 폴리 히긴스는 이렇게 말했다 "우리의 집단적 책임을 확대할 필요가 있다. 우리는 살아 있는 세계 전체를 돌봐야 한다. 지구는 좋은 대변자를 필요로 한다."

실제로 환경이 법인격을 얻어 환경 파괴자를 고소할 수 있게 된다면 권력구조에 큰 변화가 일어날 것이다. 기업의 경영자와 정부의 고위 관료가 자신의 기업이나 관청의 자연 파괴에 대한 책임을 지게 된다면, 그들이 벌금형이나 심지어 징역형을 두려워하게 된다면, 게임의 규칙이 완전히 새롭게 바뀔 것이다. 지금까지는 오스트레일리아의 산불이나 대서양의 어장 파괴에 대한 책임을 추궁당할 것을 누구도 두려워할 필요가 없었다. 인간의 삶의 기반을 파괴하는 행위는 현재 범죄가 아니며 징벌되지 않는다.

농부는 나쁜 사람이 아니다. 많은 농부들은 엄청난 경제적 압박을 받는다. 그들은 생존하기 위하여 농지와 가축에서 가능한 최대의 이익을 짜내야 한다. 그 과정에서 분뇨가 미시시피강으로 흘러가고 멕시코만에 도달한다면, 그것은 짜증스러운 일이지만, 그것 때문에 농부들이 법적인 책임을 물거나 환경의 피해에 대한 보상금을 내지는 않는다. 육류와 사료를 취급하는 거대한 상장기업들도 마찬가지다. 그들은 이익은 거두고 비용은 사회 전체와 미래 세대들과 자연에 전가한다. 이것은 1968년에 가렛 하딘이 과학 저널 『사이언스』에 실은 글에서 서술한 "공유지의 비극"이다. 이 글을 간략히 설명하면 이러하다. 농부 몇 명이 초원을 공유하고 있다. 그 초원은 공유지다. 농부들은 제각각 동일한 마릿수의 소를 그 공유지로 보내 풀을 뜯게 한다. 하지만 소들이 너무 많아서 공유지의 풀이 부족해지는 일은 없도록 관리한다. 그러다가 한 농부가 소의 마릿수를 두 배로 늘린다. 그러자 공유지의 풀이 약간 줄어든다. 대신에 한 농부가 다른 농부들보다 두 배로 부유해진다. 너무 많은 소들이 풀을 뜯으면 초원이 황폐해진다는 것을 모든 농부가 안다. 그러나 다른 농부들도 이기적이어서 이렇게 자문한다. '초원이 어차피 황폐해지는 중인데, 왜 나만 규칙을 지켜야 하지?' 그리하여 모든 농부가 더 많은 소를 공유지로 보낸다. 푸른 초원은 순식간에 진창으로 바뀌어 소를 방목할 수 없는 곳이 된다. 모두가 그 변화를 목격한다. 그러나 나 혼자만 규칙을 지키는 것은 아무 소용이 없음을 모두가 안다. 어차피 다른 농부들이 초원을 파괴할 테니까 말이다. 이런 상황에서 혼자 규칙을 지키는 농부는 수입만 줄어들 것이다. 결국 모든 농부가 모든 것을 잃는다. 비극적인 일이다.

당신은 이 이야기를 익히 아는가? 어느새 "공유지의 비극"은 전 지구적으로 무수히 반복되는 현실이 되었다. 어업이 과도하게 이루어지는 바다에서, 온실기체들이 축적된 대기에서, 분뇨로 오염된 미시시피강에서 공유지의 비극이 벌어지고 있다. 모든 개인이 공유자산인 자연을 착취한다. 그 착취는 모두가 그 공유자산을 잃을 때까지 계속될 기세다.

그러나 비극이 꼭 슬프게 종결되어야 하는 것은 아니다. 이 사실을 예컨대 노벨경제학상을 받은 엘리너 오스트롬의 연구가 보여준다. 그 연구에 따르면, 자율적으로 관리되는 공동체의 소유지에서 영속적으로 최고의 소득이 나올 수도 있다. 단, 전제가 있는데, 규칙들과 금지 사항들과 법이 있어야 한다는 것이다. 예나 지금이나 마찬가지다. 이탈리아 법학교수 우고 마테이가 논증하듯이, 중세 이후의 경제사는 자본이 토착적인 공유 기반들을 공격해온 역사라고 할 수 있다. 점점 더 많은 토지와 물, 호수와 숲이 야금야금 사유화되었다. 과거에 모두의 것이었던 기반이 지금은 소수의 사업장이다.

다시 미시시피강을 언급하지 않을 수 없다. 그 강이 그토록 무분별하게 다뤄지는 것은, 소수의 사람들이 그 강을 착취함으로써 큰돈을 벌기 때문이다. 그로 인한 생태적 사회적 비용은 공공 부분에 떠넘겨진다.

자연을 옹호하는 강력한 법이 있다면, 사정이 달라질 것이다. 철학자 다니엘레 델아글리는 심지어 우리의 소유권을 근본적으로 의문시한다. "엄격한 공익 지향적 규칙에 따른 임차, 경작, 사용은 좋다. 그러나 소유물이라는 딱지는 붙이지 말아야 한다. 인류의 공유물을 팔거나 이자 수익의 기반으로 삼거나 써서 없애거나 담보로 내놓을 권리와 권한은 폐지되어야 한다." 자본주의는 자유주의적 소유권이 뒤를 받쳐줄 때 비로소 환경과 인간을 파괴하는 힘을 발휘할 수 있다고 델아글리는 주장한다. 한 예로 미시시피강 하구에서 강을 따라 282킬로미터 떨어진 루이지애나주 도널드슨빌을 들 수 있다. 한 공장이 들어선 그곳은 파이프라인의 종착점이기도 하다.

도널드슨빌은 배턴루지와 뉴올리언스 사이에 있는 도시다. 미국에서 도널드슨빌만큼 석유화학 공장들이 밀집된 곳은 거의 없다. 주민들은 그 도시를 "암 골목Cancer Alley"이라는 별명으로 부른다.

도널드슨빌의 몇몇 구역에 사는 주민이 암에 걸릴 확률은 루이지애나주의 평균보다 무려 700배 높다. 70곳이 넘는 정유 공장, 비료 공장, 플라스틱 공장, 네오프렌(합성고무의 일종 — 옮긴이) 공장, 강철이나 알루미늄을 생산하는 소규모 공장이 미시시피강의 그 구간에 빼곡히 들어차 있다. 거기에서 생산되는 제품들은 전 세계로 퍼져나간다. 그러나 함부르크, 하노이, 후르가다에서 그 제품들을 구매하는 사람들은 그것들이 생산될 때 발생한 독성 물질들에 대해서 아무것도 모른다.

하지만 도널드슨빌에서는 누구나 호흡하면서 그 독성 물질들을 빨아들인다. 주민의 75퍼센트가 미국 평균보다 소득이 훨씬 낮은 아프리카계 미국인인 그 도시는 "희생 구역"인 셈이다. 유감스럽게도 사람들이 사업을 하는 한 피할 수 없는 인간과 생태계의 부수적 피해다.

미시시피강의 발원지에서 출발한 물방울이 하구에 이르기까지는 90일이 걸린다. 하구에 모인 무수한 물방울들은 상상하기 어려울 정도로 막강하다. 그 크고 오래된 강을 길들였다고 믿는 사람들의 오만은 그 하구에서 드러난다. 왜냐하면 강바닥을 1센티미터 준설할 때마다, 제방을 1미터 높일 때마다, 강물의 에너지가 높아지기 때문이다. 더 좁은 공간에 더 많은 물이 모여 흐르면, 물의 힘은 더 강해지기 마련이다. 그로 인해 피해를 입는 곳들 중 하나는 뉴올리언스다.

뉴올리언스는 미시시피강 하구에서 그리 멀지 않은 위치에 있다. 대형 화물선, 유조선, 컨테이너선의 뱃길을 단축하기 위하여 미군 공병대는 1960년대에 운하를 건설했다. 이름이 '미시시피강-만 배출구MRGO(Mississippi River-Gulf Outlet)'인 그 운하의 건설에 수십억 달러가 들었다. 그 운하를 홍보하는 문구는 이러했다. "미시시피강은 바다로 통하는 좋은 물길을 건설했다. 우리는 더 나은 물길을 건설한다." 그것은 심각한 과대망상이었다.

MRGO를 사용하는 선박은 예상보다 훨씬 적었다. 대신에 허리케인은 그 운하를 뉴올리언스로 가는 지름길로 삼을 수 있었다. 곧바로 강력한 허리케인이 MRGO를 타고 뉴올리언스로 올라와 홍수가 나고 집들이 파괴되고 사람들이 죽는 일이 두 차례 있었다. 최근 2005년에는 '카트리나Katrina'로 명명된 허리케인이 맹위를 떨쳤다. 현재 뉴올리언스의 인구는 25만으로, 카트리나 이전보다 더 적다. 왜냐하면 수많은 사람들이 거처를 잃었기 때문이다. 주로 보험도 없고 저축한 돈이나 보유한 주식도 없는 빈곤층이 과대망상의 대가를 치러야 했다.

호수는 언젠가 사라진다. 물이 마르고 점차 식물로 뒤덮인다. 반면에 강은 그리 쉽게 죽지 않는다. 미시시피강은 수명이 길다. 그 강은 인간의 기술로 건설한 그 모든 댐과 제방보다 더 강하다. 콘크리트보다 더 끈기 있는 그 강은 수만 년을 내다본다. 마크 트웨인은 미시시피강에 대해서 이렇게 썼다. "그는 강제력에 굴복하거나 갇히지 않는다. 그에게 이리 흘러라, 저리 흘러라 명령할 수 없으며 순종을 강제할 수 없다. 아무도 그가 홍수로 뒤덮고자 하는 강변 지역을 구제할 수 없다. 그는 자신의 흐름을 방해하는 모든 장애물을 부수거나 뛰어넘으며 부질없는 시도를 비웃는다."

그래서 강은 무엇일까? 일종의 고속도로? 지도에 그어진 파란 선? 영적인 원천? 서식 구역이자 보물창고? 오만이 판치는 장소? 기술적 난제?

그 모든 것이며 그 이상이다. 그러나 미시시피강은 말이 없다. 물론 회사, 재단, 치매환자, 도시, 국가, 아동도 말이 없다. 그럼에도 이들은 권리를 가졌다. 이들의 권리는 매우 정당하다. 권리를 가짐으로써 이들은 착취와 파괴로부터 보호받는다. 과거에도 늘 이러했던 것은 아니다.

『인간의 유래 *The Descent of Man*』에서 다윈은 우리 종의 역사 속에서 우리의 도덕이 점점 더 확장되어왔다고 서술한다. 처음에 우리의 도덕은 우리 자신과 우리의 가장 가까운 가족에게만 적용되었다. 하지만 호모사피엔스는 점차 "자신의 동료 인간 모두의 행복"에 관심을 기울이게 되었고, 나중에는 "더 다정해져서" 결국 선천적이거나 후천적인 장애인과 동물까지 도덕의 범위 안에 포함시켰다.

이제는 더 많은 공감과 다정함이 필요하다. 태양이 우리를 중심으로 돌지 않음을 우리가 깨달았을 때, 중세가 끝났다. 지금 우리는 우리가 느낌과 생각과 내면세계를 가진 유일한 존재가 아님을 깨닫는 중이다. 그럼에도 우리의 법체계는 이 깨달음을 여전히 일관되게 외면한다. 그 깨달음에 기초하여 우리의 도덕을 확장해야 한다. 주식회사가 권리를 가질 수 있다면, 미시시피 강에게 권리를 부여하는 것을 거부할 근거는 없다.

이타적인 흡혈박쥐

생태 시대의 자본주의

 6

자연을 상대로 전쟁을 벌이자!
산과 강을 우리의 발아래 항복시키자!
자연에 맞서 행진하라!

✳

마오쩌둥, 독재자

❖

　'탄디Thandi'는 인간이 얼마나 잔혹하고 또한 우호적인지 몸소 체험했다. 그 암컷 코뿔소는 인간의 손에 뿔이 잘렸고 인간의 손에 구조되었다. 그리고 지금은 희망의 상징이다.

　그를 노리는 밀렵꾼들은 어둠을 틈타 잠입한다. 그들은 총기, 도끼, 정글도를 지녔다. 그들은 탄디와 같은 코뿔소들의 두개골을 박살낸다. 그들은 코뿔소를 계속 거듭해서 찌르고, 칼날은 코뿔소의 머릿속으로 점점 더 깊이 들어간다. 고뿔의 뿌리가 드러날 때까지, 칼질은 계속된다. 그들은 1밀리미터의 뿔이라도 더 얻기를 원한다. 흰코뿔소의 몸은 거들떠보지 않는다. 고기는 그들의 관심사가 아니다. 그들에게 필요한 것은 식량이 아니라 돈이다.

　어둠을 틈타 더러운 피범벅의 노동을 담당하는 밀렵꾼들의 배

후에는 국제적 판매조직이 있다. 그 조직의 구성원들은 어마어마하게 부유하고 머리부터 발끝까지 무장했으며 털끝만큼의 양심도 없다. 왜냐하면 탄디의 뿔을 아시아의 시장에 가져가면 같은 양의 금이나 코카인보다 더 많은 돈을 벌 수 있음을 알기 때문이다. 그 정도의 수입을 올리는 장사꾼은 마약상과 무기상뿐이다. 국제적인 야생동물 마피아는 코뿔소 뿔, 상아, 천산갑 비늘, 상어 지느러미, 부레, 기타 야생동물에서 유래한 온갖 밀거래 품목에 대한 거래를 통제한다. 그 품목들은 미심쩍은 의약품, 진기한 음식, 호화 조각품의 재료로 쓰인다. 즉 원리적으로 누구에게도 필요하지 않은 물건의 재료가 되는 것이다. 국제적인 조직들은 그런 물건들을 매년 최대 200억 유로어치 거래한다. 이 사실은 인터폴의 통계에서 드러난다. 이 정도의 돈이 걸려 있다 보니, 흔히 매우 가난한 밀렵꾼들은 살인도 서슴지 않는다. 그들을 막아서는 순찰대원은 목숨이 위태롭다. 이틀마다 세계 어딘가에서 환경보호 활동가 한 명이 살해된다. 몇몇 지역에서 종 보호는 전쟁을 방불케 한다.

밀렵은 이익을 추구하는 자연 파괴의 적나라하며 특히 파렴치한 형태다. 밀렵은 우리 안에서 작동하는 가장 강한 근원적 욕망들 중 하나를 드러낸다. 그것은 이기심이다. 사실, 이기심은 진화가 우리에게 심어준 많은 감정들 중 하나일 뿐이다. 몇몇 감정들은 서로 충돌한다. 예컨대 이기심은 이타심과 맞선다. 우리의 조상들은 이기심과 이타심을 똑같은 정도로 필요로 했다고 사회생물학자 에드워드 월슨은 쓴다. 왜냐하면 "이타심, 협동, 경쟁, 지배, 호혜성, 배신, 기만"이 "치밀한 균형으로" 조합되어야만 초기 인간 집단은 팀으로서 능력을 발휘하여 다른 집단들과의 경쟁에서 살아남을 수 있었기 때문이다. 관건은 조합이다.

인간의 본성

선과 악은 도덕철학의 발명품이 아니다. 오히려 도덕철학의 임무는 선과 악이라는 범주들을 규명하는 것이다. 따라서 도덕철학은 이런 질문들을 던진다. 우리는 과연 무엇을 선하다고 여기고 무엇을 악하다고 여길까? 왜 우리는 그렇게 판단하고, 이런 판단들은 시간에 따라 어떻게 변해왔을까?(실제로 극적으로 변해왔다.) 그러나 이 근본적인 이분법적 범주들을 우리의 천성으로 제공한 것은 진화다. "그리하여 이기심과 이타심을 겸비한 인간의 본성이 탄생했다"라고 월슨은 말한다. 이기심과 이타심의 긴장 속에서 우리는 현재의 우리로 되었다. 우리는 어두운 측면을 지녔다. 그 측면은 다정함, 배려, 사랑과 똑같이 우리의 일부다.

탐욕과 이기심을 간단히 도덕적 호소를 통해 마법처럼 없앨 수는 없다. 그러나 사회의 근간을 이루는 규범과 가치를 더 발전시킴으로써 이기심에 한계를 설정하는 것은 얼마든지 가능하다. 노예제 폐지와 남녀 권리의 평등화는 오랫동안 자명하게 여겨진 위계가 극복될 수 있음을 보여주는 사례들이다. 그렇게 우리는 윌슨이 말하는 대립적 감정들 사이의 균형을 끊임없이 새롭게 잡으며 우리 자신과 우리 사회를 변화하는 환경 조건들에 맞춘다. 이는 전 지구적 인간 집단이 제대로 작동하기 위해서다. 우리의 모순 안에는 큰 에너지가 들어 있다. 그 에너지를 사용할 필요가 있다.

밀렵 사업은 모순적인 감정들 사이의 균형이 깨지면 모든 것이 얼마나 망가질 수 있는지 보여준다. 그 사업에서 판치는 것은 오로지 탐욕과 폭력뿐이다. 게다가 도착적이게도, 한 동물 종이 희귀해질수록, 밀렵꾼들 사이에서 그 종의 가치는 더 높아진다. 왜냐하면 동물이 희귀하고 더 잘 보호될수록, 그 동물을 밀렵했을 때의 이익이 더 크기 때문이다. 살아 있는 최후의 코뿔소는 가장 비싼 동물이다.

탄디의 운명은 이례적이다. 남아프리카 카리에가 사냥 금지 구역에서 아침에 야생동물 보호자들이 습격당한 후 쓰러져 피범벅이 된 탄디를 발견했을 때, 그 코뿔소가 살아남으리라고 믿은 사람은 아무도 없었다. 그러나 모두의 예상을 깨고 탄디의 심장은 계속 박동했다. 수의사들, 순찰대원들, 자원봉사자들은 오랫동안 탄디를 살리기 위해 애썼다. 응급처치, 피부 이식, 간호, 보살핌. 그 모든 활동에 많은 시간과 더 많은 돈이 들었다. 그러나 노력한 만큼 대가가 있었다. 암코뿔소 탄디는 현재 다시 뚜벅뚜벅 걸어 사바나를 누빈다. 또한 이제껏 세 마리의 새끼를 낳기까지 했다.

탄디의 뿔은 암시장의 목구멍 속으로 흔적 없이 사라졌다. 아마도 벌써 오래전에 중국이나 베트남의 어느 시장에서 그램 단위로 팔렸을 것이다. 치료 효과가 없는 코뿔소 뿔 가루로 병을 다스리려는 사람들이 그것을 샀을 것이다. 그들 자신의 손톱을 갈아 먹어도 똑같은 효과가 날 것이다. 왜냐하면 코뿔소 뿔도 거의 모두 케라틴으로 이루어졌으니까 말이다. 그러나 미신 앞에서 사실은 무력하다. 큰 수요가 있는 한, 밀렵은 계속될 것이다. 밀렵은 탐욕이 빚어낸 환경 파괴의 가장 극단적인 형태다.

하지만 합법적인 자연자원 착취도 처참한 귀결들을 가져온다. 콩고의 코발트 광산, 나이지리아의 유전, 브라질의 불타는 열대 우림, 캐나다 앨버타주의 오일 샌드 지대를 두 눈으로 직접 본 사람이라면 합법적 자연 파괴와 불법적 자연 파괴의 차이를 거의 알 길이 없을 것이다.

완전히 합법적인 원유 채굴의 결과로 캐나다의 포트맥머리를 둘러싼 민감한 아북극 야생 지역 100제곱킬로미터가 오염된 산업 황무지industrial wasteland로 바뀌었다. 공중에서 내려다보면, 한

때 자연의 낙원이었던 그곳은 이제 「매드 맥스」 시리즈에 나올 법한 디스토피아적 영화의 한 장면처럼 보인다.

금지된 활동이건 허용된 활동이건, 탄디의 뿔 절단과 앨버타주의 황폐화의 배후에서 작동하는 동기는 똑같다. 그것은 탐욕이다.

자유시장

개인의 이익 추구가 공익을 얼마나 심하게 해칠 수 있는지 보여주는 역사적 사례로 주식회사에서 일어난 한 사건을 들 수 있다. 자동차 산업의 개척자 헨리 포드는 1919년에 법정에 섰다. 그를 고소한 인물은 포드 자동차 회사의 지분 10퍼센트 정도를 소유한 닷지 형제였다. 헨리 포드는 그 자동차 회사의 엄청난 이익이 어떻게 처분되는지 아주 명확하게 밝혔다. "이 산업 시스템의 이익을 최대한 많은 이들에게 분배하여 그들이 생활과 가정을 꾸릴 수 있도록 더 많은 직원을 고용하는 것이 나의 의도입니다. 이를 위해 우리는 이익의 거의 전부를 사업에 재투자합니다."

헨리 포드는 컨베이어벨트에서 생산된 최초의 자동차인 자사의 T모델 판매가를 낮추고 직원들의 임금을 올렸다. 그런데 바로 그것이 위법이라고 미시건주 대법원은 판결했다. "자본회사는 무엇보다도 지분 소유자의 이익에 종사해야 한다." 따라서 영리기업은 공익을 위해 운영되어서는 안 된다는 것이 재판부의 판단이었다. 헨리 포드는 자사의 주주들에게 당시로서는 천문학적 액수였던 1900만 달러 이상을 추가 배당금으로 지불해야 했다. 그 판결은 주주 가치 이데올로기가 탄생한 순간으로 여겨진다. 소수의 이익을 위해 공익을 희생해야 한다는 이데올로기가 탄생한 것이다.

이를 탐욕이라고 부를 수도 있고 조금 더 우호적으로 이기주의라고 부를 수도 있을 것이다. 혹은 행복의 추구라고 부를 수도 있겠다. 우리는 행복을 물질적 부와 동일시하는 경향이 너무나 강하다. 아무튼 그 대가는 착취요, 이제 우리가 엄연히 알듯이 대멸종이요, 생태계 전체의 파괴다. 우리는 이 부수적 피해를 그냥 받아들이고 있다.

요컨대 악의 근원은 부의 추구, 탐욕, 만족할 줄 모르는 자본주의일까? 시장경제는 문명의 허울을 쓴 야만에 불과할까? 지구의 생태 위기를 초래한 범인은 자유시장일까? 결국 관건은 자본주의와 자연의 대결일까?

앞선 세대들은 전혀 상상할 수 없었던 수준의 복지와 건강과 자아실현을 우리가 누릴 수 있게 해준 것은 바로 이 자유시장이었다. 아메리카, 아시아, 오스트레일리아, 유럽, 그리고 최소한 아프리카의 일부에 사는 수십억의 인구는 오늘날 대체로 생존을 걱정하지 않고 산다. 2020년에 빈곤선 아래에서 사는 인구는 2000년에 비해 절반에 불과하다. 같은 기간에 세계 인구는 10억 이상 증가했는데도 말이다.

많은 이들을 더 부유하게 만드는 경제 성장은 좋은 일이다. 경제가 성장하는 덕분에 아동수당이 나오고 대학교가 신설되고 실험적인 무용 공연이 이루어지며, 국가는 도로, 병원, 두꺼비의 동행을 위한 터널을 건설할 자금을 마련할 수 있다. 경제가 성장해야 무상 유아교육과 잘 훈련된 치과의사와 청결한 거리와 요양보험이 있을 수 있다. 전체적으로 중부유럽 민주주의 국가에서의 삶은 대단히 안락하다. 영속적인 성장이 없었다면, 필시 상황은 달라졌을 것이다.

하지만 이제 경제적 팽창은 생태적 한계에 도달했다. 경제학자 니코 페히는 이렇게 분석한다. "첫째, 지구가 물리적으로 한정되어 있고, 둘째, 산업적 번영이 생태적 폐해와 분리될 수 없고, 셋째, 세속적 삶의 기반이 영속적으로 유지되어야 하고, 넷째, 전 지구적 정의가 실현되어야 한다면, 개인이 요구할 수 있는 물질적 부의 상한선이 존재해야 한다." 이 분석이 제기하는 질문은 자그마치 시스템에 관한 것이다. 우리의 자유로운 사회가 경제 성장에 기반을 두는데, 경제 성장은 점점 더 많은 환경 파괴를 일으킨다면, 생태 붕괴는 불가피하며, 따라서 우리가 모범으로 삼는 사회의 종말도 불가피하다.

성장, 멈춤, 또는 포기?

   오늘날 대다수의 사람들은 세계의 종말보다 자본주의의 종말을 더 두려워하는 듯하다. 그렇지 않다면, 세계생물다양성위원회가 발표하는 멸종의 경악스러운 규모 앞에서는 그저 어깨를 으쓱할 따름인 사람들이 경기 침체의 위협 앞에서는 공황에 빠지는 것을 어떻게 설명할 수 있겠는가?

   제대로 작동하는 지구 시스템은 우리의 실존의 기반이므로, 생태적 한계들은 인간의 어떤 행위도 넘을 수 없는 확고한 가드레일이어야 한다. 따로 말할 필요도 없겠지만, 당연히 경제적 행위도 마찬가지다. 경제는 현실의 강제 앞에 굴복해야 한다. 객관적 한계들을 받아들이고 적응해야 한다. 그러므로 가장 중요한 질문은 어떤 경제 모형이 최대의 성장을 이뤄내느냐가 아니라 어떤 경제 모형이 우리 모두의 복지를 가능한 한 높은 수준으로 유지하기에 가장 적합한가 하는 것이다. 이 질문에 대답하려 할 때 기준이 되어야 하는 것은 지구 시스템의 작동 능력이다. 우리의 현재 자본주의처럼 단호히 성장에 초점이 맞춰진 경제는 해결책이라기보다 문제인 것이 명백하다. 탐욕은 뇌를 갉아먹는다. 탐욕은 자연을 먹어치운다.

늦어도 1970년대부터 성장 주문呪文은 의문시되고 또 의문시되었지만, 산업화된 국가의 정부가 거기에 동참하지는 않았다. 산업 국가들의 정부는 '계속 더 많이' 이데올로기에 외고집으로 매달린다. 그나마 생태적 순환 경제의 개념은 서서히 논의되고 있지만, 성장을 포기하자거나 어쩌면 사회를 약간 탈물질주의화하자는 제안은 많은 이들에게 터무니없는 헛소리로 들린다. 하지만 우리가 이미 서술했듯이, 기술적 효율을 향상하는 것만으로는 우리의 전 지구적 자원 문제를 관리하기에 충분하지 않다. 우리가 원하든 말든, 자연 소비에 기초한 경제 성장은 중단될 것이다.

이제껏 우리는 자본주의적 과잉 흥분 상태로 살아왔다. 역사를 통틀어 유일무이한 오늘의 물질적 부는 당장 내일이면 극복된 빈곤으로, 의문의 여지가 없는 최저 수준으로, 우리가 절대로 다시 떨어져서는 안 되는 최저 수준으로 평가될 것이다. 그런데 왜 우리는 바뀌지 않고 있을까?

어떤 이성적 관점에서도 납득할 수 없지만, 높은 소비 수준의 고수는 발전과 동일시된다. 실제로 지난 수십 년 동안 중부유럽 사람들은 이미 확실히 사치스럽게 살았다. 통계를 보면, 오늘날의 독일인은 1970년대보다 다섯 배 더 부유하다. 하지만 그렇게 부유해짐으로써 더 행복해지지는 않았다고 사회학 연구들은 말해준다. 다른 나라들의 사정도 비슷할 것이다. 그럼에도 경제와 정치를 주도하는 견해는 예나 지금이나 성장이 필요하다는 것, 늘 성장하고 또 성장해야 한다는 것이다.

천국과 지옥과 시장

시장경제를 신앙처럼 섬기는 이들은 귀에 못이 박이도록 말한다. 침체는 몰락을 가져온다. 그 이유는 이러하다. 한 국가의 ─ 이를테면 독일의 ─ 경제가 성장하지 않으면, 그 국가는 계속 성장하는 다른 국가들에 뒤처진다. 그러면 그 국가는 유치원, 학교, 대학교, 경찰, 길모퉁이의 연극 프로젝트, 도시 외곽 하천의 재자연화에 투입할 자금이 부족해진다. 사회복지는 줄어들고, 기반 설비는 쇠락한다. 시민들은 불만을 품게 된다. 느린 인터넷, 구멍투성이 도로, 낡은 컨테이너 항이 장애가 되어 기업들은 경쟁력을 잃는다. 점점 더 많은 기업이 파산하고 어쩔 수 없이 직원을 해고한다. 줄어드는 세입 때문에 국가는 자연보호에 쓸 자금이 더 부족해진다. 유치원과 병원이 문을 닫아야 하고, 신축 주택이 줄어들고, 도로 보수 공사도 줄어든다. 경기 후퇴가 시작되면 실업수당과 사회복지를 줄여야 한다. 부자와 빈자 사이의 갈등은 고조된다. 실의에 빠진 시민들은 절망의 몸부림으로 극단적인 정당에 투표하거나 거리로 뛰쳐나와 폭동을 일으킨다. 상향 나선이 거꾸로 뒤집혀 지옥을 향한 경기 후퇴가 본격화한다. 모두가 곤경에 빠진다. 세계가 몰락한다.

반면에 천국으로 가는 성장의 길은 이러하다. 사람들이 무언가를 특히 뚜렷이 요구하면, 그 재화나 서비스에 대한 수요가 특히 증가한다. 수요가 크면, 우선 가격이 상승한다. 높은 가격에 기대어 이익을 챙기려는 제공자들이 추가로 나타나 공급을 늘리고, 부족은 사라진다. 이기심이 공익을 산출하는 것이다. 실업률은 하강하고, 생활 수준은 높아진다. 국가 세입이 증가하고, 아동수당과 연금이 향상되며, 사회는 점점 더 성숙해지는 사회적 시스템을 감당하면서 환경보호에 점점 더 많은 비용을 투입할 수 있다. 예컨대 많은 비용이 드는 두꺼비 통행용 터널을 건설하거나 국립공원을 지정할 수 있다. 시장이 모든 문제를 해결한다. 모두가 행복하다. 세계가 구제된다.

물론 약간 과장된 시나리오들이지만, 지금 논의하는 것은 단순화된 시장 모형이지, 훨씬 더 복잡한 현실의 시장이 아니다. 현실의 시장에서는 모형들이 기초로 삼는 많은 전제들이 결코 성립하지 않는다. 정보의 자유로운 흐름은 그런 전제의 한 예인데, 이 전제가 충족되는 일은 결코 없다. 또한 모든 시장 참여자들이 오로지 합리적으로 결정한다는 전제도 우리 자신이 매일 하는 행동에 의해 반박된다. 완벽한 시장에서는 모두가 규칙을 지킬 것이다. 부패나 파벌 짓기도 없고, 불공정한 경쟁, 공적인 지원, 보복 관세, 비합리적 구매 결정, 기만적 광고, 불법 노동, 탈세도 없을 것이다. 그런 시장이 실제로 존재한다면 얼마나 좋겠는가.

최대한의 성장을 통해서만 두꺼비 통행용 터널을 위한 자금을 마련하기에 충분한 부를 축적할 수 있다는 주장은 애당초 공상에 가깝지만 환경 파괴가 계속됨에 따라 점점 더 설득력을 잃고 있다. 왜냐하면 성장을 위한 비용이 점점 더 가파르게 상승할 뿐더러 경제 자체가 변화하기 때문이다. 과거에 이익의 대부분은 투자의 형태로 다시 사회로 흘러들어 다수를 위한 새로운 부를 창출했지만, 지금은 돈이 자본시장 안에 머무는 경우가 점점 더 많아지고 있다. 새로운 공장이 건설되지도 않고 철로가 놓이지도 않는다. 그저 돈이 돈을 낳는다. 이를 가능케 하는 것은 금융시장이다.

공매도하는 주식거래자는 손해를 내는 회사의 주식을 매입함으로써 이익을 챙길 수 있다. (불법적인) "쿰-엑스 거래Cum-Ex trade"(주식배당금으로 인한 자본이득세를 탈루하기 위한 불법적 거래 행위—옮긴이)에서 주주들은 수십억 달러 규모의 세금을 단 한 번 납부한 다음에 여러 번 돌려받는다. 불량 부동산 담보 대출은 부실채권 속에 은폐될 수 있다. 그런 부실채권은 신용평가 기관들의 승인 아래 판매된다. 결국 부동산 담보 대출과 투자은행 리먼

브러더스에서처럼 문제가 발생하면, 납세자들은 이름도 들어본 적 없는 금융회사들을 구하기 위해 수십억 달러를 지불해야 한다. 그렇게 하지 않으면 경제 시스템 전체가 위태로워지기 때문이라는 말에 납세자들은 설득된다(여담이지만, 2008년 세계 금융 위기 때는 경제 시스템 전체가 실제로 위험에 빠졌다).

우리는 충분히 소유했다

경제학 이론이 서술하는 바와 달리, 성장이 오로지 필요에 의해 추진되는 것은 아니다. 만약에 오직 필요가 성장을 추진한다면, 필요가 충족되면 곧바로 성장이 종결되어야 할 것이다. 그러나 자유시장에 충족이란 존재하지 않는다. 오로지 점점 더 많은 소비가 존재할 뿐이다.

이러한 자유시장의 특성이 자연에 미치는 영향은 이제껏 중요하게 고찰되지 않았다. 알다시피 자본주의는 자연보호주의가 아니다. 자본주의는 전 지구적 생태 위기의 해법을 자동으로 개발하지 않는다. 엄격한 규칙이 없으면, 자본주의는 심지어 확연히 악의적이며 선도적으로 자연을 해칠 수 있다.

한 예로 1930년대의 "제너럴 모터스 노면전차 음모 사건General Motors streetcar conspiracy"이 있다. 이 사건에서 미국 자동차 회사들의 수뇌부는 미국 전역의 노면전차 노선을 다 사버렸다. 유일한 목적은 그 노선들을 폐쇄하는 것이었다. 그렇게 자동차 회사 사장들은 사람들이 자동차와 버스를 탈 수밖에 없게 만들었다. 결국 1956년에 연방 대법원은 노면전차 노선 폐쇄를 금지했지만, 그때 미국의 노면전차는 이미 3만 6000대에서 5000대로 줄어든 상태였다. 자동차 회사들의 이 같은 체계적인 근거리 교통 시스템 파괴 공작으로 미국의 도시 45곳이 피해를 당했다. 유죄 선고를 받은 회사들은 5000달러의 벌금을 물었고, 가담한 사장들이 문 벌금은 더 적었는데, 놀랍게도 단돈 1달러였다.

몇백만의 인구가 대중교통의 부재로 더 심하게 오염된 공기를 호흡할 수밖에 없었을까? 그중에 몇 명이 병에 걸리고 일찍 죽었을까? 그로 인해 사회가 치러야 했던 비용은 얼마일까? 쉽게 계산할 수 없다. 몇백만 달러? 아니면 몇십억 달러? 어쩌면 그 이상이 아닐까? 그리고 어찌하여 이 사건의 범인들은 전혀 책임을 지지 않아도 되었을까?

최근 들어 주로 도시의 엘리트층에서 포기는 아주 멋진 유행이 되었다. "더 적은 것이 더 많다Less is more"라는 구호로 대표되는 그 유행은 생활양식을 다루는 책과 자율적 최적화를 논하는 세미나를 점령하고 사교모임의 뜨거운 화제로 자리 잡았다. 자본주의 비판과 소비 비판은 인기가 좋다. 비성장no-growth 운동, 심지어 역성장degrowth 운동이 자본주의와 생태의 원리적 불화에서 벗어날 길을 제공할 것이라고들 한다. 하지만 시장은 "더 적은 것이 더 많다"라는 구호에 능숙하게 대응한다. 늘 그렇듯이 새로운 제품들을 내놓음으로써 말이다. 기후 위기를 상쇄하는 휴가 항공권, 여러 번 사용할 수 있는 테이크아웃 커피잔, 테슬라의 600마력짜리 전기차, 리필용 용기에 담긴 화장품, 야자유가 들어 있지 않은 마가린이 판매된다. 물론 이것들 각각은 그 자체로만 보면 실제로 작은 진보이지만, 전반적으로 이런 형태의 친환경 소비는 중세의 면죄부 판매를 연상시킨다. 친환경 소비란 어쩌면 약간의 비용을 추가로 내면서 익숙한 습관을 그대로 유지하는 것을 의미할 수도 있다.

거듭 말하지만, 중부유럽 거주자 한 명이 소유한 물건은 추정하건대 1만 개에 달한다. 어떤 이는 그보다 더 적게 소유했고, 다른 이는 더 많이 소유했지만, 아무튼 너무 많이 소유했다. 그 모든 물건을 충분히 사용할 수 있을 만큼 시간이 많은 사람은 아무도 없다. 옷장이 꽉 찼지만, 그 많은 옷 중에 3분의 1은 단 한 번 입은 것들이다. 포기의 진정한 의미는 과잉을 없애기, 물건들의 폭정으로부터 해방되기다.

그러나 오직 필요한 만큼보다 더 많이 소유한 사람, 곧 부유한 사람만 자발적으로 덜 소비할 수 있다. 포기는 우리 같은 부자의 특권이다. 그런데 세계 인구의 대다수는 부유하지 않다. 그들은 소유한 것이 너무 많기는커녕 너무 적다. 기초적인 보건, 교육,

의복, 식량만을 위해서도, 곧 최소한의 인간다운 삶을 위해서도 그들의 부는 증가해야 한다. 이처럼 부자보다 빈자가 훨씬 더 많기 때문에, 빈자들의 삶이 인간다운 수준으로 상승할 경우 필시 발생할 추가 소비는 우리의 자발적인 절약을 훨씬 능가할 것이다. 그러므로 포기는 지속가능한 경제 시스템을 위한 전 지구적 전략일 수 없다.

물론 연료를 아끼는 자동차 주행 습관이 부질없다는 뜻은 아니다. 버스 타기, 실내 환기, 육식 줄이기, 친환경 전기 소비 늘리기는 본토박이 제철 채소 먹기와 국내 비행 포기하기와 마찬가지로 전적으로 합리적이다. 이에 대해서는 이론의 여지가 없다. 그러나 안타깝게도 그런 행동들만으로는 대멸종과 생태 위기를 끝내기에 충분할 만큼의 절약을 이뤄낼 수 없다. 우리는 더 많은 일을 해야 한다. 훨씬 더 많은 일을.

빌어먹을 자본주의!

우리가 악착같은 성장과 병적인 소비를 포기하는 것을 넘어서 자유시장 전체를 없앤다면, 그것은 정말 큰 업적일 것이다. 생태 계획경제와 중앙통제 시스템을 채택한 강력한 국가는 플라스틱 빨대, 다목적 승용차, 저가 항공사를 단박에 금지할 수 있을 것이다. 그런 식으로 많은 문제를 신속하게 해결할 수 있을 것이다!

이런 중앙통제적 노선에서 현재 가장 앞서 있는 국가는 중국이다. 물론 중국은 여전히 이산화탄소를 가장 많이 배출하는 국가이며 전 세계 온실기체 배출량의 거의 30퍼센트를 담당한다. 그러나 이런 현재 상태만 바라보면, 중국 정부가 이미 여러 해 전에 선택한 진로를 간과할 위험이 크다. 중국 정부는 이산화탄소 배출을 2030년부터 감축하겠다고 발표했다. 현재의 추세를 보면, 그 목표는 훨씬 더 일찍 달성될 듯하다. 중국이 비교적 최근에 산업 국가의 반열에 올랐음을 감안하면, 이것은 대단한 성과다.

시진핑 주석은 중국을 "생태적 문명"으로 만들겠다고 발표했다. 이 목표는 이미 2013년부터 중국 공산당의 강령에 명확히 적혀 있다. 지난 40년 동안 중국은 약 600억 그루의 나무를 심었으며, 이미 수백만의 인구를 어쩔 수 없이 이주하게 만든 고비사막의 확장을 막기 위해 "녹색 만리장성"을 조성했다. 또한 대안 에너지 사업에 수십억 유로가 투자되고, 전기자동차가 적극 권장되며, 풍력 에너지와 태양 에너지의 생산이 기록적인 속도로 증가하고, 낡은 석탄화력발전소들은 폐쇄된다. 이런 변화 때문에 단 1년 동안 수십만 명의 노동자가 일자리를 잃더라도 걱정할 것 없다. 독재 정부의 입장에서 변화를 위한 희생은 큰 문제가 아니다.

중국의 권력자들은 4년마다 선거를 치러야 하는 처지가 아니며 몇십 년 뒤에도 여전히 권력을 쥐고 있으리라고 예상한다. 따라서 그들은 장기적인 계획을 세운다. 비록 중국 전체의 온실기체 배출량은 많지만, 1인당 생태발자국을 비교하면, 중국인의 것이 서양 산업 국가 거주자의 것보다 여전히 더 작다. 모든 독일인이 중국인처럼 산다면, 독일의 1인당 생태발자국은 3.6 글로벌헥타르global hectare에 불과할 것이다. 현재의 1인당 생태발자국 크기는 독일이 4.8 글로벌헥타르, 미국이 8.1글로벌헥타르다.

베이징의 권력자들은 자연의 법칙 앞에서는 자신들도 굴복해야 한다는 것을 쓰라린 경험을 통해 안다. 현재 중국 도시들에서 스모그는 중세의 페스트에 못지않은 맹위를 떨치고 있다. 모형에 기초한 계산들에 따르면, 현재 중국에서 대기 오염 때문에 수명이 단축되어 죽는 인구는 연간 100만에 달한다. 하루에 거의 3000명이 오염된 공기 탓에 때 이른 죽음을 맞는다는 얘기다.

이런 연유로 중국은 정말로 큰 국가들 중에서는 현재까지 유일하게 생태 위기의 일부인 대기 오염과 지구온난화에 단호히 대처하고 있다. 중국 정부는 인민의 분노에 직면하지 않기를 원한다. 하지만 무엇보다도 생태적 전환과 결부된 경제적 기회를 놓치지 않기를 원한다. 전 지구적 청정 기술 시장은 급속히 성장하고 있다. 친환경 자동차, 해롭지 않은 플라스틱, 초고효율 발전소를 가장 먼저 대량생산할 수 있는 국가는 미래 세계시장의 지배자, 내일의 세계 권력으로 우뚝 설 것이다. 아마도 이 전망이 시진핑에게는 나무에 대한 사랑보다 더 강한 개혁의 동기일 것이다.

중국은 대멸종에 맞선 싸움에서는 현재까지 끔찍할 정도로 하는 일이 없지만 적어도 기후 위기라는 적은 이미 공격하기 시작했다. 그러므로 이런 질문이 제기된다. 나원주의직 시징경제보다 중앙통제 시스템이 환경문제를 더 빨리 해결할 수 있을까? 중국은 생태 독재 체제의 계획경제를 옹호할 근거일 수 있을까?

강돌고래와 허밋풍뎅이

단기적으로는 독재 국가의 경제가 놀랄 만큼 성공적일 수 있다. 독재 정부는 경제 정책의 실현을 위해 국민을 설득하느라 시간을 낭비할 필요도 없고 복잡한 소송에 휘말릴 일도 없다.

1992년 중국 인민대표대회에서 싼샤 댐 건설 계획이 승인되었다. 그 결정은 재생에너지 확대의 역사에서 하나의 이정표였다. 양쯔강에 건설된 그 댐은 지금도 세계 최대의 수력발전소이며, 그곳에서 배출가스 없이 생산되는 전기는 치명적인 스모그에 맞선 싸움에서 중요한 성과다. 그러나 그 댐을 위해 200만의 인구가 이주한 것으로 추정된다. 그중 다수는 강제로 이주당했을 것이다. 공장, 마을, 도시 전체가 물속에 잠겼다. 수천 년 된 도시 몇 곳도 수장되었다. 식물 및 동물 수백 종의 서식 구역이 파괴되었다. 가장 잘 알려진 희생자는 양쯔강돌고래다. 그 종은 절멸했을 것이 거의 확실하다. 이 모든 문제들은 예상된 바였다. 그럼에도 중국은 싼샤 댐을 건설했다.

확연히 대비되는 독일의 사례를 보자. 국영 기업인 '독일 연방 철도'가 슈투트가르트에 새로운 역을 건설하기로 결정한다. 수십억 유로가 투입되는 프로젝트다. 주민들이 반발하기 시작한다. 그러나 시민투표에서 과반수의 시민이 새로운 역을 건설하는 것에 찬성한다. 그러나 얼마 지나지 않아 재판부가 다시 모든 것을 중단시킨다. 허밋풍뎅이가 있다! 학명은 '오스모데르마 에레미타Osmoderma eremita'. 딱정벌레를 잘 아는 독일인은 그 곤충을 '에레미트Eremit'라고 부른다. 몸길이 3센티미터, 색깔은 흑갈색, 짧은 더듬이. 전체적으로 쇠똥구리와 약간 비슷하다. 부화한 후 삼사 년 동안은 애벌레로 나무 속 구멍에 숨어 살다가 딱정벌레로 탈바꿈하여 고작 석 달 동안 돌아다니다가 죽는다. 그때까지 허밋풍뎅이를 놓고 호들갑을 떤 사람은 아무도 없었다. 독일 연방 철도의 '슈투트가르트 21' 프로젝트 덕분에 그 딱정벌레가 돌연 집중조명을 받는다.

허밋풍뎅이는 멸종 위기에 처했기 때문에, 유럽연합은 그 곤충을 사회가 "특별한 책임감"을 가져야 할 "우선 관심종"으로 분류했다. 이제 허밋풍뎅이는 명성이 자자하다. 그러나 양쯔강돌고래의 매력에 비하면, 그 곤충은 확실히 보잘것없다. '슈투트가르트 21'에 반대하는 많은 사람들은 실물로는 한 번도 본 적 없는 딱정벌레에 대한 사랑을 내세우지만, 그 사랑은 어쩌면 전술일지도 모른다. 그들은 종 보호를 명분으로 소송을 제기한다. 다툼은 때때로 기괴하게 느껴진다. 심지어 때로는 그 속에 애벌레 몇 마리가 살 가능성이 있는 나무 두 그루를 베어낼 것인가 하는 문제를 유럽연합위원회가 논의해야 한다. 역 건설 프로젝트는 지연된다. 여러 해가 지나간다. 1500건의 환경 영향 평가서를 검토한 끝에 독일 연방 철도는 '슈투트가르트 21' 프로젝트가 2025년 이전에는 완결되지 않을 것이라고 발표한다. 그리고 프로젝트 비용은 최초 예상보다 세 배로 불어나 80억 유로를 넘어섰다.

이것은 미친 짓이 아닐까? 정말로 딱정벌레 몇 마리가 철도역 건설보다 더 중요할까? 철도역 건설은 기후에 더 친화적인 교통이라는 대의에 종사하는데도? 이 모든 사태는 독일이 얼마나 역기능적으로 뒤틀렸는지 보여주는 실례가 아닐까?

중국이었다면 이런 건설 프로젝트가 당연히 다르게 진행되었을 것이다. 중국 정부는 단호하고 신속하게 처리한다. 그리고 그 와중에 때로는 참혹한 일도 벌어진다.

1958년 중국. 마오쩌둥이 이끄는 지도부는 근대를 향한 "대약진"을 이뤄내고자 한다. 이를 위해 강제력이 동원된다. "자연에 맞서 전쟁하자!" 그 시절에 제작된 선전용 게시물에 적힌 구호다. 국가적 철강 생산을 위해 중국은 채 몇 달이 안 되는 기간에 추정컨대 영토 내 숲의 10퍼센트를 벌목한다. 강들은 대규모로 직선화되고 제방과 댐에 포위되었으며, 선박의 운항을 위한 수로와 인공호수가 건설되었다. 농지는 더 깊게 갈리고, 씨앗은 더 조밀하게 뿌려졌다. 대약진을 위한 운동의 일환으로 참새와의 전쟁도 선포되었다.

강제 집단 농업의 실망스러운 성과를 공산당의 그릇된 결정의 탓으로 돌리는 것은 불가능했으므로, 마오쩌둥은 "네 가지 해악"을 원인으로 지목했다. 쥐, 파리, 모기(일부 기록에 따르면, 벼룩), 그리고 무엇보다도 참새가 인민의 적으로 선포된 것이다. 참새의 죄는 농지에 뿌린 씨앗을 먹어 치운다는 것이었다. 다섯 살배기 꼬마부터 온 국민이 참새 사냥에 동원되었다. 6억 명의 중국인이 단합된 노력으로 참새를 멸종시켜야 했다. 사람들은 길거리와 들판으로 나가 참새를 쫓아내고 독약이나 총이나 올가미로 죽였다. 참새 둥지를 약탈했으며, 요란한 소음을 일으켜 참새가 내려앉지 못하고 공중을 떠돌다가 죽은 채로 떨어지게 했다. 공산당이 일을 벌인 후에는 늘 그렇듯이, 대단한 성공이 발표되었다. 모기를 얼마나 잡았는지는 계산되지 않았지만, 한 선전물에 따르면, 4만 8695.49킬로그램 상당의 파리, 쥐 93만 486마리, 참새136만 7440마리가 죽임을 당했다.

이듬해 중국에서는 곡물의 해충이 증가했다. 과거에 참새들이 잡아먹던 해충들이었다. 흉년은 더 심해졌고, 대약진 운동은 참담한 실패로 돌아갔다. 추정에 따라 정확한 수치는 다를 수 있지만, 1961년까지 최대 4500만 명의 중국인이 굶어 죽었다. 그것은 인류 역사상 최악의 기아 재난이었다. 주원인은 농업의 방향을 잘못 이끈 것과 경솔하게 생태계에 개입한 것이었다. 한 조류 종을 거의 멸종시킨 것도 주요 원인의 하나였다. 얼마 지나지 않아 베이징은 모스크바에 도움을 요청해야 했다. 참새들을 재정착시키는 프로그램을 위해 20만 마리의 참새를 보내달라는 것이었다. 그 프로그램의 성과는 한눈에 알 수 있다. 지금도 중국에는 참새가 드문 편이다.

계획경제의 성공은 지푸라기가 순식간에 불타오르는 것과 유사할 때가 많다. 대약진 운동을 통해 중국은 철강 생산을 실제로 대폭 늘릴 수 있었다. 그러나 생산된 철강은 흔히 저질이었고, 장기적으로 보면 철강 산업 전체가 비경제적이었다. 중앙통제 시스템이 오류를 범할 가능성이 높은 이유 하나는 너무 적은 사람이 너무 많은 문제를 다루는 것에 있다.

오로지 권한을 지닌 공산당원과 그 측근, 친척, 기타 특권 집단만 결정권을 행사할 수 있으며, 최악의 경우에는 단 한 명의 독재자가 홀로 결정을 내린다. 따라서 경험과 사상과 숙고와 대안적 제안이 결정에 미치는 영향은 약해지고, 권력 투쟁과 이데올로기를 위한 고려가 더 중요해진다. 수백만 명의 사람들이 삶에서 터득한 지혜가 활용되지 않으므로, 결정의 질적 깊이는 감소한다.

　또한 국가적 계획 기관은 대개 오류를 인정하기를 꺼린다. 그런 기관의 작동 원리는 독단이므로, 자기비판의 여지는 거의 없다. 독재 체제는 완고하다.

　장기적으로 보면, 상부의 지시를 기다릴 필요 없이 신속하게 스스로 혁신할 수 있는 시스템이 더 우월하다. 폭풍우가 지나간 후에 숲이 스스로 새로워지는 것처럼 자기를 혁신할 수 있는 시스템. 어떤 틀 안에서 — 자연에서는 환경 조건 안에서, 사회에서는 규범과 법률 안에서 — 진화하는 시스템. 사회는 동물 및 식물 종과 매우 유사하게 작동하는 것으로 보인다. 가장 크거나 강한 종이 생태 위기에서 살아남는 것이 아니라 스스로 변화하여 환경 조건에 적응하는 일을 가장 잘 해내는 종이 살아남는다. 가장 적합한 자가 생존한다. 그리고 누가 가장 적합한지는 중앙통제적 기관이 결정하지 못한다.

자유시장의 비판자들도 인정하겠지만, 자유시장은 엄청나게 유연하다. 왜냐하면 매일 수백만의 사람들이 그 시장에 영향을 미치기 때문이다. 모든 각각의 구매 결정이 시장에 영향을 미친다. 자본주의는 인간이 아니며 정당도 아니기 때문에 이데올로기나 의도나 목표가 없다. 자본주의는 단지 온갖 필요에 적응할 따름이다. 필요가 자본주의를 좌우한다. 그러나 자본주의는 눈덧신토끼들이나 인간들이나 바이러스들과 마찬가지로 강박적으로 팽창한다. 자본주의는 닥치는 대로 먹어 치우는 동물과 유사하다. 그 동물 앞에서 우리가 안전하기 위한 유일한 방책은 그 동물을 우리 안에 가둬놓는 것이다. 우리의 창살은 법과 규제다. 그 창살 너머에서 자본주의라는 맹수가 이빨을 드러내며 어슬렁거린다. 우리는 창살이 너무 적어지거나 약해지지 않도록 단단히 주의해야 한다.

그러나 시장이라는 괴물을 돈으로 길들이면, 일이 훨씬 더 잘 풀린다. 적어도 '생태계와 생물 다양성의 경제학TEEB(The Economics of Ecosystems and Biodiversity)'이라는 연구를 지휘한 파반 수크데브는 그렇게 믿는다. 그의 아이디어는 이러하다. "이제껏 무료로 사용되어 온 생태계 서비스를 생산물의 경제적 가치 평가에 반영해야 한다."

예컨대 독일인이 가장 좋아하는 자동차인 '폴크스바겐 골프' 한 대를 생산하는 데 드는 비용은 얼마일까? 상품 목록을 보면, 최저 2만 4000유로다. 과연 그럴까?

틀린 계산이다. 철강의 원료인 철광석은 이를테면 오스트레일리아로부터 운송되어야 한다. 거기에서 매연을 내뿜는 배에 실려 인도네시아로 운반되어 철강으로 가공되어야 한다. 그리고 그 철강이 독일로 옮겨져야 한다.

타이어의 재료인 고무는 예컨대 말레이시아의 고무나무 농장에서 수확되어 이를테면 캐나다에 있는 공장으로 운송된다.

계기판의 원료는 석유다. 그 석유는 예컨대 사우디아라비아에서 채굴된 후 이를테면 중국에 있는 공장으로 운반되어 계기판으로 가공되어야 하고, 그 최종 생산물이 다시 독일로 운송되어야 한다.

좌석에 쓰이는 가죽은 소에서 얻는데, 이를테면 브라질에서 일생 동안 다량의 메탄을 배출하고 물을 소비한 소가 그 가죽을 제공한다. 소의 가죽은 인도로 보내져 무두질된다. 그렇게 가공된 가죽은 다시 배에 실려 독일의 자동차 공장으로 운반되어야 한다.

배터리에 들어가는 납은 이를테면 중국에서 온다. 거기에서 채굴된 납 광석이 배터리용 납으로 가공되어 자동차 공장으로 운송된다. 당연히 이때도 짙은 매연을 내뿜는 선박이 이용된다.

이 모든 일 — 그리고 실제로는 훨씬 더 많은 일 — 이 일어난 다음에야 단 한 대의 자동차가 조립된다. 누군가가 주유소에 차를 세우고 주유구를 열어 연료통을 채움으로써 기후 문제를 더 심화할 수 있으려면, 그전에 먼저 이 모든 일이 일어나야 한다.

그렇다면 '폴크스바겐 골프' 한 대를 생산하는 데 드는 비용은 얼마일까?

틀림없이 엄청난 금액이다.

그러나 자동차를 팔아 돈을 버는 회사는, 말레이시아의 원시림이 고무나무 농장에 밀려 축소되는 것, 광산이 폐업하면서 달의 표면과 유사한 풍경을 남기는 것, 선박용 디젤유가 공기를 오염시키는 것, 소에게 먹일 콩을 생산하기 위해 밀림이 불타는 것에 대한 대가를 치르지 않아도 된다. 이 비용들은 "외주화"되어 있다. 쉽게 말해서, 외부로 떠넘겨져 있다. 대가를 치르는 사람이 아무도 없는 것은 아니다. 아시아의 고무 채취 노동자들, 열대우림의 토착민들, 오염된 공기를 호흡하는 수백만 명의 사람들, 광산 노동자들이 그 모든 대가를 치른다. 그들의 건강, 그들의 문화, 그들의 생명을 대가로 지불한다. 식물들과 동물들이, 자연이 대가를 치른다. 그리하여 결국 모두가 대가를 치른다. 반면에 이익은 자동차 회사가 독차지한다. 지난 20세기에 근거리 대중교통을 망가뜨린 미국 자동차 회사들이 그 피해를 배상하지 않은 것과 똑같은 일이 벌어지고 있는 것이다.

파반 수크데브는 가격이 매겨지는 것만이 가치를 인정받는다고 확신한다. 전형적인 은행가의 태도다. 세계자연기금의 회장을 역임하기 전에 수크데브는 독일 은행 도이체방크에서 경영자로 일했다. 그때 이래로 그는, 공기, 물, 토지, 모든 각각의 박새와 두꺼비에 가격표가 붙고 종 다양성이 주식 시장에 반영되어야 비로소 경제가 자연보호에 진정으로 관심을 기울이게 될 것이라고 믿는다. 녹색 사업은 간단명료하게 이익이 많이 나고 자연 파괴는 비용이 너무 많이 들어서 밑지는 사업으로 되어야 한다고 말이다. 그렇게 된다면, 이익 추구와 환경보호가 손을 맞잡게 될 것이다.

물론 겨울날 지빠귀의 노래나 시원한 폭포 소리의 가치를 돈으로 따질 수는 없다. 그런 자연의 선물들은 억만금을 줘도 살 수 없다. 그러나 다른 많은 것들은 실제로 가격이 있으며, 그 가격이 실제 가치와 늘 일치하는 것은 아니다. 수크데브는 이렇게 확신한다. '예컨대 기업의 이득에 세금을 부과하지 말고 자원 소비에 세금을 부과한다면, 많은 것이 돌변할 것이다.'

이 아이디어는 새롭지 않다. 이미 100년 전에 케임브리지 대학교의 경제학자 아서 세실 피구는 외부에 방치되는 부정적 환경 효과를 내부화하기 위한 과세 방안을 고안했다.

국가가 이른바 '피구세'를 거둠으로써 모두에게 부과될 비용 부담을 원인 제공자에게 지울 수 있어야 한다는 것이 핵심이었다. 100년 뒤에 나온 수크데브의 방안에서는 이산화탄소의 가격도 한몫을 차지한다. 이것은 계획경제 체제의 개입이 아니라 실은 그것의 정반대다. 왜냐하면 이런 방안들은 좋았던 옛날의 "원인 제공자 책임의 원칙"을 부활시키기 때문이다. 현재 우리의 경제는 생태적으로 볼 때 이중적이다. 즉 이익의 사유화에 관해서는 자본주의적이면서 환경 훼손이라는 비용에 관해서는 사회주의적이다. 진정하며 공정한 시장경제라면 환경 비용(환경 훼손의 형태로 발생하는 비용)을 인건비나 광고비와 똑같이 취급할 것이다. 원인 제공자 책임의 원칙에 따르면, 환경 비용을 유발한 자가 그 비용을 부담해야 한다.

이것은 아마도 나쁘지 않은 요구일 것이다. 사회적 시장경제의 생태적 혁신에 대해서 보수 성향의 콘라트 아데나워 재단(콘라트 아데나워는 구서독의 초대총리로, 동 재단은 독일에서 가장 규모가 큰 정치적 재단이다─옮긴이)은 다음과 같은 분석을 내놓는다. "재생 가능한 에너지, 재성장하는 원료, 현대적인 순환경제에 기반을 둔 친환경 경제로의 전환은 발명가 정신과 기업가 정신, 미래의 일자리와 지속가능한 수입을 위한 엄청난 기회를 제공한다. 우리가 지혜롭게 행동한다면, 그 전환은 생태적 성공과 경제적 성공이 같이하는 역사의 출발점이 될 수 있다."

독불장군처럼 환경보호를 외면하는 국가 때문에 다른 많은 국가들이 겪는 두통을 치료할 약도 있다. 바로 생태 관세ecological tariff다. 환경 관련 규제가 느슨한 국가에서 생산된 제품에 생태 관세를 붙인다면, 그런 제품은 시장에서 외면당할 것이다.

자본이 세계의 색깔을 바꾼다

  존 D. 록펠러는 스탠더드 오일의 소유주로서 19세기 말에 세계 최고의 부자로 군림했던 인물이다. 얄궂게도 하필이면 그 록펠러의 후손들이 몇 년 전에 대서특필로 생태 관련 기사들에 등장했다. 왜냐하면 그들이 거대한 에너지 기업 엑손 모빌 ― 스탠더드 오일의 후신 ― 의 "비난받아 마땅한 사업 방식"을 규탄했기 때문이다. 록펠러의 후손들에 따르면, 사람들은 화석연료에 대한 투자에서 손을 떼게 될 것이다. 기후 위기 때문에, 아직 남은 화석연료는 땅속에 그냥 놔두는 편이 더 낫다고 록펠러 가문은 선언했다. 록펠러 가문이 석유에서 손을 떼려 한다니! 이런 일은 오랫동안 상상할 수조차 없었다. 하지만 시대가 달라지고 있다.

  화석 경제의 진짜 연료는 석유가 아니다. 석탄이나 천연가스도 아니다. 실은 돈이 진짜 연료다. 그리고 그 연료는 은행과 투자자에게서 나온다. 그들의 자본이 없으면, 어떤 광산도 개업할 수 없고 어떤 자동차 공장도 설립될 수 없다. 스스로 원한다면 그들은 세계를 더 녹색으로 만들 수 있을 것이다.

그런데 은행과 투자자는 세상을 더 녹색으로 만들 의지가 있을까? 거대한 은행 제이피모건 체이스는 2015년 파리 기후협약 이후에도 여전히 화석연료 산업에 가장 많은 돈을 투자했다. 투자금 총액이 거의 2000억 달러에 달한다. 네덜란드 비정부기구 뱅크트랙BankTrack이 조사한 바에 따르면, 같은 기간에 세계 최대의 금융기업 33곳이 석탄, 석유, 천연가스 사업에 투자한 돈은 2조 달러에 육박한다. 상상하기 어려운 금액이다. 이 금액은 세계의 모든 국가가 기후 위기에 대응하기 위해 내놓을 수 있는 금액보다 훨씬 더 많다. 이 엄청난 돈이 앞으로도 오랫동안 화석연료 산업의 확장과 지구온난화를 촉진하는 연료의 구실을 할 것이다. 이것은 아주 나쁜 소식이다.

주요 은행들은 이중적인 역할을 한다. 왜냐하면 녹색 투자건 흑색 투자건 상관없이 이득이 될 만한 사업이라면 어디에라도 투자하기 때문이다. 기후 위기의 심화에 가장 크게 기여하는 은행인 제이피모건 체이스는 역설적이게도 2025년까지 재생에너지 사업에 2000억 달러를 투자할 계획이다. 도이체방크의 방침도 유사하다. 규모가 1조 달러 이상인 전설적인 노르웨이 연기금은 석탄 사업 투자금을 회수할 계획이다. 기쁘지만 또한 씁쓸한 소식이다. 왜냐하면 그 연기금은 노르웨이의 석유 채굴 사업에서 나오기 때문이다. 독일의 금융 보험 기업 알리안츠는 꽤 오래전부터 투자의 방향을 바꾸는 중이다. 하지만 금융 분야에서 이제껏 가장 주목받은 것은 미국인 래리 더글러스 핑크가 2020년 초에 공개한 편지다.

핑크는 월스트리트 최고의 유력자로, 따라서 세계 최고의 유력자들 중 하나로 통한다. 그는 블랙록BlackRock이라는 기업을 창립한 후 현재까지 최고경영자로 일해왔다. 그 기업은 세계 최대의 자산운용사다. 자본주의 비판자와 환경보호자에게 블랙록은 금융계의 모르도르(『반지의 제왕』에 등장하는 나라로 '암흑의 땅'을 뜻하며 사악한 사우론의 영토다―옮긴이)와 같은 존재다. 그럴 만한 이유가 충분히 있다.

『가디언』에 따르면, 블랙록은 세계 최대의 석탄 산업 투자자다. 그뿐 아니라 그 자산운용사는 피바디 에너지Peabody Energy(세계 최대의 석탄 생산 기업―옮긴이), BHP(세계 최대의 광산 기업―옮긴이), 글렌코어Glencore(세계 최대의 코발트 생산 기업―옮긴이), 콜 인디아Coal India(인도 석탄 회사―옮긴이), 발리Vale(브라질 광산 기업―옮긴이) 등의 최대 주주 반열에 든다. 그러니 기후 위기를 심화하는 산업의 세계에서 둘째가라면 서러운 명사라고 할 만하다. 블랙록은 화석연료 난장판에 어마어마한 돈을 투자한다. 그 난장판을 빚어내는 한 원인인 셈이다. 그런데 바로 그 자산운용사의 우두머리가 자사의 주주들에게 이런 편지를 쓴다. "기후 변화는 기업의 장기적 전망과 관련해서 결정적인 고려 사항이 되었습니다. [……] 근본적인 전환이 임박했다고 나는 믿습니다."

"사우론"과도 같은 래리 핑크의 입에서 나온 이 말은 어느 환경부 장관의 어떤 법률안이나 어느 국제적 비정부기구의 어떤 캠페인보다 더 많이 기후 보호에 이바지할 가능성이 있다. 왜냐하면 블랙록이 운용하는 자산은 거의 7조 달러로, 대충 독일 국내총생산의 두 배에 달하기 때문이다. 정부의 총리나 대통령과 달리, 금융계의 거물 블랙록은 자신의 결정을 위해 과반수 유권자의 지지를 확보할 필요가 없다. 블랙록은 신속하게 전 지구적으로 행동할 수 있다. 핑크는 화석 에너지원에 대해서 이렇게 판단한다. "에너지 전환을 감안하면 더 이상의 투자는 장기적으로 경제적 타당성이 없다고 우리는 믿습니다."

석탄아, 안녕. 석유야, 다시는 만나지 말자. 방금 블랙록이 너희에게 사형을 선고했어.

래리 핑크가 갑자기 환경보호자로 돌변한 것일까? 전혀 그렇지 않다. 그는 투자자이며 최대한 많은 돈을 벌고자 한다. 앞으로는 지속가능한 산업에 투자해도 많은 이익을 챙길 수 있다고 스스로 믿는다면, 그는 그렇게 투자한다. 이 행동은 그의 환경정치적 신념과 무관하다. 블랙록의 전향은 금융산업의 의식 변화를 보여주는 사례가 아니다. 근본적인 수준에서 보면, 오히려 정반대다. 왜냐하면 유일한 관건은 여전히 수익률이기 때문이다. 예나 지금이나 다를 바 없다. 래리 핑크, 제이피모건 체이스, 기타 모든 금융계의 거물들은 오로지 새로운 수익 창출의 기회를 주목할 따름이다. 왜냐하면 환경보호자, 정치인, 과학자, 활동가가 사회를 바꾸고 있기 때문이다. 그들이 패러다임 전환을 촉발했고 이제 금융업의 기본 조건을 변화시킬 참이기 때문이다.

새로운 조짐을 감지하면서, 어제까지만 해도 환경보호를 성장의 적으로 낙인찍던 이들마저도 지금은 녹색 프로젝트에 투자한다. 시장의 눈에는 목표나 이데올로기가 보이지 않는다. 시장은 오로지 돈 냄새를 맡고 따라갈 뿐이다. 그러나 바로 여기에서 정치와 시민사회의 힘이 드러난다. 새로운 규범과 규칙은 과거의 탐욕을 녹색 세계를 일구는 동력으로 변환할 수 있다.

물론 착각하지 말아야 할 것이다. 돈을 녹색 프로젝트들에 투자하겠다는 금융계 거물들의 발표는 현재까지 단지 발표에 불과하다. 비영리 기구 '기후 다수 프로젝트Climate Majority Project'가 명확히 보여주었듯이, 다양한 기업의 주주총회에서 예컨대 블랙록은 대주주로서 여전히 거의 항상 환경보호에 반하는 안건을 지지한다. 어쩌면 래리 핑크는, 블랙록이 지속가능한 투자를 충분히 늘리지 않는다는 이유로 일본 연기금이 많은 돈을 그 회사로부터 회수하고 나자, 약간의 녹색을 가미하는 것이 사업에 이롭다고 판단한 것일지도 모른다. 요컨대 현재까지는 녹색 기업 광고는 많고 녹색 투자는 적다. 그러나, 이렇게 말할 수밖에 없어서 참 슬프지만, 이것만 해도 진보다.

정치가 기본 조건을 변화시키지 않고 직접 개입하면 그리 좋지 않은 결과가 나올 때가 많다. 독일에서는 석탄 연료 폐지를 놓고 오랫동안 뜨거운 논쟁을 벌인 끝에, 2038년까지 석탄 연료 사용을 종결한다는 계획이 합의되었다. 이를 위해 수십억 유로의 세금이 분배될 것이다. 일자리를 잃을 노동자의 곤경을 완화하기 위해 세금을 투입하는 것은 당연히 옳다. 그러나 "보상금"의 많은 부분은 곧장 에너지 기업들의 수머니로 들어갈 예정이다. 그 기업들은 공공의 비용으로 환경을 오염시키는 사업을 중단하는 대가로 보상금을 받는 셈이다.

비유하자면, 쓰레기를 계속해서 길거리에 버리면서 쓰레기 처리 비용은 나 몰라라 해온 사람에게 국가가 벌을 주기는커녕 그 오염 행위를 중단시키기 위해 그에게 돈을 주는 것과 그리 다르지 않다.

진정한 자본주의와 원인 제공자 책임의 원칙만 확고하다면 국가가 따로 할 일은 그리 많지 않다. 국가의 개입은 시대의 신호를 간과하고 낡은 기술에 매달린 기업을 시장이 퇴출시키는 것을 방해할 뿐이다. 이런 식으로 개입하는 국가의 경제 체제를 '화석 계획경제'라고 불러도 좋을 성싶다.

친절한 흡혈박쥐

흡혈박쥐를 만나려면 냄새를 맡아 추적하는 것이 최선의 방법이다. 아메리카 대륙에 사는 흡혈박쥐(학명은 데스모두스 로툰두스 Desmodus rotundus)의 서식 구역은 멕시코부터 베네수엘라를 거쳐 아르헨티나까지 펼쳐져 있다. 흡혈박쥐의 배설물은 암모니아 냄새를 약간 풍긴다. 이 종은 오로지 피만 먹고 소화한다. 흡혈박쥐들은 밤에 동굴에서 나와 날아다니며 칠흑 같은 어둠 속에서 피를 빨 동물의 온기와 그 동물이 호흡하며 풍기는 냄새를 감지한다. 그들은 날카로운 송곳니로 동물의 피부에 상처를 내고 흘러나오는 피를 핥다가 해 뜨기 전에 다시 동굴로 돌아간다. 흡혈박쥐는 기생한다. 그의 생존은 오로지 다른 생물을 착취함으로써만 유지된다. 흡혈박쥐는 피를 빨리는 동물이 고통받고 심지어 병에 걸리는 것에 아랑곳하지 않는다. 흡혈박쥐는 자신의 부를 늘리기 위해 자연을 거침없이 착취하는 약탈적 자본가를 완벽하게 상징하는 듯하다.

그러나 더 자세히 들여다보면 다음이 뚜렷이 드러난다. 흡혈박쥐의 살림살이는 지속가능하다. 흡혈박쥐에게 착취당하는 동물은 수가 적고 빨리는 피의 양도 그리 많지 않다. 또한 흡혈박쥐의 개체수는 다른 종들을 심각하게 위협할 정도로 많은 수준이 전혀 아니다. 자연은 흡혈박쥐의 팽창에 명확한 한계선을 그

어놓았다.

하지만 무엇보다도 중요한 점은 놀랍게도 흡혈박쥐가 다른 흡혈박쥐들을 기꺼이 돕는다는 것이다. 반면에 호모사피엔스의 사회에서는 그런 친절이 없어서 아쉬울 때가 너무 많다. 흡혈박쥐는 오로지 피만 먹고 살기 때문에 많은 식량을 저장해둘 수 없다. 신선한 피를 먹지 못하면, 흡혈박쥐는 길어도 이틀이나 사흘 뒤에 죽은 채로 동굴 천장에서 떨어진다. 그런데 가장 유능한 흡혈박쥐도 밤이면 밤마다 사냥에 성공하지는 못한다. 따라서 흡혈박쥐는 굶주림의 기간이 수시로 찾아오는 것을 피할 수 없는데, 그가 그 기간을 버텨낼 수 있는 것은 오로지 흡혈박쥐 종의 정교한 사회적 행동 덕분이다. 굶주린 흡혈박쥐는 배불리 먹은 동료의 주위를 날아다니며 식량을 구걸한다. 그러면 그 동료는 뱃속의 피를 일부 토해내 굶주린 흡혈박쥐에게 제공한다. 하필이면 흡혈박쥐가 그토록 친절한 이유를 놓고 생물학자들은 오랫동안 고개를 갸우뚱거렸다. 언뜻 생각하면, 귀한 식량을 공유하는 행동은 피를 제공하는 흡혈박쥐에게 불리하게 느껴진다. 그러나 아마도 흡혈박쥐들은 경험을 통해서 사냥의 성과가 얼마나 들쭉날쭉한지 배운 것으로 보인다.

자신의 식량을 내놓은 적 없는 흡혈박쥐는 동료들에게 사랑받지 못한다. 그런 흡혈박쥐는 식량을 구걸해도 대개 소용이 없어서 굶어 죽는 경우가 더 많다. 이런 식으로 진화적 선택이 작동하기 때문에, 흡혈박쥐들은 서로에게 더 친절해진다. 식량을 공유하는 집단에서는 전반적 사망률이 대폭 낮아진다. 결국 모든 흡혈박쥐가 어느 정도 이타적으로 행동하게 된다. 공유가 승리하는 것이다.

하지만 이 시스템이 작동하려면, 나중에 자신이 곤경에 빠지면 동료들로부터 식량을 제공받으리라는 것을 현재의 식량 제공자가 확신할 수 있어야 한다. 생물학자들은 이런 행동을 '상호 이타주의reciprocal altruism'라고 부른다. 이타적이지 않은 동기에서 비롯된 이타적 행동. 흡혈박쥐들은 선한 동물이 아니다. 그들이 굶주린 동료를 돕는 것은 순전히 이기심에서 비롯된 행동이다. 그렇다면 그 행동은 정말로 흥미로운 상징으로 다가온다. 왜냐하면 그것은 현재의 자본주의에서 일어나는 일과 아주 유사하게 느껴지기 때문이다. 정확히 말하면, 화석연료 시대에 부유해진 투자자가 자신의 돈을 친환경 기술에 투입하는 것이 연상된다. 그는 스스로 원해서 그렇게 하는 것이 아니라, 환경운동과 정치가 사회적 압력과 새로운 법을 통하여 그를 강제하기 때문에 그렇게 한다.

흡혈박쥐, 래리 핑크, 제이피모건 체이스의 경영진뿐 아니라 우리 각자도 마찬가지다. 상호 이타주의는 모든 각각의 생물에서 끊임없이 중요하게 작동하면서 때로는 불가능해 보이는 것을 가능하게 만든다. 이를테면 친절한 흡혈박쥐와 녹색 투자자를 가능케 한다. 대조적으로, 보편적 의식 변화와 포기의 문화가 우리를 위기에서 구할 수 있으리라는 희망은 안타깝게도 몹시 막연하게 느껴진다.

다보스 세계경제포럼에는 권위 있는 경제학자들도 참석한다. 그들은 세계 경제의 최대 위험 요소들을 선정하여 그 목록을 매년 발표한다. 어느새 환경문제는 그 목록에서 전쟁, 유행병, 정치적 권력 투쟁마저 제치고 맨 위쪽에 단골로 오른다. 이제는 자연과학자들뿐 아니라 경제 전문가들도 경보를 울리고 있는 것이다.

환경은 우리의 소비, 경제 성장, 팽창에 대한 대가를 요구하는 계산서를 내밀고, 우리는 그 대가를 지불할 능력이 없기 때문에, 자본시장은 생태 문제를 경제 문제로 변환하기 시작했다. 이 "녹색" 돈의 권능은 모든 정치적 지리적 경계를 뛰어넘는다. 이것은 기회다.

그러나 이제 느긋하게 안락의자에 앉아서 자유시장이 저절로 지속가능하게 되는 과정을 그저 지켜보자는 얘기는 결코 아니다. 시장이 변화하는 것보다 먼저 우리의 민주 사회들이 자원 전쟁, 기후 분쟁, 기아, 난민 유입의 소용돌이에 휘말려 침몰할 수도 있으니까 말이다. 우리는 생태사회적 변환을 급격히 가속할 필요가 있다.

래리 핑크와 그레타 툰베리가 전혀 다른 동기에서 동일한 목표를 추구하며 함께 사는 세계를 상상해보라.

그런 세계가 도래한다면 얼마나 많은 변화가 가능할지 상상해보라.

붕괴 아니면 반란?

익숙한 세계의 종말

우리가 물건을 쥐듯이 세계의 운명을 손에 쥔 자들을
가리키는 명칭이 있다. 그것은 "신"이다.

*

데이비드 월리스-웰스, 작가

❖

생물 다양성과 기후의 위기에 관하여 우리는 많은 거짓말을 주고받는다. 이를테면 이런 것들이다.

그 위기를 아직은 피해갈 수 있다.

그 위기는 천천히 심화될 것이다.

그 위기는 어딘가 다른 곳에 닥친다.

그 위기가 닥쳐도 산업 국가들에 미치는 충격은 그리 크지 않을 것이다.

누군가가 문제를 해결하게 될 것이다.

우리는 그 위기에서 벗어날 수 있다.

그 위기는 그리 혹독하지 않을 것이다.

자연은 외부의 도움 없이 스스로 적응한다.

당신은 이런 유형의 생각을 해본 적이 있는가? 해봤다면, 당신의 심경을 충분히 납득할 수 있다. 그러나 유감스럽게도 당신의 생각은 틀렸다. 생태 위기는 현실이다. 생태 위기는 이미 시작되었으며 우려한 것보다 더 심각하다.

생물 다양성 및 기후의 위기, 뒤죽박죽된 물질 순환들, 토지 소비, 지구의 부담 한계를 보여주는 모형에 토지와 함께 등장하는 나머지 여섯 가지 요소들(생명에 필수적인 지구 시스템의 부분들)의 상황은 반드시 종합적으로 고찰되어야 한다. 이는 누구에게나 필수적인 신체 장기 9개를 종합적으로 고찰해야 하는 것과 마찬가지다. 심장이 박동을 멈추면, 폐가 멀쩡해도 아무 소용이 없다. 이런 관점에서 보면 지구는 거대 유기체다. 최소한 생명에 필수적인 그 9개의 시스템이 안정적으로 작동할 때만 그 거대 유기체는 우리를 살려줄 수 있다. 그러므로 우리가 지구의 부담 한계 9개 중에 어느 하나라도 넘어서 계속 나아간다면, 우리에게 허용되는 행동의 범위는 걸음을 뗄 때마다 더 줄어든다. 우리는 9개의 시스템 모두를 종합적으로 고려해야 한다.

이를테면 우리에게 가장 또렷이 감지될뿐더러 가장 위험한 두 분야, 곧 대멸종(바꿔 말해, 생물 다양성)과 지구온난화를 보자. 이것들은 서로를 심화한다. 우선, 기후 위기는 대멸종을 심화한다. 거꾸로, 건강한 생태계는 지구온난화를 막는 최선의 전략이다. 예컨대 습지는 특히 많은 이산화탄소를 저장할 수 있다. 반대로 습지가 마르면 다량의 메탄이 대기로 방출되어 기후 위기가 더 악화된다. 맹그로브 숲, 열대우림, 자연적 초원, 규조류 등의 많은 생태계들과 생물들이 기후를 위해 중요한 역할을 한다.

따라서 이런 결론이 도출된다. '대멸종을 막아내지 못한다면, 기후 위기에 맞선 싸움에서도 질 수밖에 없다.' 그러므로 기후 보호를 위해 자연적인 서식 구역들과 종들을 희생시키는 일은 없어야 한다. 그러나 현실에서는 그런 일이 일어날 위험이 다분하다. 한 지역 전체를 수몰시키는 거대한 댐은 지구에 이롭지 않다. 인도네시아산 야자유가 유럽 트랙터의 연료로 사용되기 위해서는, 인도네시아에서 종들이 죽어 나가야 한다. 요컨대 이산화탄소 발자국은 환경친화성 판정의 유일한 기준이 아니다. 무언가가 환경친화적인지 여부는 종합적인 고찰을 통해 판정되어야 한다.

하지만 생태 위기가 실제로 그토록 극적이고 이른바 "대가속"이 시작된 이래로 우리가 환경을 대규모로 파괴하고 있다면, 왜 우리는 그 문제를 현재까지도 미미한 수준으로 감지하는 것일까? 어찌하여 식량 부족, 생필품 부족, 폭동이 여태 일어나지 않을까? 왜 아동사망률, 기아, 극심한 빈곤이 도리어 감소하고, 왜 교육 수준과 복지가 향상되고, 왜 폭력으로 죽는 사람이 줄어들까? 한스 로슬링이나 하버드 대학교의 심리학자 스티븐 핑커 같은 저자들의 베스트셀러에 담긴 주요 주장은, 우리의 형편은 통념보다 더 나을 뿐 아니라 과거 어느 때보다 더 낫다는 것이다.

언뜻 보면, 지구 시스템 과학자들과 생태학자들이 알아낸 바, 그리고 그들이 인류 문명에 매우 파괴적이라고 서술하는 바는 그 저자들의 주장과 정면으로 충돌한다. 이를 어떻게 이해해야 할까?

핑커 등은 현재만 바라볼 뿐 미래를 내다보지 않는다는 점을 주목할 필요가 있다. 오로지 현재를 위해 미래에 치러야 할 비용을 무시할 때만, 우리의 현재 형편은 좋게 보인다. 이는 쇼핑광이 신용카드로 온갖 상품을 구매하면서 희희낙락하는 것과 마찬가지다. 머지않아 그의 집으로 신용카드 대금 청구서가 날아올 것이다. 우리가 이미 치르고 있는 대가도 있다. 가장 중요한 것들은 대멸종과 기후 위기다. 이것들은 우리 인류가 혜성처럼 떠오르기 위해 끌어 모아온 부채 곧 환경 비용의 일부다. 그 부채의 많은 부분은 몇 년이나 몇십 년 후, 심지어 몇백 년 후에 갚으면 된다. 그러나 환경은 집요해서 그 어떤 것도 잊어버리지 않는다. 단돈 1원의 부채에 대해서도 환경은 조만간 상환을 독촉할 것이다. 바꿔 말해, 생태 위기는 아직 전혀 최고조에 이르지 않았다. 미래의 상황은 지금까지 우리가 상상할 수 있는 것보다 더 나빠질 것이다. 생태 위기는 우리가 자랑스럽게 여기는 모든 문명적 진보를 붕괴시킬 수도 있다. 생태 위기는 조만간 반드시 경제 위기, 정치 위기, 사회 위기로도 이어질 것이다.

전쟁과 가뭄

시리아의 우기는 11월부터 5월까지다. 2007년에는 비가 거의 오지 않았다. 2008년도 마찬가지였다. 시리아 당국은 유엔에 도움을 청했다. 위기의 심각성이 정부의 역량을 능가한다고 시리아 공무원들은 썼다. 유엔은 그들의 요청에 응답하지 않았다.

2009년에도 거의 비가 오지 않았다. 2010년은 극심한 가뭄이 연이어 네 번째로 찾아온 해였다. 많은 농부가 이미 오래전에 농지를 포기하고 도시로 도피해 있었다. 그런 이주 인구가 150만 이상에 달했다. 게다가 이라크에서 탈출한 난민이 100만 명을 넘었다. 아사드 정권은 이들을 감당할 능력이 없었고, 아무 조치도 취하지 않았다. 같은 시기에 튀니지와 이집트를 비롯한 아랍 국가들에서 시민들이 정부에 맞서 봉기했다.

분위기가 이미 폭발 직전이었던 2011년, 청소년 몇 명이 다라Darra시에서 벽에 스프레이로 이런 문구들을 낙서했다. "대통령을 끌어내리자!" "의사 선생, 이제 당신 차례야." 그들은 전직 안과의사인 대통령 바샤르 알 아사드에 대한 분노를 표출한 것이었으며 그 이유로 체포되었다. 처음엔 그들의 부모가 항의했고, 얼마 후에는 시민의 절반이 시위에 나섰다. 경찰은 발포하기 시작했다. 처음엔 공중으로, 나중엔 시위대를 향해. 첫 사망자들이 나왔다. 다라에서 시작된 분노와 광란의 물결이 온 나라를 뒤덮었다. 곧이어 시리아는 불길에 휩싸였다. 이슬람국가가 영토의 많은 부분을 점령했고, 시리아 정부는 독가스를 사용했으며, 수십만 명이 목숨을 잃었다. 이 글을 쓰는 2020년 3월, 전쟁은 여전히 계속되고 있다.

그 가뭄은 900년 만에 최악이었다. 시리아는 근동의 곡창지대인 "비옥한 초승달 지역"에 속한다. 평소에 이곳에서는 바람이 지중해의 습기를 내륙으로 운반하여 짙은 구름을 만들어낸다. 그 구름에서 내리는 비는 땅을 푸르게 한다. 그러나 산타바버라 소재 캘리포니아 대학의 콜린 켈리가 이끄는 연구팀이 밝혀냈듯이, 지구온난화 때문에 마치 컨베이어벨트처럼 물을 공급하던 그 시스템이 약화되었다. 가뭄이 시리아 내전의 유일한 원인이었다고 주장한다면, 그것은 지나친 단순화일 것이다. 그러나 이미 위태롭던 상황을 가뭄이 더 악화시켰다는 점에 대해서는 의심의 여지가 거의 없다. 연구자들은 이런 연관성을 이제야 서서히 이해하기 시작하는 중이지만, 환경이 역사를 좌우한다는 사실은 점점 더 뚜렷이 드러나고 있다. 과거에도 늘 그러했다.

로마의 경우

기원전 2세기부터 기원후 1세기는 로마 제국의 명실상부한 전성기였다. 당시의 기온은 잉글랜드에서 포도나무가 자라고 올리브나무 숲이 우거질 정도로 높았다. 여름은 건조했으며, 겨울은 온화했다. 우호적인 기후 덕분에 농업 생산량이 풍부했다. 곡물을 잔뜩 실은 배들이 나일강을 타고 내려와 지중해를 누볐고, 제국은 왕성하게 성장했다.

로마 경제의 기반은 농업, 바꿔 말해 우호적인 기후였다. 세금의 90퍼센트를 농부들이 납부했다. 로마의 온난 기간이 지속되는 한, 모든 것이 순조롭게 돌아갔다. 기원후 115년에 로마 제국은 지중해권 전체를 아울렀다. 더 나아가 동쪽으로는 흑해와 메소포타미아까지, 북쪽으로는 라인강 유역과 오늘날의 웨일스와 잉글랜드까지가 로마 제국이었다. 태초의 인간들이 보여준 팽창의 성향은 로마의 지배자들을 움직이는 원리이기도 했다. 정복은 큰돈을 벌게 해주었다. 그러나 기원후 2세기에 기후가 서서히 변화했다. 겨울은 더 혹독해졌고, 여름에는 점점 더 자주 비가 왔다.

갈리아의 로마인들은 토지를 작게 구획하여 축산과 농경을 병행하는 시스템을 개발했다. 그 시스템은 유연하고 저항력이 강했으며 기후 조건에 잘 적응했다. 그러나 머나먼 로마에서 온 관리자들은 생각이 달랐다. 그들은 제국의 도시들에 내다 팔아 돈을 벌 수 있는 작물을 대규모로 경작하라고 농부들에게 지시했다. 관리자들이 계획한 시스템은 기후 악화에도 불구하고 남쪽에서는 그런대로 잘 돌아갔지만 북쪽에서는 점점 더 적은 수확을 창출했다. 관리자들의 지시로 부적합한 농작물과 농업 방식을 어쩔 수 없이 채택한 농부들은 세금을 점점 더 적게 낼 수밖에 없었다. 머지않아 지배자들은 북방에서 외래 종족들의 공격을 막아내야 할 군인들에게 급료를 주기 어렵게 되었다. 406년에 적군이 얼어붙은 라인강을 건넜고, 20년 뒤에 반달족이 북아프리카를 점령함으로써 로마는 가장 중요한 곡창지대를 잃었다. 이제 로마의 몰락을 막을 길은 없었다.

추워지는 기후가 로마의 몰락을 가져온 유일한 원인이었던 것은 아니다. 환경 조건은 거의 항상 여러 요인 중 하나일 뿐이다. 지배자들이 어떻게 통치했는가 하는 것과 환경이 얼마나 신속하게 원래 상태를 회복할 수 있었는가 하는 것도 결정적으로 중요했다. 로마인들은 머나먼 식민지의 농부들이 쌓은 경험과 지식을 받아들이는 데 인색했으며 새로운 상황에 대응하기에는 너무 완고했다.

지금이 위기의 시작이다

로마의 경우를 현재에 빗댈 수 있을까? 현재의 생태 위기는 시스템을 위협할까? 에티오피아에서는 아파르족 목동과 이사족 목동이 건초 다발 몇 개와 우물을 놓고 총격전을 벌인다. 우물에 고이는 물은 점점 더 줄어든다. 부유한 국가들에서 피해가 발생한다. 2018년에 독일에서는 1200명 이상이 더위, 폭풍우, 홍수 때문에 사망했다. 그해 여름의 혹독한 더위로 피해를 당한 국가들의 순위 목록에서 독일은 3위에 올랐다. 말라죽은 숲을 정리하는 작업에만 수십억 유로가 들었다.

지구는 더 더워지고 종이 빈곤해질수록 더 가혹해진다. 스탠퍼드 대학교의 한 연구가 보여주었듯이, 온도가 상승할수록 세계는 더 위험한 장소로 된다. 살인, 가정 폭력, 폭행, 부상이 발생할 확률은 온도가 익숙한 기준에서 1도 높아질 때마다 2.4퍼센트 상승한다. 민병대, 폭도, 기타 무장 세력들 사이에서 무력 분쟁이 일어날 확률은 무려 11퍼센트 넘게 상승한다. 이것이 호모 사피엔스다. 우리는 달아오르면 이성을 꺼버리는 동물 종이다.

역사 속의 거의 모든 전쟁에서 관건은 토지, 물, 석유, 기타 자원을 손에 넣는 것이었다. 생태 위기는 그런 분배를 둘러싼 분쟁을 더 심화한다. 그렇지 않아도 부유한 북반구 국가들 중 다수는 대개 더 더운 남반구 국가들보다 생태 위기의 피해를 덜 당한다.

고고학적 발견들은 몇몇 민족에서 극심한 가뭄이 사회적 붕괴를 일으켰음을 보여준다. 반면에 다른 민족들에서는 극심한 가뭄이 더 정교한 관개 시스템의 개발과 사회적 혁신, 따라서 새로운 환경 조건에의 적응을 유발했다. 후자의 민족들에게 위기는 더 나은 미래로 가는 과정이었다. 위기를 겪은 뒤에 그 민족들은 어쩌면 더 강해지기까지 했다. 환경 변화가 꼭 재난으로 이어지는 것은 아니다.

일본은 숲 파괴의 위기를 어떻게 극복했나

일본은 혼란스럽던 16세기가 끝나면서 마침내 평화와 복지의 시대를 맞이했다. 인구가 급증했고, 그 결과로 일본은 17세기에 환경 위기에 빠졌다. 인류학자 재러드 다이아몬드의 저서『문명의 붕괴』를 보면, 건물과 선박이 거의 온통 목재로 제작되었고 건축이 여전히 호황이었으므로 일본 열도에서 숲이 대규모로 벌목되었다. 그리하여 가파른 경사지가 침식되고, 하천에 퇴적물이 쌓이고, 비료와 사료가 부족해지고, 홍수로 농지가 물에 잠겼다. 기근이 거듭해서 일본을 덮쳤다.

그러나 일본은 전환에 성공했다. 한편으로 절제와 예견이 공식적인 이데올로기로서 발전했고, 다른 한편으로 세월이 흐르면서 지배자들은 누가 어떤 목적으로 나무를 베어내도 되는지에 관하여 점점 더 정교한 법령을 선포했다. 부분적으로는 영아 살해(주로 에도 시대에 성행했던 '마비키'라는 풍습으로, 마비키는 '솎아내기'란 뜻이다 —옮긴이)와 같은 과격한 조치를 통해 인구 증가가 안정화되었고, 대규모의 숲 재생 프로그램을 통해 숲 파괴의 귀결들이 완화되었다. 다이아몬드에 따르면 "수동적으로 반응하는 것에 그치지 않고 위기를 예견하고 일찌감치 행동할 용기를 낸 책임자들이" 많은 것을 이뤄낼 수 있었다.

생태 스트레스를 견뎌내지 못한 로마인과 견뎌낸 일본인. 환경 위기가 붕괴로 이어질지, 사회가 자신의 실수로부터 교훈을 얻을지 여부는 정해져 있지 않다. 현재에 대해서도 똑같은 얘기를 할 수 있다. 우리가 유발한 생태 위기는 인류 역사에서 사회들이 견뎌내야 했던 어떤 생태 위기보다도 더 심각하다. 그러나 우리는 환경 파괴의 메커니즘에 관하여 과거의 사회들과는 비교할 수 없을 만큼 많은 지식을 보유했고 가능한 대응책들을 잘 알고 있으며 중요한 지렛대들을 찾아냈다. 우리는 인류 역사에서 전례가 없는 지식과 기술적 가능성들을 보유하고 있다.

우리는 지금 갈림길 앞에 섰다. 두 갈래 길 각각의 끝에 무엇이 있는지 정확히 알지는 못하더라도, 우리는 어느 길로 가는 것이 바람직한지 안다. 물론 우리는 이제껏 해온 대로 그냥 계속할 수 있다. 그러나 그 길의 끝에 무엇이 있는지 우리는 예감한다. 비록 최종적으로 확실하게 단언할 수는 없더라도 말이다. 그것은 무너지는 지구 시스템, 자원 부족, 카오스다.

그러나 우리는 다른 길로 접어들 수도 있다. 그 길을 '녹색 변환의 길'이라고 부르자. 이 길이 어떻게 이어지고 어디에 닿을지도 우리는 잘 모른다. 우리가 아는 것은 이 길이 험난하며 우리의 방관이 길어질수록 더 가팔라진다는 것뿐이다.

21세기에 생태 문제는 세계 정치의 위험 요인으로 점점 더 많이 불거질 것이다. 이를 아직 이해하지 못한 사람들이 있다. 그들은 환경보호를 테러나 경제 분쟁보다 덜 중요한 사안으로 평가하며, 문명을 위협하는 환경문제에 대한 경고를 호들갑으로, 근본적 변화의 촉구를 극단주의로 간주한다. 그러나 "만약에 비명을 지르는 사람이 옳고 실제로 위험이 임박했다면" 어찌할 것이냐고 독일 저널리스트 베른트 울리히는 묻는다. "중도적인 행동이 미친 짓인 상황이 있을 수 있다는 것"을 대다수 사람은 상상조차 못 하는 듯하다고 그는 지적한다.

세계은행의 추정에 따르면, 21세기 중반까지 1억 4000만 명 이상이 기후 변화의 피해를 당하지 않기 위해 이주해야 할 것이다. 1억 4000만 이상이라면, 노르웨이, 슬로바키아, 핀란드, 덴마크, 불가리아, 스위스, 세르비아, 오스트리아, 벨라루시, 헝가리, 스웨덴, 아제르바이잔, 포르투갈, 그리스의 인구를 다 합친 만큼이다. 그 정도 규모의 이주는 여러 대륙을 혼란에 빠뜨릴 위험이 있다.

2015년에 파리에서 최소 목표로 설정된 2도의 온난화는 오늘날 거의 달성할 수 없게 되었다. 독일의 온도 상승은 벌써 1.4도에 이르렀다. 그러므로 우리는 "자연재해"를 운운하는 습관을 가능한 한 빨리 버려야 한다. 허리케인과 모래폭풍과 홍수와 가뭄의 원인이 인간이 배출한 기체들에 있다면, 우리의 육식 욕구가 열대우림 시스템을 파먹어 그 시스템이 탄소를 포획할 수도 없고 토양을 붙들어둘 수도 없고 물을 저장할 수도 없게 되었다면, 우리가 자연재해를 운운할 때 "자연"이란 대체 무엇을 의미할까?

해양학자이자 기후학자인 월리스 브로커의 다음과 같은 말이 정확히 옳다. "기후 시스템은 화가 잔뜩 난 야수인데, 우리가 그 야수를 쿡쿡 찌르고 있다." 브로커의 말을 더 보완할 필요가 있다. 우리는 인류를 삼켜버릴 수 있는 괴물을 자극하고 있을 뿐 아니라, 그 괴물을 다스리는 조련사를 죽이고 있다. 그 조련사는 생물 다양성이다.

경계 없는 지구

인간에게는 지리적 한계가 있다. 과거에 지리적 한계는 민족들과 종족들, 동물들과 식물들을 떼어놓고 대체로 분산시켰다. 그러나 지금 우리는 사실상 단 하나뿐인 초대륙에서 산다. 느낌에서는 온갖 차이가 있긴 하지만, 인류는 경제, 군사, 기술, 정치, 문화적으로 한 덩어리가 되었다. 우리는 단 하나의 세계사회를 형성했다.

따라서 한 지역의 사회적 붕괴는 들불처럼 빠르게 번져나가 지구 시스템 전체를 위협할 수 있다. 부분적으로 기후 위기가 촉발한 시리아 내전은 수백만 명을 난민으로 만들었고, 그들이 유럽에 유입된 여파로 많은 포퓰리스트가 의회에 진출했다. 이처럼 모든 것이 모든 것과 연결되어 있다.

영국의 위험평가 회사 메이플크로프트Maplecroft의 자료가 보여주듯이, 2019년에 전 세계 국가의 4분의 1에서는 사회적 불안이 증가했다. 얼핏 보면, 각국에서 일어난 사건들은 관련성이 거의 없는 듯하다. 레바논에서는 와츠앱WhatsApp(페이스북이 운영하는 메신저 앱─옮긴이) 사용에 세금을 물리자는 제안 때문에 항의 시위가 일어났고, 인도에서는 무슬림에 대한 법적 차별에 항의하는 시위가 있었으며, 수단에서는 오랜 시위 끝에 장기집권자 오마르 알바시르가 물러났고, 프랑스에서는 이른바 '노란 조끼'(노란 조끼를 입고 시위를 벌인 프랑스인들─옮긴이)가 처음엔 경유세 인상에 반대하고 나중엔 마크롱의 연금 개혁에 반대하며 여론을 주도했다. 다양한 위기가 있었고, 다양한 원인이 있었다.

하지만 정말로 다양했을까?

"지구의 한계" 및 "대가속"의 개념(책 중간의 그래픽 참조)이 개발되는 데 결정적으로 기여한 지구 시스템 연구자 빌 슈테펜은 이렇게 말한다. "기후 변화, 생물 다양성 위기, 시민 봉기는 뿌리가 같다. 이것들은 동일한 자본주의 경제 시스템의 특징들이다. 그 시스템은 불공정을 산출한다."

슈테펜의 주장에 따르면, 기후 및 생물권의 위기는 이를테면 깨끗한 식수나 충분한 식량 같은 생태계 서비스들이 사라지는 것과 같은 간접적인 방식으로만 사회를 불안하게 만들지 않는다. 오히려 그 위기는 전 세계에서 일어나는 많은 동요와 봉기의 진짜 원인이기도 하다.

프랑스 사회학자 브뤼노 라투르의 견해도 비슷하다. 한 에세이에서 그는 "기후 위기, 대멸종, 삭막해지는 풍경이 우리를 미치게 한다"라고 쓴다. "당연한 말이지만, 이제 곤충도 없고 새도 없으며 물도 공기도 없다고 한 시민에게 알려주면, 그는 자신이 일하는 공장이 베트남으로 옮겨간다는 소식을 들었을 때와 마찬가지로 발밑이 꺼지는 느낌을 받을 것이다. [……] 단순화해서 볼 때 원인이 경제적인 것이건 생태적인 것이건 상관없이 우리 삶의 기반을 흔드는 모든 위기는 이제 영토territorium에서 동일한 상황을 초래한다."

라투르는 사회학자이므로 자연과학자와는 다른 어휘를 구사한다. 그가 말하는 "영토"는 인간의 지속적 생존을 가능케 해주는 모든 사람들, 동물들, 식물들을 뜻한다. 이 정의는 생태계 및 생태계 서비스에 대한 생태학자들의 정의와 놀랄 만큼 유사하다. 발밑이 꺼지는 느낌을 받은 사람에게서 나타날 수 있는 행동

하나는 외부와 내부를 가르는 장벽을 세우는 것이다. 여기에서 라투르는 생태 위기와 인종차별적, 극우적, 민족주의적 경향의 강화 사이의 관련성을 본다. 생태 위기는 우리와 그들을 갈라놓는다.

"점점 더 빨리"의 시대는 끝났다

자동차의 가속 페달을 밟으면, 처음에는 자동차가 점점 더 빠르게 달린다. 하지만 조만간 한계에 도달한다. 자동차를 운전하기가 점점 더 어려워지고, 핸들이 불안하게 떨리고, 나사들이 풀리기 시작하고, 엔진 냉각 시스템이 한계에 이르러 엔진에서 연기가 나기 시작할 터이다. 그래도 계속 가속하면, 어쩌면 바퀴가 빠지거나 핸들의 축이 부러질 것이다. 시스템에 너무 많은 에너지를 투입하면 반드시 그런 일이 벌어진다. 예컨대 미시시피강을 점점 더 깊이 준설하여 점점 더 많은 물이 점점 더 빠르게 흐를 수 있게 만들면 — 이것도 에너지 투입의 한 방식이다 — 난류亂流가 발생한다. 난류는 예측이 전혀 불가능한 마구잡이 흐름, 카오스의 영역이다.

우리도 그런 가속의 한계를 코앞에 두었을까? 아마존의 열대우림 시스템, 시베리아의 녹아가는 영구동토층, 태평양의 죽어

가는 산호초, 북반구의 불타는 침엽수림, 전 지구적 기후, 스트레스를 받는 사회들. 이 모든 시스템들은 어느 정도 안정적인 상태에서 카오스적인 상태로 넘어가기 직전이다.

그러니 가속을 줄이고 더 느려져야 할까? "그렇게 하기는 어렵다"라고 예컨대 지질학자 페터 하프는 말한다. 실제로 미래에 우리에게 필요한 에너지는 줄어들지 않고 더 늘어날 것이다. 그 이유는 여러 가지다. 첫째, 먹고살아야 하는 새로운 인간이 매일 22만 5000명씩 태어난다. 이미 수억의 인구가 몹시 빈곤하게 살아가는데 말이다. 둘째, 우리가 유발한 생태 위기 때문에, 피해 복구 및 예방을 위한 비용이 이미 매년 수십억 유로씩 들어간다. 앞으로 비용은 더욱 증가할 것이다. 셋째, 우리가 생태 위기를 어떤 식으로든 제어하고자 한다면, 엄청나게 많은 공이 들어갈 것이다. 발명, 새로운 사회 구조, 더 많은 연구, 계몽(여담이지만, 이 책처럼 대멸종을 다루는 책들도 계몽을 위한 노력의 일환이다)이 필요할 테고, 이것들을 위해 처음에는 더 많은 에너지가 소비될 것이다. 물론 나중에는 이것들 덕분에 에너지가 절약되겠지만 말이다. 넷째, 에너지를 획득하기가 점점 더 어려워진다. 채굴하기가 가장 쉬운 석탄층, 유전, 천연가스전은 이미 오래전에 개발되었다. 물론 남아 있는 화석연료는 아직 충분하지만(수백만 년 동안 인류가 전 지구에 폐를 끼치기에 충분하다), 화석연료를 채굴하는 데 드는 비용은 점점 더 상승한다. 또한 이산화탄소 중립적 기반시설을 건설하기 위해서도 처음에는 투자가 불가피할 것이다.

사회의 변화가 일어나는 방식

우리 인간은 지능과 합리성을 보유한 것을 자랑스러워하며, 이는 정당한 자부심이다. 이 능력들 덕분에 우리는 세계를 정복했다. 우리는 달에 깃대를 꽂았으며 남극에서 겨울을 난다. 정말 대단하다!

우리는 혁신적이며 적응력이 강하다. 바다를 보면 우리는 배를 만든다. 날씨가 추우면, 석탄을 땐다. 너무 뚱뚱해지면, 구글에서 과일 다이어트나 간헐적 단식을 검색한다. 문제 해결을 우리만큼 잘하는 생물은 없다.

그러므로 그 입증된 해결 방식을 우리가 지금 다시 적용하려 하는 것은 놀라운 일이 아니다. 난방용 석유 대신 태양열이 사용되고, 휘발유 자동차 대신 전기 자동차가 달리며, 공정무역 커피와 MSC(해양관리협의회. 지속가능한 어업의 표준을 설정하는 비영리 독립 단체 ─ 옮긴이) 인증 마크가 찍힌 생선이 기존 제품들을 대체한다. 그럴싸하게 느껴지는 해법이다. 다만, 효과가 없다는 점이 문제다. 안타깝게도 이번에는 이 해법이 통하지 않는다.

이번에 우리는 변화해야 한다. 우리의 행동과 가치들을 변화시켜야 한다. 베를린에서 활동하는 역사학자 루이제 트레멜은 역사를 훑어보며 성공적인 변화의 사례를 탐색했다. 이를 위해 그녀는 250년 전으로 거슬러 올라가야 했다. 유럽과 미국에서 노예제가 폐지된 때로 말이다. 그때와 현재는 놀랄 만큼 유사하다. 지금과 마찬가지로 그때도 관건은 착취였다. 당시에는 착취당하는 인간, 오늘날에는 착취당하는 자연과 기후. 지금과 다름없이 그때도 착취는 사업 기반이었으며, 사회의 복지는 착취에 의존했다. 또 하나의 유사성은 외견상 착취와 무관한 이들도 이익을 얻고 따라서 간접적으로 착취에 동참한다는 점이다.

19세기에 노예를 직접 소유한 사람은 극소수였다. 21세기에 열대우림의 나무들을 직접 벌목한 사람들은 극소수다. 그럼에도 당시에는 다수, 오늘날에는 대다수가 그런 착취 시스템의 수혜자다. 노예와 열대우림 벌목은 제품과 서비스의 가격을 낮춘다. 과거에 노예는 설탕과 목화의 가격을 낮췄고, 오늘날 열대우림 벌목은 거의 모든 것의 가격을 낮춘다. 그 덕분에 창출되는 소득은 일자리를 만들고 국고를 채운다. 예나 지금이나 비용은 제대로 계산되지 않는다.

역사적 사례에서는 비용이 노예화된 인간에게 떠넘겨졌고, 오늘날에는 자연에, 따라서 미래 세대들에게 떠넘겨진다. 노예화된 인간들은 지배자들의 의지에 맞서서 체계적 억압을 종결할 수 없었다. 현존하는 인간의 과반수가 경제 및 사회 시스템의 근본적 개혁을 위한 압력을 행사하지 않는다면, 지연은 회복되지 못할 것이다.

그러므로 선구자가 필요하다. 영국은 미국보다 수십 년 먼저 노예제를 폐지했고, 이 때문에 경제적 손실을 감수해야 했다. 처음에는 다른 국가들이 영국의 시장 점유율을 넘겨받았다. 그러나 결국 성공이었다! 루이제 트레멜은 노예제 폐지가 어떻게 가능하게 되었는지 연구했다. 이 책 중간의 그래픽이 보여주는 그녀의 모형은 모든 사회적 변환이 여러 단계를 거친다는 것을 보여준다.

중지 모형

1단계: 문제 제기

이미 17세기에 영국 퀘이커교도들이 노예제를 비기독교적 관행으로 규정하기 시작하고, 더 나중에 계몽사상가들은 그것을 인간 존엄의 침해로 비판한다. 또한 몇몇 귀족이 노예제에 반대한다. 그럼에도 영국 선박들은 계속해서 많은 사람들을 아프리카에서 식민지들로 실어나른다. 그들은 식민지에서 설탕, 럼 주, 담배, 목화를 생산해야 한다.

2단계: 세력 규합

18세기 후반기에 영국에서 점점 더 많은 사람들이 노예제를 비난한다. 1783년에 인신매매 철폐를 추구하는 최초의 단체가 설립되고, 이어서 다른 단체들도 생겨난다. 노예제에 반대하는 세력이 성장한다. 신문들이 노예제에 반대한다고 밝힌다. 청원이 제기되고, 항의의 글이 발표되고, 사람들은 노예 착취를 통해 생산된 제품에 대하여 불매운동을 벌인다. 사람들이 거리 시위에 나선다. 마침내 항의의 물결이 의회에 도달한다.

3단계: 규제

정치적 다수파는 꾸물거린다. 1833년에 "노예제 폐지법Slavery Abolition Act"이 선포되어 영국 제국 안에서 노예가 금지된다. 한때 급진적 입장이었던 노예 해방 찬성이 이제 주류다. 정치권에서 세부 사항들이 합의된다. 노예 소유주의 손해를 보상해준다는 합의가 이루어지고, 정부는 그 보상을 위해 2천만 파운드의 재원을 마련한다. 당시 영국 국내총생산의 5퍼센트 정도에 해당하는 금액이다. 노예 해방의 선구자들은 이 단계에서 다시 주변부로 밀려난다. 그들은 규제 과정에 거의 참여하지 못한다. 본래 체제에 맞섰던 입장을 체제가 내면화한다.

4단계: 새로운 질서를 세우기

이제 이상주의자들도 배제된다. 새로운 법이 선포되었으므로, 경제는 새롭게 조직되어야 한다. 영국 경제는 뚜렷한 단절을 겪는다. 많은 제품들이 처음에는 더 비싸지거나 아예 시장에서 사라진다.

5단계: 굳히기

영국의 직물 산업이 문제에 봉착한다. 저렴한 식민지산 목화를 더는 구할 수 없기 때문이다. 당시 이미 독립한 미국 남부 주들에서 수입되는 목화가 급증한다. 그곳들에서는 여전히 노예 노동이 통상적이다. 런던 금융계는 그 목화 수입에 연루된 기업들에 계속 대출을 해준다. 노예제가 없는 영국이 노예제의 이익을 간접으로 취하는 셈이다. 그러나 새로운 질서가 서서히 정착한다. 정치권은 추가 입법을 통해 규제를 다듬는다. 이제 노예제는 과거의 역사다.

이 모형은 우리의 현재 상황을 이해하기 위해서도 적합하다. 기후 위기와 관련해서 우리는 세력 규합 단계에 있으며 몇몇 분야에서는 그보다 더 전진해 있다. 반면에 대멸종의 파괴력은 아직 널리 알려지지 않았으며, 이 방면에서 우리는 문제 제기와 세력 규합 사이에 위치해 있다. 대멸종을 막기 위하여 규제를 도입하고 새로운 질서를 세우고 굳히는 일은 아직 이루어지지 않았다.

　당연한 말이지만, 단계적인 사회 변화는 자동으로 이루어지지 않는다. 트레멜의 모형은 사회 변화가 어떻게 진행될 수 있을지 보여줄 따름이다. 그 과정은 사회 변화가 반드시 거치게 되는 과정을 보여주지 않는다. 이론적으로는 노예제를 둘러싼 변화가 다른 방향으로 일어날 수도 있었을 것이다. 새로운 이데올로기가 가치와 규범을 다른 방향으로 이끌 수도 있었을 것이다. 미국 남부 주들이 북부와 벌인 내전에서 승리할 수도 있었을 것이다. 그 밖에도 많은 가능성을 거론할 수 있다. 변화를 원하는 사람은 항상 경계심을 유지해야 한다.

　생태 위기에 대처하기 위한 대변환이 실제로 일어난다면, 그 과정은 단순히 트레멜의 모형을 따르지 않을 것이다. 어쩌면 내년 유럽연합 농업 예산이 지속가능성을 강력히 장려하여 패러다임 전환을 촉발하고, 그 전환을 통해 자연 파괴가 종결될지도 모른다. 부유한 산업 국가들이 먼저 나서서 멸종 위기에 처한 열대 우림의 목재나 물고기의 수입을 중단하는 반면, 다른 국가들은 일단 동참하지 않는 상황도 상상할 수 있다. 코펜하겐을 비롯한 몇몇 도시는 버스, 자전거, 노면전차를 위한 기반 설비를 벌써 오래전에 갖춘 반면, 로스앤젤레스가 자동차 교통과 작별하려면 아직 오랜 시간이 필요할 것이다. 이것은 6장에서 언급한 "제너럴 모터스 노면전차 음모 사건"의 결과다. 대변환이 단번에 완성되지는 않을 것이다. 무수한 작은 변환들이 모여 대변환을 이룰 것이다.

대변환은 문제 제기, 세력 규합, 규제, 새로운 질서를 세우기, 굳히기를 거칠 수 있지만 반드시 그러해야 하는 것은 아니다. 생태 "혁명"을 방해하는 가장 큰 걸림돌은 정당이 아니다. 정당은 과반수의 견해를 조만간 채택하는 경향이 있다. 기업도 가장 큰 걸림돌이 아니다. 기업은 법이 확정되자마자 새로운 사업을 모색한다. 가장 큰 걸림돌은 대중이다.

그리고 대중이란 바로 우리다.

트레멜은 우리를 "중요해지기 전까지는 외견상 훨씬 덜 중요해 보이는 거대한 집단"이라고 부른다. 우리 모두는 대개 뜻하지 않게 자연 착취의 혜택을 누린다. 스테이크를 좋아하는 우리, 마요르카로 휴가를 떠나는 우리, 호화 아파트에 사는 우리가 포기하는 법을 배울 때만 생태적 변환이 이루어질 수 있다. 거의 모든 개인이 좋아하거나 소중히 여기는 무언가를 포기해야 할 것이다. 그러나 기꺼이 포기하는 사람은 거의 없다.

녹색 혁명을 이루어내려면 우리는 이 딜레마를 극복해야 한다. 즉 선구자들이 아니라 과반수가 혁명에 참여해야 한다. 과반수가 변화를 원하고 기꺼이 적응의 고통을 감수할 때 비로소 새 출발이 이루어질 수 있다. 그러므로 "어떻게 될지 이야기하라!"라는 명령이 도출된다고 트레멜은 쓴다. 비용을 미래 세대에 떠넘길 수 없게 된다면, 당연히 우리는 더 많은 돈을 지불하게 될 것이다. 지속가능성은 공짜가 아니다.

다른 한편으로 우리가 얻는 것도 있을 것이다. 우리는 스스로 빠져든 생각과 행동의 지속적인 불일치에서 헤어나게 될 것이다. 자식과 손자를 고려할 때 올바른 방식으로 살게 될 것이며, 우리가 일상적인 행동으로 지구를 얼마나 많이 망가뜨리고 있는가, 라고 끊임없이 자문해야 하는 부담에서 해방될 것이다. 그러면 우리는 다른 동물들과 식물들 앞에서 부끄럽지 않아도 될 것이다. 또한 당연히 지구는 더 살기 좋은 곳으로 될 것이다. 이 정도면 큰 성과가 아닌가.

민주주의적 근육을 훈련하기

하지만 그 성과만으로 충분한 동기 부여가 이루어지겠느냐는 회의적 질문을 타당하게 제기할 수 있다. 강력한 제한들을 과반수가 감수해야 할 뿐 아니라, 정부가 나서서 그 제한들을 공식화해야 할 것이다. 정부가 시민에게 더 많은 소비와 더 안락한 생활을 약속하는 대신에 삶의 기반을 보호하기 위해 필요한 변화를 요구해야 할 것이다.

녹색 변환은 민주주의를 약화하지 않고 강화할 때만 성공적일 수 있을 것이다. 또한 우리는 감히 민주주의의 참된 의미를 새롭게 숙고할 필요가 있다. 예컨대 과거에 사람들이 민주주의를 어떻게 생각했는지 돌아보자. 민주주의의 탄생지인 아테네에서 정부 관리는 투표가 아니라 제비뽑기로 선출되었다. 아무도 직업 정치인이 될 수 없었으며, 재임 기간은 한정되어 있었다. 따라서 시민권을 지닌 거의 모든 아테네 남성이 언젠가는 공직을 맡았다. 누구나 한때는 지배자였고, 한때는 피지배자였다. 반면에 오늘날에는 한 계층 전체가 자신들은 정치 시스템에 의해 대표되지 않는다고 느끼면서 정치에 참여하지 않는 일이 빈번하다. 많은 이들은 투표조차 하지 않는다.

미래를 숙고할 때 새로운 해결책만 추구하지 말고 아주 오래된 해결책도 되짚어보면 어떨까? 이를테면 다음과 같은 사례를 참고할 수 있을 것이다. 2016년 10월, 아일랜드 말라하이드 그랜드 호텔에 남녀 99명이 모인다. 노인과 젊은이, 대학교 졸업자와 우편집배원, 시골 거주자와 도시 거주자, 북부 주민과 남부 주민이 골고루 섞여 있다. 평범한 사람들이 아일랜드 사회의 축소판을 이뤘다. 그들이 토론할 의제 하나는 낙태를 합법화할 것인지 여부다. 가톨릭 국가인 아일랜드는 세계에서 가장 엄격한 축에 드는 낙태 금지법을 여전히 가지고 있으며 이를 둘러싼 논쟁으로 국론이 분열된 상태다. 그리하여 정부는 시민회의를 소집하고 낙태 금지법에 관한 결정을 위임한다. 평범한 사람 99명이 아일랜드에서 가장 뜨거운 쟁점 중 하나인 질문에 명확한 답을 제시해야 한다. 과연 할 수 있을까?

회의록, 관련 신문 기사, 방송이 더없이 명확하게 알려주는 대답은 '할 수 있다'다. 방법은 이러하다. 시민회의는 의사, 성직자, 다운증후군 자녀를 둔 부모의 의견을 듣고 임신부와 법률가에게 견해를 묻는다. 이어서 시민회의 참여자들이 소집단들을 이뤄 토론한다. 누구나 다른 사람들과 비슷한 길이의 발언 시간을 갖는다. 모두가 서로를 존중한다. 여기에 모인 사람들은 상호존중을 섣불리 무시할 수 없는 과제로 여긴다. 타인을 설득하려 드는 사람은 여기에 없다. 다 함께 해답을 모색할 뿐이다.

결국 시민회의는 놀랄 만큼 명확하게 낙태를 합법화하기로 합의한다. 2년이 지나고 시민회의가 한 번 더 열린 후 아일랜드의 법이 개정되어 낙태가 합법화된다.

선거나 국민투표에서는 후보나 의제에 대하여 진지하게 고민해본 적 없는 사람까지 포함해서 모든 유권자가 공동으로 결정권을 행사할 수 있다. 반면에 시민회의에서는 의제가 무엇인지 정말로 아는 사람들만 결정권을 행사한다. 그들은 힘겹고 공개적이며 민주적인 과정을 통해 모든 주장들을 경청하고 모든 가용한 정보를 검토한 다음에 결정한다.

시민회의는 잘 조직되고 공정하게 진행되어야 한다. 그래야 국민투표에 비해 포퓰리즘에 휘둘릴 위험이 낮아진다. 아일랜드

시민회의 참여자 대다수는 그 모임 이후 자신이 다른 참여자들을 더 존중하게 되었을 뿐 아니라 직업 정치인도 더 존중하게 되었다고 말한다. 그들은 민주주의적 근육을 훈련한 것이다. 그리고 그것이 중요하다. 녹색 변환을 모두를 위한 모두의 프로젝트로 만드는 것이 관건이다.

그렇게 된다면, 확고부동한 것 같은 문화적 표준도 놀랄 만큼 신속하게 폐기될 수 있다. 20년 전만 해도 때와 장소를 거의 가리지 않고 담배를 피우는 것이 당연한 행동이었지만, 오늘날에는 그런 행동을 상상하기 어렵다. 처음에는 분란이 약간 있었지만 심각한 수준은 아니었다. 그저 어수선한 정도였다. 그리고 그 분란은 신속하게 가라앉았다.

위생 혁명

유럽 대륙에는 19세기 초까지도 제대로 된 상하수도가 없었다. 예컨대 함부르크 주민은 알스터강과 시내의 운하에서 먹을 물을 뜨면서 또한 거기로 똥오줌이 섞인 하수를 흘려보냈다. 당연히 좋은 방법이 아니었다. 유행병이 주기적으로 도시를 덮쳤다. 유행병의 원인을 아는 사람은 아직 없었다.

1842년 5월 초, 다이히슈트라세에 위치한 담배 제작자 에두아르트 코헨의 집에서 불이 났다. 곧바로 야경꾼이 화재를 목격했다. 하지만 소방대는 화재가 다른 건물로 번지는 것을 막지 못했다. 불길은 줄지어 늘어선 주택들을 집어삼키기 시작했고 결국 시내를 거의 완전히 파괴했다. 상업과 주식 거래의 중심으로 기능해야 할 항구도시 함부르크에 재난이 닥친 것이다. 부유한 상인들은 서둘러 회복의 신호를 내고 싶었다. 함부르크 재건 계획이 수립되었다. 그 도시는 과거보다 더 좋게 재건될 것이라고 했다.

함부르크시 당국은 영국 기술자 윌리엄 린들리에게 상하수도 시스템의 설계를 의뢰했다. 그러면서 방화전이 설치되어야 하고 가구에 식수가 공급되어야 한다고 요구했다. 린들리는 야심 찬 계획을 가지고 있었다. 실제로 함부르크는 얼마 지나지 않아 당대 최신의 물 공급망을 갖췄다. 시 당국이 토지수용법을 공포한 것도 큰 역할을 했다. 그 법에 따라, 토지 소유자가 변화에 반발할 경우, 당국은 그에게서 토지를 몰수할 수 있었다.

1842년의 화재는 린들리에게 행운이었다. 그 화재 덕분에 린들리는 자신의 구상을 실현할 수 있었다. 그러나 부분적인 실현에 그치고 말았다. 함부르크시는 비용이 많이 드는 하수 처리를 포기했다. 그 결과는 확실했다. 19세기 후반기에 거듭해서 콜레라가 유행했다. 그 병과 병원체의 연관성은 1883년에 로베르트 코흐에 의해 비로소 발견되었다. 코흐는 콜레라 유행이 절정에 이르렀을 때 함부르크를 염두에 두고 고개를 가로저으며 이렇게 썼다. "내가 유럽에 있다는 것을 잊게 된다."

콜레라 쇼크 이후 함부르크는 소홀히 했던 일을 서둘러 만회했다. 거대한 하수처리장의 건설이 계획되었고, 군인들이 파견되어 건설을 도왔다. 그 후 콜레라는 과거의 역사가 되었다.

노예제 폐지, 금연, 위생 혁명은 각각 다른 사건이지만 패턴이 동일하다. 즉 문제가 인지되고 충분히 많은 사람이 변화를 위해 나서기까지는 꽤 긴 시간이 필요하다. 처음에는 움직임이 거의 느껴지지 않는다. 그러나 나중에는 변화가 신속하게 일어날 수 있다.

생물 다양성 위기를 극복하는 길은 유일하지 않을 것이다. 한 섬에만 사는 나비 종을 구하기 위해서는 이를테면 그곳의 숲 개간사업을 중지하는 것으로 충분할 것이다. 깊은 바다의 산호초를 위해서는 저인망 어업을 제한하면 될 것이다. 북극곰은 기후 위기로 해빙이 완전히 사라지기 전까지만 존재할 것이다. 수많은 종 각각을 위한 수많은 길이 있다.

일부 계획은 몹시 국지적일 것이며, 다른 계획은 국가적 전략을 필요로 할 것이다. 일부 종은 국제적 합의를 통해서만 구해낼 수 있겠지만, 몇몇 종을 위해서는 한 명의 개인이 이루 말할 수 없이 큰 역할을 할 수 있다. 여기에서 생물 다양성을 위한 싸움과 기후 위기에 맞선 싸움의 차이가 드러난다. 여섯 번째 대멸종을 멈추려면, 가능한 모든 차원의 해법들이 필요하다. 그렇기 때문에 이 싸움에서는 우리 각자가 중요한 역할을 해낼 수 있다. 물론 기후 위기에 맞선 싸움에서도 마찬가지지만, 생물 다양성을 위한 싸움에서는 더욱더 개인의 역할이 중요하다.

우리가 어느 길을 선택할지는 아직 불분명하다. 생태 위기의 카오스 속으로 점점 더 깊이 빠져들 수도 있을 테고, 아니면 광범위하고 급진적인 녹색 변환을 향해 나아갈 수도 있을 테다. 만일 녹색 변환이 실제로 일어난다면, 출발점은 대통령들과 총리들이 서명한 법령이 아닐 것이다. 오히려 녹색 변환은 더없이 다양한 생각을 품은 수많은 사람에 의해 수많은 장소에서 이루어질 것이다.

비상사태

생태 시대의 민주주의

8

지옥에서 가장 뜨거운 자리들은 위기에 어느 편도 들지 않고
중립을 지키는 자들을 위해 예비되어 있다.

*

단테 알리기에리, 시인

❖

로널드 레이건과 마거릿 대처는 암의 유행, 흉년, 기아, 지구온난화, 자원 전쟁, 카오스로부터 세계를 구했다. 최초의 실효성 있는 전 지구적 환경보호협약은 그들 덕분에 이루어졌다. 그렇다면 골수까지 자본주의자인 그 두 정치인은 녹색 영웅일까?

1974년으로 돌아가자. 어바인 소재 캘리포니아 대학교의 화학자 프랭크 셔우드 롤런드가 퇴근해서 집에 돌아오자, 연구가 잘되어가냐고 그의 아내가 묻는다. 그가 대답한다. "아주 잘 돼. 다만, 세계의 종말이 온 것 같아."

지구의 대기 속에 들어 있는 오존의 양은 미미하다. 주로 성층권에 오존이 있는데, 거기에서도 공기 분자 100만 개당 몇 개의 오존 분자가 있는 수준이다. 그런데 그 미량의 오존은 염화불화탄소(일명 '프레온' 가스)에 대단히 민감하다. 무슨 말이냐면, 염화불화탄소가 햇빛을 받으면 염소 원자를 방출하는데, 염소 원자 하나가 오존 분자 10만 개를 파괴할 수 있다.

오존은 해로운 자외선이 지구에 너무 많이 도달하지 못하게 막는 물질이다. 오존이 없다면, 우리는 아예 존재하지 않을 것이다. 지구의 성층권에 충분히 많은 오존이 축적되어 육지에서 식물과 동물이 살 수 있게 된 것은 약 10억 년 전의 일이다. 대기 속에 오존이 부족하면, 우리는 피부암에 더 잘 걸린다. 독일에서 피부암 환자의 수는 지난 50년 동안 약 10배로 증가했다. 고에너지 자외선은 우리만 해치는 것이 아니라 거의 모든 생물의 DNA를 해친다. 고에너지 자외선을 많이 쬐면, 동물은 병든다. 식물도 제대로 성장하지 못해서, 흉년과 기근이 발생한다. 기후 변화도 극적으로 가속된다. 왜냐하면 오존은 태양열을 막는 방어벽의 구실도 하기 때문이다. 오존이 부족하면, 바닷물은 더 많은 이산화탄소를 흡수하여 산성으로 되고, 규조류는 번식하기 어려워진다.

그리고 규조류가 없으면…… 이 책을 읽었다면 다들 알 테니, 그다음 시나리오를 다시 설명하지는 않겠다.

동료인 마리오 몰리나, 파울 크뤼천(바로 '인류세'라는 용어를 고안한 인물)과 함께 롤런드는 1995년에 노벨화학상을 받았다. 이들의 연구 결과는 오늘날 아이들도 아는 상식이다. 염화불화탄소가 처음 등장했을 때 사람들은 환호했다. 그 기체는 헤어스프레이가 멋지게 분무되고 냉장고 속 맥주가 차가워지게 해주었다. 하지만 염화불화탄소는 지구의 오존층을 파괴한다. 연구 결과를 처음 발표할 때 그 과학자들은 "보이지 않는 층에 도달한 보이지 않는 기체들과 보이지 않는 복사선들"만 언급했다. 아무도 그 발표에 관심을 기울이지 않았다.

몬트리올 의정서

거의 10년 후에 롤런드는 어느 강연에서 처음으로 "오존 구멍 ozone hole"이라는 용어를 사용한다. 그 용어는 바로 그날로 『뉴욕타임스』에 등장한다. 앞서 여러 해 동안 많은 과학자가 오존층 파괴에 대한 경각심을 일깨우려 분투했지만 별로 성과가 없었는데, 이제 오존층의 위기가 실감 나는 명칭을 얻은 것이다.

마거릿 대처와 로널드 레이건이 개입한다. 다른 많은 사람들도 끼어들지만, 그 두 사람이 선봉에 선다. 야외 승마를 아주 좋아하는 미국 대통령은 코에, 그의 아내는 입술에 피부암을 앓았던 적이 있다. 마거릿 대처는 화학을 전공했기 때문에 사태의 심각성을 곧바로 이해한다. 유엔 총회를 앞두고 대처는 열띤 연설을 한다. "누구나 피해를 입을 것입니다. 아무도 빠져나갈 수 없습니다"라고 그녀는 말한다. "모든 국가가 기여해야 합니다. 산업화된 국가들은 그렇지 않은 국가들을 지원해야 합니다." 마무리 발언은 이러하다. "지구를 다른 행성들과 구별해주는 것은 비할 데 없이 소중한 생명입니다. 우리는 그 생명의 보존을 위해 싸워야 합니다."

하지만 마거릿 대처와 로널드 레이건이 주도한 녹색 기간은 오래 이어지지 못한다. 이어진 몇 년 동안 두 정치인은 원자력 에너지의 확대를 장려하고 정치적 계산에 따라 석유 및 석탄 산업을 지원한다. 서양 산업 국가들이 생태적 변화를 비교적 수월하게 시작할 수 있었던 역사적 순간을 그들은 놓친다. 그들은 녹색 영웅이 아니다. 그러나 염화불화탄소와 관련해서 그들은 옳은 판단을 내리고 환경 위기 대처법의 청사진을 제시한다.

레이건과 대처는 오존층 보호를 위한 협약을 이뤄내려고 함께 노력한다. 그 협약이 '몬트리올 의정서'다. 1987년에 그 의정서가 채택된다. 전 세계의 국가들이 염화불화탄소를 감축하기로 합의한다. 더 나중에는 그 물질의 사용이 아예 금지된다. 그러는 사이에 오존 구멍이 축소된다. 몬트리올 의정서는 모든 유엔 회원국이 예외 없이 찬성한 최초의 국제 협약이었다. 훗날 유엔 사무총장 코피 아난은 그 협약을 "역사를 통틀어 가장 성공적인 협약"으로 칭했다.

때때로 정치는 이런 일을 해낸다.

물론 대다수의 경우에는 해내지 못하지만 말이다.

독일에서 농업은 매년 약 210억 유로의 부가가치를 창출한다. 그러나 보스턴컨설팅그룹이 2019년 말에 한 연구에서 밝혀낸 바에 따르면, 독일 사회가 농업을 위해 지불하는 비용은 매년 약 1000억 유로에 달한다. 그 비용의 가장 큰 부분은 살충제 및 제초제 사용, 단일경작, 기계화 영농으로 환경이 황폐화하는 것 때문에 발생한다. 이 부분은 외주화되는 환경 비용, 원인 제공자가 아니라 사회 전체가 책임지는 비용이다. 경제적 관점에서만 보면, 독일 농업은 손해나는 사업이다. 그리고 생태적 관점에서 보면, 재앙이다.

문제는 농부들에게 있지 않다. 많은 농부들, 특히 비교적 작은 규모의 농업을 하는 농부들은 가능한 틀 안에서 최선을 다해 직업을 수행한다. 문제는 그 틀에 있다. 그리고 그 틀은 정치에 의해 정해진다. 독일 농업의 경우에는 유럽연합의 농업정책이 그 가능성의 틀을 결정한다.

물론 농업은 식량을 생산하므로 여느 사업과 다르다. 농업은 말 그대로 생존에 필수적이며 그렇기 때문에 전적으로 정당하게 정부로부터 특별한 보호를 받는다. 그런데 유럽 국가들의 정부는 농업의 지속가능성과 상관없이 주로 농지의 면적에 따라 보조금을 지급한다. 세금이 최신 농업 기술과 환경친화적 경작법에 투자되는 대신에 집약적 농업으로 인한 생태 피해를 복구하는 데 쓰이는 셈이다.

그 결과는 환경 파괴적인 농업, 산업화된 농업이다. 새와 곤충과 야생식물을 몰아내는 산업화된 농업은 우리 모두에게 큰 부담을 지우며 끊임없이 논란을 일으킨다. 이런 유형의 계획농업은 아무도 만족시키지 못한다.

정치인, 농부, 소비자, 환경보호자는 농업이 어떠해야 하고 무엇을 이뤄내야 하는가에 관하여 일치된 견해를 가지고 있다. 농업은 가능한 한 효율적이고 유익하고 환경친화적인 방식으로 이루어져야 한다는 것이다. 농부들은 매우 중요하기 때문에, 유럽연합은 전체 예산의 약 40퍼센트를 농부들에게 지급한다. 수십억 유로가 농부들에게 가는 것이다. 그럼에도 농지와 곤충이 죽어간다. 많은 돈이 투입되는데, 산출되는 부는 적고 환경보호는 더 적다. 이것이 농업 역설이다. 모두가 똑같은 것을 원하는데, 정반대의 것이 산출된다.

현재 유럽의 농업 관련 보조금 및 규정 시스템은 매우 방대하고 복잡하며 확고히 정착되어 있다. 수많은 이해집단이 그 시스템을 점점 더 확장하고 있어서, 아우게이아스의 외양간(그리스신화 속 아우게이아스 왕의 외양간이며 헤라클레스가 청소를 맡을 때까지 30년 동안 오물을 청소한 적이 없었다 — 옮긴이)처럼 불결한 그 시스템을 청소하기가 불가능하게 느껴질 정도다. 어쩌면 헤라클레스의 방법을 쓸 때가 되었는지도 모른다. 그리스 신화 속의 반신반인 헤라클레스는 — 생태 변환을 추구하는 우리와 똑같이 — 시간이 턱없이 부족했기 때문에 개별 조치에 연연하며 머뭇거리는 대신에 그 외양간의 바닥을 부수고 근처의 강물을 통째로 끌어들였다. 그러자 강물이 수십 년 묵은 오물을 단 하루에 씻어냈다.

근본적이고 신속한 변화가 필요하다. 농업뿐 아니라, 에너지, 교통, 건설 등 환경과 관련해서 특히 중요한 모든 분야에서 그러하다. 개혁이 지지부진한 것은 최소한 부분적으로 정치적 절차, 민주주의적 게임 규칙 탓이다. 과학적 발견과 시민들의 의지가 법령으로 구체화되기까지 너무 오랜 시간이 걸린다.

대멸종에 관한 연구에서 밝혀진 바는 이 책에서 이미 충분히 다뤘다. 환경정책이 사람들에게 얼마나 중요한지는 예컨대 유럽투자은행이 2019년에 수행한 조사에서 드러난다. 그 조사에 따르면, 독일인의 약 3분의 2가 단거리 비행 금지에 찬성한다(중국인은 93퍼센트 찬성, 미국인조차도 60퍼센트 찬성). 또한 과반수는 붉은 고기나 휴대전화처럼 환경에 가하는 부담이 특히 큰 제품의 가격이 더 높아지기를 바란다. 자녀가 학교에서 쓰레기 분리배출과 기후 변화 등의 주제를 더 많이 배우기를 바라는 독일인은 무려 88퍼센트에 달한다. 여기에서 보듯이, 많은 이들이 간절히 바라는 의식 변화는 이미 오래전에 시작되었다. 시민의 의지는 있다. 다만, 정치가 무력할 뿐이다.

정치가 힘을 얻으려면, 다수의 참여가 필요하다. 거리에서, 시민이 주도하는 사업에서, 정당에서, 한마디로 모든 곳에서 적극적으로 참여할 필요가 있다. 앞 장에서 우리는 어떻게 사회가 민주주의적 근육을 단련할 수 있는지에 대해서 숙고했다. 이 장에서는 우리의 정치 시스템 안에서 어느 곳에 큰 변화를 일으킬 수 있는 지렛대가 숨어 있는지 살펴볼 것이다. 그리고 마무리로 녹색 변환을 신속하게 실현하기 위한 정치적 도구 하나를 제안할 것이다.

영리한 조종

어떤 지렛대를 이용하면 많은 변화가 일어날지 숙고하는 것은 시스템 이론의 과제다. 1972년 로마 클럽 보고서 『성장의 한계』의 공동 저자 도넬라 메도스는 시스템을 안정화하거나 엉망으로 만들 수 있는 메커니즘들을 서술했다.

양의 되먹임positive feedback은 상황의 악화를 가속한다. 한 예로 호숫가의 농지를 생각해보자. 농부가 비료를 주면, 그 비료의 일부가 걸쭉한 액체의 형태로 호수에 흘러든다. 그다음에 일어나는 일은 잘 알려져 있다. 비료 속의 양분이 호수에 사는 조류藻類의 먹이가 된다. 조류가 번식하고 죽어서 바닥으로 가라앉는다. 죽은 조류는 미생물에 의해 분해되는데, 이때 산소가 소비된다. 이런 일이 반복되면 언젠가 물속의 산소가 소진되고 죽음의 구역이 생겨난다. 호수의 생태적 균형이 무너지고, 모든 것이 죽는다.

반면에 음의 되먹임negative feedback은 안정화 작용을 한다. 비료를 주어 호수를 오염시키는 농부가 원인 제공자 책임의 원칙에 따라 시 당국에 세금을 낸다고 해보자. 액수는 호수의 오염 수준에 비례한다. 호수가 더 심하게 오염될수록, 더 많은 세금을 내야 한다. 그러면 농부는 비료 투입량을 줄일 테고, 따라서 호수의 상태는 개선될 것이다.

만일 시장이 농부를 보호하기 위해 세금 징수를 포기한다면, 이제껏 시스템을 안정화해온 음의 되먹임이 마비될 것이다. 그러면 호수의 생태적 균형이 무너질 테고, 같은 지역의 모든 농부들이 피해를 입을 것이다. 다른 농부들과 호숫가 농부 사이의 관계는 점점 더 악화될 것이며, 그들과 시장 사이의 관계도 마찬가지일 것이다. 그 정치인은 도움을 주려다가 피해를 준 꼴이 될 것이다.

질이 아니라 양을 따지는 유럽의 농업보조금도 이와 유사한 작용을 한다. 자동차 배출가스 규제가 너무 약한 것, 석탄 산업 청산까지의 시간 계획이 너무 여유로운 것, 어업 규제가 너무 느슨한 것, 옥수수에서 얻는 전기를 장려하고 비행기 연료를 위한 보조금을 지급하는 것도 마찬가지다. 다만 정치가 이것들을 좋게 여겨 상황을 악화시키는 경우가 너무 많을 따름이다.

증상만 개선하려 드는 사람은 작은 변화밖에 일으킬 수 없다. 그래서 도넬라 메도스는 우리가 더 나은 결과를 성취하기 위하여 전혀 다른 접근법을 채택해야 한다고 보았다. 우리가 시스템을 영리하게 조종해야 한다고 말이다. 이를 위해서는 개입할 자리를 적절히 선별할 필요가 있다. 우리는 게임의 근간을 변화시키지 말고 새 규칙과 목표를 정해야 한다. 이를 통해 우리는 되먹임 효과를 이용하고 작은 변화로 큰 효과를 성취할 수 있을 것이다.

"요정이 세 가지 소원을 묻는 이야기에서처럼, 시스템은 우리가 요구한 바를 정확히 산출하는 섬뜩한 속성을 지녔다"라고 메도스는 경고했다. 예컨대 목표가 농지 1헥타르당 특정한 양의 비료만 허용하는 것이라면, 해당 비료 규제로 정확히 그 목표를 달성하게 될 것이다. 그리고 호수를 건강하게 만든다는 목표는 이루어지지 않을 것이다.

효율적이고 유익하며 환경친화적인 농업을 원한다면, 더 영리한 규제가 필요하다. 방금 든 예로 돌아가면, 비료 투입에 세금을 물릴 필요가 있다. 이때 세금의 액수는 비료 투입이 호수에 주는 부담에 비례하도록 책정하면 될 것이다.

민주주의 사회 전반으로 일반화해서 말하면, 환경친화적 규제의 이득을 모두가 실감하게 되도록 시민의 참여를 조직해야 한다. 이것은 환경친화적 개혁의 민주주의적 토대를 강화하는 방법이며 궁극적으로 포기가 아니라 모두에게 이로운 길이다.

가난한 사람들은 어떻게 할 것인가?

결국 우리가 지속가능한 사회의 엄청난 장점을 전면에 내세우지 않는다면, 토론은 늘 적응의 고통이라는 주제 주위를 맴돌기만 할 것이다. 그리고 우리는 모순에 봉착할 것이다. 예컨대 보스턴컨설팅그룹의 연구에 따르면, 농업의 환경 비용까지 따지면 식료품 생산 비용이 대폭 상승할 것이다. 그 참된 비용을 반영할 경우, 독일에서 돼지고기, 달걀, 감자의 가격은 약 두 배로, 소고기 가격은 무려 대여섯 배로 뛸 것이다. 그러면 가난한 사람들은 이 식품들을 먹기 어려워질 테고, 우리는 비용을 옳게 계산하는 대가로 사회적 문제에 봉착할 것이다.

그러나 사회적 논증과 생태적 논증을 맞세우는 이 반론은 불합리하며 심지어 파렴치하다. 왜냐하면 불평등은 이미 지금도 만연하기 때문이다. 또한 얄궂게도 사회적 정의보다 현 상태의 유지를 더 중시하는 사람들이 이런 반론을 시도하는 경우가 많다. 게다가 사회적 귀결들을 어떻게 완화할 것인가에 관한 제안이 많이 있다. 예컨대 이산화탄소 배출자에게서 거둔 세금을 사회복지에 쓰고, 농업보조금을 줄여서 마련한 자금으로 가난한 사람을 지원할 수 있을 것이다. 결국 모두에게 이득일 것이다. 이때 이득은 금전적 이득뿐 아니라 정치적 이득도 포함한다. 왜냐하면 민주주의의 신뢰성과 설득력이 향상될 것이기 때문이다.

전 지구적 차원에서 보면 어차피 생태 위기의 피해는 부자보다 빈자에게 더 많이 돌아간다. 아프리카의 소규모 농민은 메마른 농지 앞에서, 아시아의 어부는 텅 빈 그물 앞에서, 남태평양의 섬 주민은 물에 잠긴 집 앞에서 망연자실한다. 정말로 가난한 사람들이 가장 먼저 희생된다. 환경보호는 기본적으로 인간 보호이며 어떤 경우에도 무관심보다 더 많이 사회에 기여한다. 20억 이상의 인구가 깨끗한 물을 구하지 못한다는 사실을 우리는 이제껏 아무렇지도 않게 받아들여왔다. 그런 우리가 사회정의를 명분으로 환경보호에 반대한다면, 이는 파렴치한 행동이 아닐까?

레이건과 대처가 오존 문제에 대처한 방식은 우리가 생태 위기에 대처하는 방식과 전혀 달랐다. 그들은 그 환경문제를 부정하거나 얕잡아보지 않았다. 그들은 신속한 대응이 필수적임을 인정했으며, 자유시장이 자동으로 모든 문제를 해결할 것이라고 주장하지 않았다. 그들은 거대한 산업계를 대변하는 로비 단체들의 조언을 따르지 않았으며, 왜 오존 문제가 인류의 문제인지를 대중에게 명확하게 설명했다.

그들은 우선순위를 옳게 정했다. 오존이 없으면, 인류 문명도 없다. 따라서 가장 시급하고 중요한 조치는 염화불화탄소 금지다. 여담이지만, 그 조치는 헤어스프레이 생산자나 냉장고 생산자에게 해를 끼치기는커녕 도리어 이득이 되었다. 염화불화탄소 금지는 그들의 사업에 활기를 불어넣었다. 또한 수백만 명의 목숨을 구했다.

자유의 한계

자연보호는 많은 경우에 장려와 관련이 있지만 때로는 금지 곧 자유의 제한과도 관련이 있다. 카를 마르크스는 이렇게 썼다. "한 양키가 영국에 와서 자신의 노예를 채찍질하다가 치안판사로부터 제재를 당한다. 그는 격분하여 외친다. '사람이 자신의 검둥이를 두드려 팰 수 없는 나라를 자유 국가라고 할 수 있겠습니까?'"

이 이야기 속의 미국인은 자유를 개인적 특권으로 생각한다. 그는 자유를 모두의 권리로 간주하지 않는다. 그러나 모두가 자유로워지려면, 개인의 자유는 이웃의 자유가 시작되는 지점에서 끝나야 한다. 환경 파괴는 모든 사람을 위협한다. 그러므로 개인이 자연을 마음대로 처분해서는 안 된다.

우리는 이미 지금 수많은 금지, 규정, 규칙에 둘러싸여 있으며, 그중 다수는 환경에 관한 것이다. 우리는 쓰레기를 무턱대고 문 밖에 버리면 안 되고, 함께 산책하는 반려견의 배설물을 방치하지 말고 수거해야 한다. 재활용이 불가능한 쓰레기를 모으는 통에 바나나껍질을 넣으면 안 되고, 정원에서 세차하면 안 된다. 이 모든 것이 자유에 대한 제한이다. 이것들은 아주 작은 제한이며 작은 환경문제를 관리하기 위해 존재한다.

그러나 지금 우리는 큰 환경문제들에 봉착했다. 대멸종과 기후 위기는 전 지구적이며 원인과 차원이 다양한 과정들이다. 가속하면서 카오스적으로 진행하는 이 과정들은 갈수록 더 극적이고 역동적인 양상을 띤다. 이 과정들을 개별적인 규제들로 막을 수는 없다. 오히려 생태적 도전에 활발하고 적절하게 대응할 수 있게 해주는, 다양한 규모에 적용 가능한 행동 규범이 필요하다. 대응은 강력해야 한다. 우리가 머뭇거리면서 선제적으로 행동하지 않고 그때그때의 문제에 반응하기만 한다면, 우리는 딜레마에 빠질 것이다. 즉 행동의 필요성은 점점 더 커지는데, 행동의 여지는 점점 더 줄어들 것이다. 집에 불이 난 다음에야 물동이를 찾는 것은 부질없는 짓이다.

생태 위기는 급속도로 악화하고 있다. 마치 죽음의 기사들이 우리를 향해 전속력으로 달려오는 것과 같은 상황이다. 신중한 변화, 작은 타협, 장기적 변환을 위한 규제, 보상금 지급을 위한 시간은 벌써 오래전에 지나갔다.

지난 수십 년 동안 이어온 정치 관행은 현재의 생태 위기 앞에서 무력하다. 최악의 상황을 막기 위해서라도, 매우 신속하고 매우 근본적인 변화가 필요하다. 변화하지 않는다면, 우리가 스스로 우리 자신을 제한할 자유를 잃게 될 것이다. 그리고 점점 더 잦아지는 폭풍, 홍수, 가뭄, 산불, 높아지는 해수면, 척박해진 농지, 수정되지 못한 식물, 오염된 공기, 기타 모든 생태 문제들이 우리에게 점점 더 많은 자유의 포기를 강제할 것이다. 베른트 울리히의 표현을 빌리면, "생태 독재가 발생한다면" 누군가가 그 독재를 원해서 발생하는 것이 아니라, 자연이 우리에게 강요하는 "온갖 예방 및 보호 조치"를 통해 "차츰 비상사태에 어울리는 국가가 형성됨으로써" 발생할 것이다.

현재의 논쟁은 오존 위기 때처럼 단 하나의 유해 물질에 관한 것이 아니라 사회 전체의 생태적 변환에 관한 것이다. 그리고 사회의 많은 구성원은 생태적 변환을 전혀 원하지 않는다. 왜냐하면 살찐 거위의 성탄절 전날까지의 삶과 마찬가지로 현재의 삶이 너무나 좋기 때문이다.

이미 30년 전에 철학자 한스 요나스는 환경 파괴가 결국 폭정을 초래할 수 있다고 걱정했다. "우리는 피난을 위해 폭정마저도 감수해야 할 것이다. 그나마 폭정이 멸망보다는 나으니까 말이다."

독재와 멸망 중에 어느 쪽을 선택할 것인가? 다행히 우리는 아직 이 갈림길에 도달하지 않았다. 그러나 독일 싱크탱크 '자유 근대 센터Zentrum Liberale Moderne'의 랄프 퓌크스에 따르면, "의회 바깥에서 벌어지는 운동의 기후 정치적 조급함과 정치 및 경제의 기후 정치적 굼뜸 사이의 틈새가 더 벌어지면" 급속하게 "시장경제와 자유 민주주의의 정당성이 위기에 처할 수 있다". 퓌크스가 대멸종을 전혀 고려하지 않고도 이런 우려를 제기한다는 점을 유념하라.

워싱턴 정가에서는 더 강한 발언이 나온다. 미국 민주당 하원 의원 알렉산드리아 오카시오-코르테스와 같은 당 상원의원 에드워드 마키는 2019년 2월에 "녹색 뉴딜Green New Deal"을 촉구하면서 "2차 세계대전 이후" 최대의 "국가적, 사회적, 산업적, 경제적 동원"을 선언했다. 마치 생태 전쟁이라도 선포하려는 것처럼 들린다.

적어도 수사적 표현에서는 유럽인이 미국인에게 그리 뒤처지지 않았다. 같은 해에 유럽의회는 기후 비상사태를 선포했다. 스페인과 영국이 뒤를 이었고, 프랑스, 오스트레일리아, 아르헨티나도 동참을 목전에 두었다. 미국에서는 뉴욕과 샌프란시스코를 포함한 많은 도시들이 비상사태를 선포했다. 독일에서는 도시와 지역 70곳이 동참했다. 2019년에 과학자 1만 1000명은 전 지구적 기후 비상사태를 선언하는 글을 과학 저널 『바이오사이언스 *BioScience*』에 발표했다.

동원이라고? 비상사태라고?

극적인 표현들이지만, 실제 상황도 극적이다. 인류 역사에서 기후 위기처럼 전 지구적이고 포괄적인 위협은 한 번도 없었다. 하지만 지금까지의 비상사태 선포는 실질적인 효과가 없다시피 하다. 녹색 헬멧을 쓰고 도시를 순찰하며 다목적 승용차의 운행을 막고, 스테이크 전문점에 콩으로 만든 인조고기를 납품하고, 석탄화력발전소를 폐쇄하고, 비료로 하천을 오염시키는 농부를 농지에서 쫓아내는 유엔 요원은 없다. 비상사태는 상징적으로만 존재한다. 미국 민주당의 "동원"도 연극 속의 천둥에 불과하다. 명확히 지목하고 조준사격 할 수 있는 적은 없다. 해안에 접근하는 나치 잠수함도 없고, 날아오는 일본 폭격기도 없다. 단지 우리와 우리의 소비 방식이 있을 뿐이다. 바로 우리가 문제다. 전쟁을 통해 우리 자신을 무찌를 수는 없다. 우리가 할 수 있는 최선은 우리 자신을 변화시키는 것이다.

하지만 생존이 위태롭고 시간이 촉박한 상황에서도 민주주의가 여전히 작동할 수 있을까?

재난 관리

그렇다. 위기 상황에서도 민주주의는 다행히 작동할 수 있다. 심지어 유행병에 맞선 싸움에서는 민주주의가 탁월하게 유능함이 입증되었다.

우리가 이 책의 집필을 마친 2020년 3월, 코로나바이러스가 순식간에 전 세계로 확산되었다. 그리하여 우리는 출판을 연기하고, 코로나 위기로부터 미래에 관하여 어떤 교훈을 얻을 수 있을지 숙고했다. 또한 세계적 유행병이 대멸종과 기후 붕괴와 어떤 관련이 있는지에 대해서도 생각했다.

그리고 놀랄 만큼 많은 관련을 발견했다.

이미 4장에서 언급했듯이, 자연이 파괴되고 사람들이 지구의 모든 구석까지 확산하고 무분별하게 야생동물을 거래하면, 바이러스가 인간에게 옮아오는 일이 더 쉽게 일어난다. 이것이 첫째 관련성이다. 환경보호는 유행병 예방이기도 하다.

채 몇 주도 지나지 않아 코로나바이러스는 온전한 사회 활동, 경제, 금융시장을 마비시켰다. 실제로 세계 곳곳의 국가들이 비상사태를 선언했다. 상징적인 비상사태가 아니라 현실적인 비상사태였다. 물론 코로나바이러스 비상사태의 원인은 생태적인 것이 아니라 의학적인 것이었지만, 전 지구화된 세계를 강제로 정지시킨 메커니즘과 사람들의 대응을 살펴보면 흥미로운 점들을 발견하게 된다. 이것이 둘째 관련성이다.

코로나 위기로 국가들은 헤아릴 수 없이 많은 개별 문제들에 직면했다. 식품 매장의 텅 빈 진열대부터 기업의 파산과 중환자 병상의 부족까지, 온갖 문제가 불거졌다. 민주주의 국가들이 취한 조치는 권위주의 정권의 조치와 거의 다름없이 급진적이었다. 민주주의 국가들은 필요하다고 판단하면 매번 시민의 자유를 제한했다. 코로나바이러스가 확산하자, 중국부터 일본, 유럽까지, 수많은 국가가 똑같은 모습을 보였다. 여행이 금지되고 외출이 봉쇄되었다. 연주회, 집회, 시위가 금지되었다. 강제 격리가 이루어졌고, 새로운 법안들이 서둘러 의결되었다. 과거엔 상상할 수 없던 규모의 지원금과 지원품이 제공되었다. 학교와 상점은 문을 닫았고, 국경도 봉쇄되었다. 많은 국가들이 공식적으로 비상사태를 선포했다.

최근 역사에서 정치적 결정이 이토록 일방적으로 과학 지식에 의존한 적은 아마 없었을 것이다. 유행병은 이데올로기, 견해, 당리당략적 전술이 발붙일 여지를 허용하지 않았다. 과학자들(예컨대 독일의 바이러스학자 크리스티안 드로스텐)은 정치적 직책이 없더라도 사실상 국가를 이끄는 역할을 넘겨받았다. 그들의 과학적 판단이 사회 전체의 행동을 제한하는 틀로 기능했다. 이 대목에서 코로나 위기가 생태 위기와 관련해서 제공하는 교훈을 읽어낼 수 있다. 핵심은 과학과 권력이 서로 대화하는 것이다. 과학은 무엇을 할 것인지 말하고, 정치는 언제 어떻게 할 것인지 말한다. 정치는 위험이 심각하다고 판단한다. 대멸종과 기후 위기는 수십 년 전부터 활발히 연구되어왔지만, 과학자들의 경고는 지금까지 대체로 쇠귀에 경 읽기였다. 그러나 우리는 이 문제들에 최대한 신속하게 대응해야 한다. 이것은 코로나19 감염증 대유행에 대응하는 것보다 더 긴급한 과제다. 레이건과 대처가 오존 구멍에 대처한 방식을 본받을 필요가 있다.

4월 중순이 된 현재까지, 코로나바이러스를 퇴치하기 위한 국가의 단호한 조처에 대한 반발은 없다시피 하다. 오히려 정반대다. 이 책이 인쇄될 즈음에 실시된 여론조사들에 따르면, 독일 응답자의 약 4분의 3은 정부의 엄격한 대응이 적절하다고 답했다. 개별 조치들에 대한 온갖 비판에도 불구하고, 전반적으로는 당국의 결연한 대처에 안도하는 분위기마저 느껴진다. 일상에서 익숙하고 선호되는 시민의 자기결정권은 비상사태를 맞아 불확실성의 원천으로 바뀌었다. 왜냐하면 자기결정권을 고수하려 하면 정부의 필수적인 결정이 과도한 요구로 느껴지기 때문이다. 식당에서 밥을 먹는 것에 대해서도 책임을 져야 할까? 입원한

친척을 방문해도 될까? 직장에 출근해야 할까? 이런 질문들에 독립적으로 대답할 수 있었던 사람은 우리 중에 거의 없었다. 위기 상황에서는 명확한 규칙들이 요긴하다.

유럽의 과학계와 당국은 거의 처음부터 코로나바이러스의 위험을 시민에게 알리고 필수적인 대응조치들을 설명했다. 정보의 흐름은 아주 원활했고, 투명성은 더없이 완벽했다. 그리하여 그 후 대다수는 스스로 결정하여 대규모 행사와 위험 지역을 피하고, 악수를 포기하고, 생일잔치를 미루고, 처음으로 조부모를 방문하지 않았다.

여기에서 중요한 교훈을 얻을 수 있다. 시민이 계몽되어 있으면, 즉 무엇이 위태롭고 무엇이 이루어져야 하는지 알면, 대다수의 경우에 매우 책임감 있게 행동한다. 정보의 원활한 흐름은 행동을 변화시키기 위한 수단들 가운데 가장 중요하고 비용이 저렴한 축에 든다. 포기의 이득이 명확히 제시되면 사람들은 기꺼이 자신의 활동을 제한한다. 그렇기 때문에 독일 윤리위원회는 "정치와 사회가 당면한 갈등을 규범의 문제로 이해하는 감각을 키울 것"을 권고한다. 그러나 규범과 가치관은 권위적 명령을 통해 변화시킬 수 없다. 오로지 설득력을 통해서만, 좋은 논증을 통해서만 변화시킬 수 있다.

때로는 작가 리베카 솔닛이 말한 '재난 집단주의'가 거론되기까지 한다. 이 용어는 "일상의 파열이 일으키는, 타인과의 연대와 순간 속으로 몰입하는 느낌, 행복보다 심각하지만 매우 긍정적인 감정"을 뜻한다. 이번 코로나 위기를 통해 증명되었듯이, 재난 상황에서 사회는 자신의 DNA 곧 본질을 잃지 않으면서도 규범과 가치관, 관습과 관례를 돌연 변화시킬 수 있다. 우리는 코로나 위기에도 여전히 우리였다. 거의 모두가 크게 투덜대지 않고 하루아침에 직장, 여가 활동, 스포츠 활동, 가정에서 자신의 행동을 완전히 바꿨지만, 우리는 우리 자신으로 머물렀다. 개인적 자유를 일부 제한하는 것은 합리적이며 공익에 도움이 된다는 점을 거의 모두가 이해했다.

민주주의의 위기

큰 위기가 닥치면, 통상적이지 않은 조치가 필요하다. 더없이 명백히 드러났듯이, 국제적인 수준뿐 아니라 제도적 수준과 개인적 수준에서도 우리는 이례적인 조치를 취하고 받아들일 능력이 있다. 민주주의는 위기에 대처할 줄 안다.

하지만 민주주의는 얼마나 오랫동안 손상되지 않으면서 위기 모드에 머무를 수 있을까? 2020년 4월 초, 불만이 터져 나오기 시작한다. 경제 전문가들은 경제의 붕괴를 막기 위해 봉쇄 기간을 한정할 것을 촉구한다. 강제 조치에 반발하는 소송들이 제기된다. 자유가 영구적으로 손상될 수도 있다는 우려가 커진다. 그럴 만한 이유가 충분히 있다.

독일에서 연방과 주들과 자치단체들은 행동의 자유에 대한 제한조치를 통일하는 데 실패한다. 일부 주의회와 시장은 단지 주소를 다르게 신고했다는 이유만으로 주민을 자택에서 쫓아낸다.

이스라엘에서는 부패 혐의를 받는 베냐민 네타냐후 총리가 코로나 위기에 대처하기 위해 3년 동안 비상 정부에 국정을 맡길 것을 제안한다. 받아들여지면 네타냐후 개인이 임박한 소송을 피할 기회를 얻게 될 것이다.

영국에서는 당국이 감염 의심자를 체포하고 한 달 동안 강제로 격리하는 것을 허용하는 긴급조치안이 하원에 상정된다. 그 안이 통과되면, 당국은 정신장애인을 구금하고 생필품을 배급할 수 있을 것이며, 의사는 한 번도 진료한 적 없는 환자의 사망진단서를 발급해도 될 것이다.

헝가리에서는 정부 수반 빅토르 오르반이 140개 기업을 군대의 감독 아래 둔다. 왜냐하면 그는 그 기업들이 전략적으로 중요하다고 여기기 때문이다. 이는 전쟁 중인 국가에서나 벌어질 법한 일이다. 그리고 오르반은 이론적으로 볼 때 자신의 독재를 무기한 허용하는 법안을 제출한다. 그 법안은 의회를 대체로 배제한다.

바이러스가 사람에게서 민주주의로 옮아가 치명적일 수도 있는 병을 일으킬 위험을 무시할 수 없다. 장기적으로 더 큰 권력을 틀어쥐기 위해 코로나 비상사태를 악용하는 정권들은 정치학 및 사회학 이론이 늘 우려해오던 바를 입증하는 듯하다. 정치학자 한스 요르크 지크바르트는 그 위험을 이렇게 표현한다. "순전히 효율성을 기준으로 관철된 모든 자연 지배의 시도는 인간 지배로 바뀔 위험을 품고 있다." 일찍이 한나 아렌트도 알았듯이, 자연의 목소리는 늘 필연의 언어로 말한다. 자연은 자유의 언어를 사용하지 않는다.

여기에서 코로나 위기와 생태 위기 사이의 중대한 차이점이 드러난다. 몇 주, 심지어 단 며칠이라도 기본권을 광범위하게 제한할 수밖에 없는 상황은 권력 남용의 가능성을 열어준다. 독점적 권력이 법의 속박에서 풀려난다면, 고삐 풀린 국가 위에 주권자인 국민이 있지 않다면, 아무도 비상사태의 종결을 강제할 수 없을 것이다. 그러면 법치국가의 운명은 극소수 권력자들의 신념에 좌우될 것이다.

또한 여기에서 코로나 위기와 생태 위기 사이의 중대한 공통점이 드러난다. 자연법칙은 우리가 불변적이라고 느끼는 것을 변화시킬 수 있다. 이때 자연이 유행병이냐, 대멸종이냐, 기후 위기냐는 원리적인 차이가 아니라 빌미의 차이일 뿐이다. 요컨대 환경학에서 익숙한 "기준선의 이동shifting baseline"만 있는 것이 아니라 "기준선의 도약jumping baseline" 곧 기준선이나 기준값이 도약적으로 바뀌면서 혼란을 동반한 개혁을 강제하는 경우도 있다. 파산 직전의 은행을 위한 구제금융과 달리, 자연법칙은 정말로 대안이 없는 정책을 요구한다. 코로나 위기는, 국가가 얼마나 멀리까지 갈 수 있는지, 무엇이 위태로운지 아는 시민들이 국가를 얼마나 멀리까지 기꺼이 따라갈 수 있는지 보여준다.

대멸종과 생태 위기는 물론 긴급한 문제지만, 지구 시스템은 바이러스와는 다른 속도로 작동한다. 그러므로 민주주의 사회가 과정을 계획하고 제안과 반발과 논쟁을 허용하고 사상과 아이디어의 교환을 장려할 시간이 충분히 있다. 논쟁은 민주주의의 숨통이다. 그리고 생태 논쟁만큼 복잡한 논쟁은 거의 없다.

괜한 불안을 품을 필요는 없다. 유행병과 싸우기 위해 필요한 독재적 조치들과 비교할 때, 강력한 환경정책의 개인적 자유권 침범은 미미한 수준이다.

코로나 위기가 주는 교훈들

유행병도 자연재해다. 그리고 환경 파괴가 계속되면, 유행병이 발생할 확률이 높아진다. 이것이 코로나19 감염증 대유행으로부터 얻을 수 있는 첫 번째 교훈이다. 우리가 자연을 가만히 놔두면, 자연은 덜 위험해진다.

둘째, 사람들이 사회적 규범 및 가치관과 일상의 습관을 바꾸려면 반드시 오랜 시간이 필요하다는 주장은 반박되었다. 폭넓은 찬성이 있으면, 신속한 변화도 가능하다.

셋째, 최대의 투명성과 진정성은 급진적인 정치적 결정에 대한 사회의 수용성을 높인다. 그러면 개인적 자유의 제한마저도 가능하다. 요컨대 투명성은 근본적 개혁의 가장 중요한 전제들 중 하나다.

넷째, 정치가 과학 지식을 부정하거나 상대화하지 않으면, 정치의 신뢰성이 향상된다. 과학 지식을 존중하면 정치적 행동 반경이 축소되는 것이 아니라 확대된다.

다섯째, 생태적 비상사태에서는 외출 금지나 국경 폐쇄, 민주주의를 해치는 권력자를 염려할 필요가 없다. 환경보호는 우리의 자유를 위협하기는커녕 도리어 우리가 누리는 자유의 기반이다.

코로나 위기는 우리에게 중대한 기회를 선사했다. 즉 과학 지식을 행동의 제한 조건으로 기꺼이 받아들이는 자세를 일깨웠다. 이렇게 과학 지식을 존중하는 태도를 유지한다면, 우리는 생태 위기에서 더는 대처 여부를 놓고 다툴 필요 없이 단지 대처 방식에 대해서만 논쟁하면 될 것이다. 우리 사회가 생물학적 필연에 얼마나 근본적이고 신속하게 적응할 수 있었는지를 우리가 코로나 이후에 상기하면 근본적 개혁을 위한 용기를 얻을 수 있을 것이다. 코로나 위기는 민주주의의 행동 능력과 우리 대다수의 행동 능력을 입증했다. 우리가 절대로 하지 말아야 할 행동은 딱 하나, 다시 과거의 습관으로 돌아가는 것이다.

생태 비상사태

자연재해는 다양한 형태로 우리를 덮칠 수 있다. 이를테면 바이러스, 폭풍우, 대형 화재의 형태가 있다. 그러나 자연재해에 맞설 때 우리는 대체로 같은 무기들을 사용한다.

2020년 초에 오스트레일리아에서 꽤 긴 기간을 통틀어 가장 큰 산불이 났다. 특히 큰 피해를 입은 뉴사우스웨일스주의 정부는 "긴급사태"를 선포했다. 공무원과 정부기관은 평소에 엄하게 금지된 행동을 갑자기 할 수 있게 되었다. 그리고 시민들은 그것을 받아들여야 했다. 특히 이동의 자유와 재산권이 긴급사태 선포로 제한되었다. 그리하여 경찰은 자동차 사용을 금지하고 도로를 봉쇄하고 공공시설을 폐쇄할 수 있었다. 소방대는 소유자가 반대하더라도 사유재산을 사용하고 징발하고 파괴할 수 있었다. 피난 명령이 내려지면 공무원은 당사자들의 반대를 무릅쓰고 심지어 강제력을 동원하여 주민들을 자택과 마을과 지역 전체에서 몰아낼 수 있었다. 유행병에 맞선 전쟁에서 이루어진 것과 똑같은 자유의 제한, 기본권을 심하게 침범하는 제한이었다. 그러나 당시 상황도 코로나 위기와 마찬가지로 비상사태였다.

국제법은 재난 시의 비상사태 선포를 대응 수단으로 인정한다. 이 수단의 악용을 막기 위해 유엔은 비상사태에 관한 기준 목록을 작성하여 회원국에게 그 목록의 적용을 권고한다. 그 목록에 따르면, 비상사태는 법치국가의 절차에 따라 합법화되어야 하며 공개적으로 선포되고 공지되어야 한다. 비상사태는 기간이 한정되어야 하고, 그 원인인 위협이 이례적이어야 하며, 비상사태에서의 조치들은 적절해야 하고 차별적이거나 특정 목적에 종사하지 않아야 하며 국제법의 테두리를 벗어나지 말아야 한다. 비상사태를 선포한 국가는 유엔에 통보해야 하고, 유엔은 자유가 위태로워지는 것을 막기 위하여 해당 국가의 기준 준수 여부를 감시해야 한다. 그러나 예컨대 빅토르 오르반은 코로나 비상사태에서 이 규칙들 중 다수를 위반했다.

바이러스와 산불이 비상사태를 정당화한다면, 지구에서 가장 치명적인 문제들 중 하나는 어떠할까? 나사NASA의 추정에 따르면, 현재 세계 인구의 90퍼센트는 오염된 공기를 어쩔 수 없이 호흡한다. 이로 인해 매년 800만 명 이상이 때 이르게 사망한다. 사망자가 800만 명이라면 비상사태를 선포하기에 충분하지 않을까?

보아하니 불충분한 모양이다.

다들 알다시피, 점진적이고 분산적인 위험은 방어 반사defense reflex를 일으키지 않는다. 우리에게는 미래 세대들의 근심과 곤경을 느끼는 감각기관이 없다. 우리의 행동을 유발하려면, 위험이 구체적이거나 갑작스러워야 하고 우리에게 직접적인 피해를 주어야 한다. 그런데 코로나바이러스나 산불과 달리 생태 위기는 명확한 이미지들과 결부되지 않는다. 방호복을 입고 방독마스크를 쓴 사람들도 없고, 이글거리는 불꽃과 새까맣게 타죽은 코알라도 없다. 우리는 재난의 표면은 보지만 그 너머의 다양한 원인은 보지 못한다.

문제는 부분적으로 우리의 한정된 상상력에 있다. 우리의 의식은 끊임없이 술책을 부리고, 우리는 한 심리적 함정에서 헤어나자마자 다른 심리적 함정에 빠져서 자연이 그렇게 나빠지지는 않을 것이라고 애써 믿으며 개혁을 지체한다. 작가 데이비드 월리스-웰스는 저서 『거주할 수 없는 지구The Uninhabitable Earth』에서 그런 함정 몇 개를 열거한다.

'닻 내림 효과anchor effect'는 우리로 하여금 얼마 안 되는 사례를 근거로 미래를 예견하게 만든다. 오늘날의 세계는 아직 안심해도 좋을 만큼 우리에게 우호적이니 미래의 세계도 그러하리라고 착각하게 만드는 것이다.

'구경꾼 효과spectator effect'는 우리로 하여금 다른 누군가가 문제를 처리할 것이라고 생각하게 만든다. 그러니 우리 자신이 행동할 필요는 없다는 생각을 심어주는 것이다.

'모호성 효과ambiguity effect'란 대다수 사람들이 불확실성을 몹시 꺼려서 심지어 낯선 이득보다 잘 아는 손해를 더 선호한다는 것을 뜻한다. 마치 우리 스스로 함정을 파고 거기에 빠지는 것과 같다. 왜냐하면 그렇게 하면 우리가 어디에 도달할지 확실히 알 수 있기 때문이다.

기본적인 위험에 대처하는 것은 인간의 본능적 능력이지만, 그 능력은 불상사가 코앞에 닥쳤을 때만 잘 작동하는 것으로 보인다. 우리가 거주하는 동굴에 검치호랑이가 침입했을 때? 바이러스 감염증이 유행할 때? 산불이 났을 때? 걱정할 것 없다. 호모사피엔스는 위험에 대처하고 해결책을 찾아낸다. 반면에 미래의 추상적 위험 앞에서 우리는 데면데면하다고 신학자 볼프강 후버는 지적한다. "그 위험은 본능에 따른 반응의 가능 범위뿐 아니라 전통적 윤리의 범주도 벗어난다." 따라서 그는 예방의 원칙을 정치적 의무의 기본 요소로서 촉구한다. 실제로 국제 사회는 1992년 리우환경회의에서 그 원리를 채택했다.

하지만 현재까지 예방의 원칙은 대체로 선의의 바람일 뿐이다. 거의 30년 전에 합의된 그 원칙을 일상에서, 현실의 정치적 결정에서 실천하려 애쓰는 사람은 거의 없다.

자신의 실적을 선거와 분기 보고서를 통해 평가받는 정치인과 경영자는 손해는 즉각적으로 체감되고 이득은 미래에나 뚜렷해질 법안이나 사업을 관철하기가 거의 불가능하다. 예방의 원칙을 진지하게 받아들이고 실천하는 사람은 낙선하거나 해고된다.

예외적인 상황을 위한 규칙

앞서 우리는 큰 변화를 일으킬 지렛대를 발견하기 위하여 우리의 시스템을 분석하는 방법의 한 예로 도넬라 메도스의 이론을 보았다. 우리가 신속하게 행동 능력을 갖추는 데 도움이 될 만한 정치적 도구들을 재난 관리 관행에서 발견할 수 있다.

앞선 장들에서 우리는 대멸종과 지구의 부담 한계를 무시하는 태도가 우리의 자유와 복지, 건강, 안전을 위협한다는 점과 그 이유를 설명하려 애썼다. 멸종 위기에 처한 동물과 식물은 약 100만 종이며, 매일 150종이 절멸한다. 게다가 해수면은 상승하고, 공기는 독성 물질들로 오염된다. 이미 오래전부터 우리는 비상사태를 겪고 있다. 재난은 이미 시작되었다. 그리고 이 재난은 아주 커서, 재난이 절정에 이르면, 우리는 아예 대응할 수 없게 될 것이다. 이번만큼은 반드시 예방의 원칙을 실천해야 한다. 전지구적 대멸종은 복구될 수 없으니까 말이다. 효과적인 예방이 근본적이며 신속하게 이루어져야 한다. 이를 위해 우리 삶의 토대를 보호하는 역할을 맡은 기관들에 더 많은 권력을 위임할 필요가 있다.

정치철학자 존 롤스는 우리 모두가 "현실적-유토피아적realistic-utopian" 관점을 채택해야 한다고 촉구한다. 즉 코로나 유행병이나 대멸종처럼 규칙을 변화시키는 근원적 폭력을 우리가 사유를 통해 선취해야 한다는 것이다. 그러면 "통상적으로 우리가 실천적-정치적으로 가능하다고 여기는 행동의 범위가 확장될" 것이다. 이례적인 난관에도 대저할 수 있기 위하여 우리는 사유를 한정하는 울타리를 폭파해야 한다.

이런 맥락에서 생태 비상사태의 선포는 다음을 의미한다. '모든 결정에서 환경에 미칠 영향을 고려해야 하며, 항상 환경보호를 우선해야 한다. 국가는 필요한 만큼 급진적으로 이 우선순위를 관철한다.'

자연을 위한 거부권

이런 요구는 유토피아적이지 않고 필수적이다. 현재 아주 급진적으로 잘못 흘러가는 상황을 바로잡으려면, 새로운 현실주의, 새로운 급진성이 필요하다. 현실주의란 최대한 적게 행동하려는 태도가 아니라 필수적인 것을 당장 처리하겠다는 다짐이다. "철저하고 중대하고 예지적인 해결책을 원하지 않는 사람은 몽상가다. 왜냐하면 그는 이례적인 상황에 통상적인 방식으로 대처할 수 있다는 환상에 빠져 있기 때문이다"라고 베른트 울리히는 쓴다.

생태 비상사태는 오래 지속되지 말아야 한다. 오히려 그 예외 상황은 사회의 변환이 순항 궤도에 오를 때까지만 켜지는 터보엔진처럼 기능해야 한다. 생태 비상사태는 게임 참가자들을 교체하는 것이 아니라 게임의 규칙을 변경할 가능성을 열어준다. 생태 비상사태의 참뜻은 일종의 정신적 태도, 새로운 경각심, 새로운 우선순위, 그리고 불가피한 예외 상황에서는 국가가 명령하는 포기다.

독일 연방정부 직무 규정 26조의 개정은 대단해 보이지 않더라도 중요한 출발일 것이다. 그 규정에 따르면 "연방정부가 재정적으로 중요한 문제에서 재무장관의 의견 없이 혹은 그 의견을 거슬러 결정을 내릴 경우, 재무장관은 그 결정에 명시적으로 반론을 제기할 수 있다." 그러므로 국가에 돈이 없는데 교통장관이 고속도로 1000킬로미터를 건설하려 할 경우, 재정부는 반대 의견을 낼 수 있다. 누군가는 재정을 관리해야 하니까 말이다.

마찬가지로 철도 건설이 더 시급한데 교통장관이 고속도로 1000킬로미터를 건설하려 한다면, 환경장관도 반대 의견을 낼 수 있어야 한다. 이것은 생태 독재가 아니라 패러다임 전환이요 우리 사회 시스템의 새로운 목표 설정이라고 도넬라 메도스는 말할 것이다. 시스템을 그 방향으로 이끌기 위해서 우리는 작은 노력으로 큰 효과를 내게 해주는 지렛대를 찾아내야 한다. 정부 내에 환경 관련 사안에 대한 거부권이 신설된다면, 그것은 광범위한 사회 변화를 위한 지렛대일 수 있을 것이다. 종 보호를 기본법에 명문화하는 것, 환경에 해로운 보조금의 폐지와 산업에서 환경 비용의 내부화를 이뤄내는 것도 마찬가지다. 시스템에는 많은 조절 나사들이 존재한다. 좁고 명확하게 정의된 환경 비상사태는 그 나사들을 돌리는 도구일 것이다.

해피엔드에 가까운

이 책을 여기까지 참고 읽어냈다면 당신은 용감한 사람이다. 또한 고통을 견디는 능력이 꽤 강하다. 이 책에서 우리는 상실과 몰락, 파괴, 해결할 수 없는 문제, 위협을 이야기하고 심지어 죽음과 문명의 붕괴까지 거론했다. 우리는 비상사태를 선포한다. 지구의 상태를 암울한 그림으로 묘사한다. 그런 우리를 양해하라. 안타깝게도 그것이 세계의 실상이다.

그러나 우리에게 진정으로 필요한 것은 희망이다.

그리고 "우리가 어떻게 해낼 수 있을까?"라는 질문의 대답이 필요하다.

우리는 그 대답을 추구했다. 정말 진지하게 추구했지만, 복잡한 문제들에 대한 간단한 해결책을 발견하지 못했다. 아마도 그런 해결책은 존재하지 않기 때문일 것이다.

"낙관주의는 의무"라고 철학자 카를 포퍼는 말했다. "이뤄져야 하며 인간에게 책임이 있는 일들에 집중해야 한다." 합리적인 말로 들린다. 몰락을 이야기하는 대신에, 새로운 목표와 우리 자신의 가능성을 이야기하자. 환경보호자일 성싶지 않은 인물들인 마거릿 대처와 로널드 레이건이 했던 것처럼 말이다.

자전거를 더 자주 타고, 소고기를 덜 먹어보자. 이런 일은 거의 누구나 해낼 수 있다. 그리고 유익하다. 하지만 개인의 영웅적 행동으로는 부족하기 때문에, 이 책에서 우리는 여러 새로운 아이디어와 단초를 개략적으로 서술했다. 자연에 권리를 부여하자는 것과 같은 일부 아이디어는 낯설게 느껴질 것이다. 정치에 생태를 위한 행동력을 제공하기 위해 공식적으로 비상사태를 선포하자는 제안도 마찬가지일 것이다. 녹색 자본주의는 비교적 쉽게 상상할 수 있지만 역시나 현재까지는 아이디어의 수준을 크게 벗어나지 못했다.

의무로서의 낙관주의란 새로운 길들을 탐험하면서 설령 어느 한 길이 막다른 골목으로 판명되더라도 용기를 잃지 않는 것을 뜻한다.

우리는 인류세의 출발점에 서 있다. 인류세란 인간의 시대를 의미한다. 다른 누군가 아니라 우리 자신이 인류세를 만들어갈 것이다. 그리고 이를 위해 우리는 미래에 관한 긍정적 이야기가, 어쩌면 심지어 비전이 필요한다. 이와 관련해서 누군가가 유토피아를 언급했던가?

우리는 영감을 주고 성공의 길을 보여주는 이야기가 필요하다. 다행히 많은 이야기가 있다. 아르헨티나 안데스산맥에서 토착민 농부들은 비쿠냐 털을 수확함으로써 멸종 위기에 처한 그라마 종을 보호한다. 요르단에서는 이스라엘 사람들과 팔레스타인 사람들이 함께 작은 치수 사업을 벌인다. 이집트의 홍해에서는 관광객이 돌고래를 몰아내지 않고 돌고래와 함께 헤엄친다. 뉴질랜드에서는 자발적 활동가들이 외래 포식동물들에 맞서 싸운다. 나미비아 농부들은 총을 사용하지 않고 코끼리를 막아 밭을 보호한다. 멜버른은 재생 가능한 에너지에 승부를 건다. 카메룬에서는 토지를 보살피는 새로운 영속 농법이 시험되고, 모로코에서는 세계 최대의 태양광 발전소가 건설되는 중이며, 싱가포르 사람들은 지붕 위에서 나무가 자라는 집을 짓는다. 전 세계에서 새로운 아이디어들이 시험되고 새로운 길들이 개척된다. 바로 이것이 생태 위기가 요구하는 바다. 생태 위기는 큰 계획과 작은 해결, 운동, 시험, 실패를 견뎌낼 힘, 그리고 무엇보다도 용기를 요구한다.

좋은 인류세는 어떤 모습일 수 있을까? 어쩌면 인류세는 우리가 지금까지와는 다른 가치들을 추구하는 시대가 될 것이다. 어쩌면 우리가 자연에서 우리의 역할을 완전히 새롭게 정의하는 시대, 지속가능성과 권리의 평등을 강화하기 위하여 우리가 사회를 다르게 조직하는 시대가 될 것이다. 이런 일들이 어떻게 이루어질지 우리는 모른다. 그러나 좋은 인류세에 대하여 숙고해보자. 적어도 좋은 인류세를 상상하려 애써보자.

우리가 중세 사람들과 근본적으로 다른 것과 마찬가지로, 미래 사람들은 아마도 우리와 근본적으로 다를 것이다. 중세에 대다수 사람들은 농부였다. 세계관의 중심은 천국과 지옥과 신분 시스템이었고, 그 시스템은 모든 사람에게 각자의 고정된 자리를 배정했다. 오늘날의 일상을 당시에는 아무도 상상할 수 없었다. 고작 20세대 전이었는데도 말이다.

인간의 시대를 환경 디스토피아로 상상하면, 검은 독성 물질 구름 아래에서 기침을 콜록거리며 파괴된 풍경 속을 어슬렁거리는 사람들의 세계로 상상하면, 정말로 그런 세계가 실현될 위험이 높아진다. 상상이 자기충족적 예언이 되는 것이다. 미래에 대한 우리의 상상은 우리의 현재 행동과 내일의 행동에 막대한 영향을 미친다. 우리는 볼 수 있는 길만 따라갈 수 있다.

인류세를 바람에서 숲 냄새가 나는 시대로 상상하자. 냇물이 우리에게 들어와 수영하라고 권하고, 아침에 우리가 집을 나설 때 지빠귀가 노래하는 시대로.

감사의 말

이 책에는 우리보다 훨씬 더 똑똑한 사람들이 이미 생각하고 발언하고 저술한 내용이 많이 들어 있다. 우리는 저널리스트와 작가로 일하면서 여러 해에 걸쳐 그들 중 다수와 직접 대화하거나 그들의 글을 읽었다. 그 모든 내용이 이 책에 흘러들었다. 몇몇 대목에서 우리는 그 내용을 명시적으로 인용하고 그 사람들의 저술을 언급했지만, 글을 쓰면서 때로는 그들의 저술을 우리의 머릿속에만 넣어두었다. 무의식 중에 그렇게 한 경우도 틀림없이 있을 것이다. 어쨌든 그 모든 과학자, 작가, 저널리스트, 활동가, 환경보호자, 과학자, 기관에 진심으로 감사한다. 그들은 이 책에 요긴한 지식을 제공하거나, 우리의 주장들을 놓고 우리와 토론하거나, 우리에게 직접 조언을 건넸다. 그중 몇 명을 거명하고자 한다.

안톄 보에티우스, 루이제 트레멜, 오르트빈 펠크, 캐스린 매켈러니, 페트라 핀츨러, 베른트 울리히, 안드레아스 젠트커, 크리스토프 로졸, 넬리 바그너, 베른트 셰러, 펠릭스 에카르트, 폴커 모스브루거, 카이 포겔장, 잉그리트 슈테펜스, 크리스토프 하인리히, 로베르트 그뤼브너, 요하네스 슈미트, 도미니크 오일베르크, 안드레아 불프, 페터 K. 하프, 프랑크 크로겔, 헤어프리트 뮌클러, 빌 슈테펜, 카르스텐 되르퍼, 엘리자베트 폰 타덴, 마리온 하베쿠스, 라인하르트 하베쿠스에게 감사한다.

인내심을 발휘해준 율리아 호프만, 우리를 신뢰해준 브리타 에게테마이어에게 감사한다. 능숙한 솜씨로 그래픽을 만들어준 안네 게르데스에게 감사한다.

가르랑거리는 소리로 영감을 준 고양이 피비와 패치스, 카페 인과 설탕을 제공해준 카페 레오나르, 로스앤젤레스의 제왕나비가 가득한 정원에 자리를 마련해준 메리 데이벌과 아트 노무라에게 감사한다.

당연히 우리는 힘닿는 데까지 오류를 피하려 애썼지만, 당연히 그럼에도 일부 오류를 범했을 것이다. 당신이 오류를 발견했다면 UeberlebenBuch@gmail.com로 알려주시기를 바란다. 그러면 우리는 추가로 공부하여 다음 판에서 필요한 부분을 수정할 수 있을 것이다.

원고를 마감하기 전에 토론을 위해 우리의 친구들과 전문가들에게 보여주었을 때, 돌아온 반응은 다양했다. 일부는 우리의 생각이 너무 복잡하다고 느낀 반면, 일부는 너무 평범하다고 느꼈다. 너무 이론적이라는 이들도 있었고, 너무 노골적이라는 이들도 있었다. 몇몇은 우리를 신자유주의자로 평가했지만, 생태사회주의자로 평가한 이들도 있었다. 몇몇은 우리가 우유부단하다고 했지만, 또 몇몇은 너무 급진적이라고 했다. 독자인 당신도 나름의 견해를 가졌을 것이 틀림없다. 어떤 견해든지 우리에게 알려주시기를 바란다.

왜냐하면 생각의 교환은 변화의 전제이며, 관건은 변화이기 때문이다.

당신의 의견을 듣게 되는 기쁜 일을 기대한다.

현실적인 사람들을 위한 생태주의

생물다양성의 급감, 곧 인간을 포함한 생물들의 대멸종이 벌써 시작되었음을 경보하고 이를 막을 대책을 모색하는 이 책의 특징 혹은 장점으로 세 가지를 꼽을 수 있다.

첫째, 저자들의 관점은 매우 현실적이다. 이들은 자연에 대한 연민이나 인간적인 차원을 넘어선 더 높은 가치에 호소하는 방식으로 현재의 생태 위기를 극복하려 하지 않는다. 오히려 이른바 "자연보호"는 그릇된 개념이며 정작 "보호가 필요한 쪽은 우리"라는 점을 명확히 한다. "환경 보호는 기본적으로 인간 보호"라는 선언이 이 책의 관점을 대변한다. 대조적으로 미디어에는 흔히 굶주린 북극곰이 가련한 모습으로 등장하여 우리의 심금을 울린다.

그러나 자기의 이익보다 북극곰의 이익을 앞세울 사람이 과연 얼마나 있겠는가? 다수의 현실적인 사람들은 북극곰 앞에서 잠시 연민을 느끼다가도 퍼뜩 현실로 돌아와 자신과 집안의 경제 상태를 챙길 것이다. 환경 보호 운동이 유토피아적 공상에 그치지 않으려면 그런 사람들을 나무라거나 심지어 악의 세력으로 낙인찍지 말고 오히려 설득해내야 할 텐데, 고맙게도 이 책은 바로 그런 설득의 길을 개척한다.

현실직인 사람들을 설득하는 현실적인 방법은 결국 이익과 비용을 따지는 것이 아닐까 생각한다. 실제로 이 책은 자본주의의 틀 안에서 환경친화적 문화를 이뤄낼 가능성을 모색한다. 물론 저자들은 자본주의 예찬자가 전혀 아니다. 그들은 자본주의를 "닥치는 대로 먹어치우는 동물"에 빗댄다. 그리고 그 동물을 법과 규제를 창살 삼아서 짠 우리 안에 가둬야 한다고 주장한다. 하지만 다른 한편으로, 그 동물을 길들여 환경과 생태에 이롭게 만드는 길을 추구한다. 한 예로 최근에 다시 언론에서 화제가 된 "탄소 국경세"를 들 수 있다. 이 책에서는 "생태 관세"라는 개념이 등장하는데, 양쪽 모두 환경 관련 규제를 등한시하는 국가에 경제적 불이익을 주는 조치다. 환경 파괴적으로 생산된 제품이 가격 경쟁력에서 밀려 시장에서 외면당하게 하자는 것이 그 취지다. 물론 모든 것을 돈으로 따져서 해결할 수는 없겠지만, 흔히 선과 악의 싸움처럼 거론되는 환경 보호 문제에 냉정한 경제적 논리로 접근하는 것은 충분히 해볼 만한 시도로 느껴진다. 더 나아가 이 책은 환경에 법적 권리를 부여하는 방안까지 모색한다. 이를테면 강과 숲을 법인화하여 이들을 파괴하는 행위를 권리의 침해로 처벌하자는 것인데, 이것 역시 현실적 실효성에 초점을 맞춘 제안으로 느껴진다.

둘째, 이 책은 현재 기후 위기에 집중된 대중의 관심을 더 광범위한 생태 위기로 확장한다. 저자들은 기후 온난화로 지구의 모습이 바뀌는 것도 걱정하지만, 더 절박한 문제는 이미 시작된 대멸종이 계속 진행되어 생물 다양성이 급감하고 그 여파로 인간이 멸종하는 것이라고 본다. "대멸종을 막아내지 못한다면, 기후 위기에 맞선 싸움에서도 질 수밖에 없다"고 그들은 말한다. 대멸종은 북극곰이나 코알라나 판다처럼 미디어에 자주 등장하는 극소수 종에 국한된 문제가 전혀 아니다. 우리 눈에 보이지 않는 미생물들, 인간의 생활세계로부터 동떨어져 있어서 우리에게는 낯설기만 한 생물들, 아직 발견되지도 않은 무수한 생물들이 소리소문없이 죽어 나가는 것이야말로 진짜 절박한 문제다. 인간을 비롯한 지구의 생물들은 생명의 연결망을 이루므로, 생물 다양성이 급감하면, 우리의 생존도 위태로워질 수밖에 없다. 그런데도 기후 위기를 완화한답시고 생물 다양성을 파괴한다면, 이는 어처구니없는 짓일 것이다. 저자들이 잘 지적하듯이 "한 지역 전체를 수몰시키는 거대한 댐은 지구에 이롭지 않다. 인도네시아산 야자유가 유럽 트랙터의 연료로 사용되기 위해서는, 인도네시아에서 종들이 죽어 나가야 한다. 요컨대 이산화탄소 발자국은 환경 친화성 판정의 유일한 기준이 아니다. 무언가가 환경 친화적인지 여부는 종합적인 고찰을 통해 판정되어야 한다."

셋째, 이 책이 우리 각자에게 제안하는 대책은 사뭇 급진적이다. 급진성이 그 자체로 장점일 수는 없겠지만, 우리 자신의 생사가 걸린 문제를 다룰 때의 급진성은 틀림없이 장점일 것이다. 저자들은 우리에게 소유와 소비를 줄일 것을 권한다. 자본주의 시장은 환경보호와 생태주의라는 새로운 대세에도 발 빠르게 적응하면서 여전히 소비를 부추긴다. 저자들이 꼽는 새로운 친환경 상품들은 "여러 번 사용할 수 있는 테이크아웃 커피잔, 테슬라의 600마력짜리 전기차, 리필용 용기에 담긴 화장품, 야자유가 들어 있지 않은 마가린" 등이다. 저자들은 이것들 각각이 나름의 진보라고 평가하면서도, "전반적으로 이런 형태의 친환경 소비는 중세의 면죄부 판매를 연상시킨다"고 꼬집는다. 귀담아들어야 할 지적이다. 방식을 어떻게 바꾸건 간에, 우리가 현재의 소비 수준을 계속 유지한다면, 지구의 자원은 조만간 고갈될 수밖에 없다. 유일한 활로는 소비를 줄이는 것이다.

현실성과 급진성의 조합은 언뜻 납득하기 어렵지만, 이 책은 환경 비용을 상품의 가격에 반영함으로써 소비를 감축하는 방안을 제안한다는 점에서 현실적인 동시에 급진적이다. 자동차를 생산하는 데 드는 환경 비용을 반영하여 자동차의 가격을 대폭 높인다면, 많은 사람들은 자동차를 소유하고 사용하지 못하게 될 것이다. 그로 인한 불편을 우리가 과연 받아들일 수 있을까?

흥미롭게도 이 대목에서 현재의 코로나 위기가 거론된다. 저자들은 우리의 현재 모습에서 생태 위기를 극복할 잠재력을 본다. "이번 코로나 위기를 통해 증명되었듯이, 재난 상황에서 사회는 자신의 DNA 곧 본질을 잃지 않으면서도 규범과 가치관, 관습과 관례를 돌연 변화시킬 수 있다. 우리는 코로나 위기에도 여전히 우리였다. 거의 모두가 크게 투덜대지 않고 하루아침에 직장, 여가 활동, 스포츠 활동, 가정에서 자신의 행동을 완전히 바꿨지만, 우리는 우리 자신으로 머물렀다. 개인적 자유를 일부 제한하는 것은 합리적이며 공익에 도움이 된다는 점을 거의 모두가 이해했다." 이 코로나 위기에서 기꺼이 불편을 감수하는 것을 보건대, 우리가 소비를 줄이고 불편한 삶을 선택하는 것도 충분히 가능하다는 낙관론으로, 함께 해내자는 권유로 느껴진다.

인간, 자연, 경제, 정치를 두루 살피며 현재의 생태 위기를 극복할 길을 숙고하고자 하는 현실적인 사람들에게 이 책을 권한다.

참고 문헌

Abram, David: *Becoming Animal. An Earthly Cosmology*, New York, Vintage, 2011

Bar-On, Yinon et al.: The biomass distribution on Earth, in: *PNAS*, 19. Juni 2018, 115 (25), S. 6506–6511; https://www.pnas.org/content/115/25/6506

Baseson et. al.: Agitated honeybees exhibit pessimistic cognitive biases, in: *Current Biology*, 21. Juni 2011, 21 (12): 1070–1073; https://www.ncbi.nlm.nih. gov/ pmc/articles/PMC3158593/

Boston Consulting Group: Die Zukunft der deutschen Landwirtschaft sichern –Denkanstöße und Szenarien für ökologische, ökonomische und soziale Nachhaltigkeit; https://www.bcg.com/de-de/perspectives/234159

Boyd, David R.: *Die Natur und ihr Recht. Sie ist klug, sensibel, erfinderisch und genügt sich selbst*, übers. von Karoline Zawistowska, Wals, Ecowin, 2018

Burke, Marshall et al.: Climate and Conflict, in: *Annual Review of Economics*, 7, 2015, S. 577–617; https://www.annualreviews.org/doi/full/10.1146/ annureveconomics-080614-115430

Cornwall, Warren, Global warming may boost economic inequality; https://www. sciencemag.org/news/2019/04/global-warming-may-boost-economic-inequality

Costanza, Robert, Graumlich, Lisa J. und Steffen, Will (Hrsg.): *Sustainabilty or Collapse? An Integrated History and Future of People on Earth, Dahlem Workshop Reports* 96, Cambridge, Mass., MIT Press, 2007

Crowther, T. W. et al.: Mapping tree density at a global scale, in: *Nature* 10.

September 2015, 525, S. 201–205ff.; https://www.nature.com/articles/
nature14967?proof=trueIn

Curtis, Philipp G. et al.: Classifying drivers of global forest loss, in: *Science*, 14.
September 2018, 361, 6407, S.1108–1111; https://science.sciencemag.org/
content/361/6407/1108

Darwin, Charles: Die Bildung der Ackererde durch die Thätigkeit der Würmer,
übers. von Julius Victor Carus, Stuttgart, Schweizerbart, 1882

Dell'Agli, Daniele: Niemandsrechte mit Ewigkeitsklausel; https://www.
perlentaucher.de/essay/der-klimaschutz-die-lobbyisten-und-die-idee-der-
commons.html

Europäische Investitionsbank: Zweite Klimaumfrage der EIB; https://www.eib. org/
de/surveys/2nd-citizen-survey/index.htm

Glaubrecht, Matthias: *Das Ende der Evolution. Der Mensch und die Vernichtung der
Arten*, München, C. Bertelsmann, 2019

Hardin, Garret: The Tragedy of the Commons, in: *Science*, 13. Dezember 1968, 162,
3859, S.1243–1248; https://science.sciencemag.org/content/162/3859/1243

Haskell, David: The Voices of Birds and the Language of Belonging; https://
emergencemagazine.org/story/the-voices-of-birds-and-the-language-of-
belonging/

Hervé, Vincent et al.: Multiparametric Analyses Reveal the pH-Dependence of
Silicon Biomineralization in Diatoms, PLOS ONE, 29. Oktober 2012; https://
journals.plos.org/plosone/article?id=10.1371/journal.pone.0046722

International Maritime Organization (IMO): Alien Invaders; http://www.imo.org/
en/OurWork/Environment/BallastWaterManagement/Documents/LINK%20
14.pdf

Jonas, Hans: *Das Prinzip Verantwortung. Versuch einer Ethik für die technologische
Zivilisation*, Frankfurt am Main, Suhrkamp, 2003

Kellert, Stephen L., und Wilson, Edward O.: *The Biophilia Hypothesis*, Washington
D. C., Island Press, 1993

Kelley, Colin P. et al.: Climate change in the Fertile Crescent and implications of the
recent Syrian drought, in: *PNAS* 17. März 2015, 112 (11) 3241–3246; https://
www.pnas.org/content/112/11/3241

Klein, Naomi: *Die Entscheidung. Kapitalismus vs. Klima*, übers. von Christa

Prummer-Lehmair et al., Frankfurt am Main, Fischer TB, 2016

Latour, Bruno: Heimat. Was bedeutet sie heute?, in: *DIE ZEIT* 12, 2019.

– *Das terrestrische Manifest*, übers. von Bernd Schwibs, Berlin, Suhrkamp, 2018

Lovelock, James et al.: *Die Erde und ich*, illustr. von Jack Hudson, übers. von Sebastian Vogel, Köln, Taschen, 2016

McCarthy, Michael: *The Moth Snowstorm. Nature and Joy*, New York, New York Review Books, 2016; dt. Ausgabe *Faltergestöber*, übers. von Karen Nölle und Sabine Schulte, Berlin, Matthes & Seitz, 2020

McKibben, Bill: *Das Ende der Natur*, München, List, 1989

Meadows, Donella: *Thinking in Systems. A Primer*, White River Junction, VT, Chelsea Green Publishing, 2008, 145–165

Metzker, Juliane, und Fuchs, Benjamin: Du denkst, die Welt ist in Aufruhr? Du hast recht; https://perspective-daily.de/article/1100/n80xsEJH?utm_campaign=DE-magazine-20200215&utm_medium=newsletter-magazine&utm_source=blendle-editorial

Mosbrugger, Volker (Hrsg.) et al.: *Biologie und Ethik. Leben als Projekt. Ein Funkkolleg-Lesebuch mit Provokationen und Denkanstößen*, Frankfurt am Main, Senckenberg Gesellschaft, 2017

Patel, Raj, und Moore, Jason W.: *Entwertung – Eine Geschichte der Welt in sieben billigen Dingen*, übers. von Albrecht Schreiber, Berlin, Rowohlt, 2018

Rauner, Max: Akte Weltrettung, in: *ZEIT Wissen* 2, 2019; https://www.zeit.de/zeit-wissen/2019/02/umweltschutz-client-earth-ngo-klimawandel-rechtsanwaelte/komplettansicht

Rich, Nathaniel: Losing Earth. The Decade We Almost Stopped Climate Change; https://www.nytimes.com/interactive/2018/08/01/magazine/climate-change-losing-earth.html

Sneddon, Lynne U.: Pain in Aquatic Animals, in: *Journal of Experimental Biology* 2015 218: 967–976; https://jeb.biologists.org/content/218/7/967

Solnit, Rebecca: How to Survive a Disaster; https://lithub.com/rebecca-solnit-how-to-survive-a-disaster/

Stone, Christopher D.: Should Trees Have Standing? Toward Legal Rights for Natural Objects, in: *Southern California Law Review* 45, 1972, 450–501; https://iseethics.files.wordpress.com/2013/02/stone-christopher-d-should-treeshave-standing.pdf; erweiterte Ausgabe New York, Oxford University Press, 2010; dt. Ausgabe *Umwelt vor Gericht*, übers. und hrsg. von Hanfried Blume, München, Trickster-Verlag, 1992

Thatcher, Margaret: Speech to United Nations General Assembly (Global Environment) 8. November 1989; https://www.margaretthatcher.org/document/107817

Ulrich, Bernd: *Alles wird anders. Das Zeitalter der Ökologie*, Köln, Kiepenheuer & Witsch, 2019

UNEP/INTERPOL: The Rise of Environmental Crime. A Growing Threat to Natural Resources, Peace, Development and Security; https://wedocs.unep.org/bitstream/handle/20.500.11822/7662/-The_rise_of_environmental_crime_A_growing_threat_to_natural_resources_peace%2c_development_and_security-2016environmental_crimes.pdf.pdf?sequence=3&isAllowed=y

Wallace-Wells, David: *Die unbewohnbare Erde. Leben nach der Erderwärmung*, übers. von Elisabeth Schmalen, München, Ludwig, 2019

Weber, Andreas: Schläft ein Lied in allen Dingen, in: *DIE ZEIT*, 8, 2018

Williams, Florence: *The Nature Fix. Why Nature Makes Us Happier, Healthier, and More Creative*, New York, Norton, 2017

Wilson, Edward O.: *Die soziale Eroberung der Erde. Eine biologische Geschichte des Menschen*, übers. von Elsbeth Ranke, München, C. H. Beck, 2013

Wulf, Andrea: *Alexander von Humboldt und die Erfindung der Natur*, München, C. Bertelsmann, 2016

옮긴이 전대호

서울대학교 물리학과를 졸업한 후 서울과 독일에서 철학을 공부했다. 철학 및 과학 전문 번역가로 일하면서 가끔 일반인을 상대로 철학, 수학, 과학을 강의한다. 때로는 시도 쓴다. 1993년 어느 일간지 신춘문예에서 시로 당선했으며, 시집『가끔 중세를 꿈꾼다』와『성찰』, 철학 저서『철학은 뿔이다』와『정신현상학 강독 1』, 번역서『위대한 설계』외 다수를 냈다.

인간의 종말
여섯 번째 대멸종과 인류세의 위기

초판 1쇄 발행 2021년 5월 7일

지은이 　 디르크 슈테펜스, 프리츠 하베쿠스
옮긴이 　 전대호
펴낸곳 　 해리북스
발행인 　 안성열
주소 　 경기도 고양시 일산동구 정발산로 24 웨스턴타워3차 815호
전화 　 031-901-9619
팩스 　 031-901-9620
E-mail 　 aisms69@gmail.com
ISBN 979-11-969618-9-3 03300